KB022724

가리방으로 기억하는 열두 살 소년의 4·3

4·3 REMEMBERED BY GARIBANG(MIMEOGRAPH):
STORY OF 12 YEAR-OLD BOY

* 이 도서의 국립중앙도서관 출판예정도서목록(CIP)은 서지정보유통지원시스템 홈페이지(http://seoji.nl.go.kr/ecip) 와 국가자료공동목록시스템(http://www.nl.go.kr/kolisnet)에서 이용하실 수 있습니다(CIP제어번호: 2014014201).

제주4·3
구술자료 총서
08

4·3 REMEMBERED BY
GARIBANG(MIMEOGRAPH) :
STORY OF 12 YEAR-OLD BOY

가리방으로
기억하는
열두 살 소년의 4·3

제주4·3연구소 엮음 | 김창후 정리

한울
아카데미

제주4·3 구술자료 총서 7권과 8권을 펴내며

4·3이 다시 전국을 달구고 있다. 정부에서는 2014년 제66주기 4·3위령제를 맞아 4월 3일을 '4·3 희생자 추념일'로 지정했다. 유족과 관계자들은 박근혜 대통령에게 한 가지를 더 부탁했다. 대통령이 4·3위령제에 참석해 국가추념일로 처음 치러지는 이 날의 의미를 더욱 빛내달라는 것이었다. 대통령은 제주도 여기저기에서 쏟아지는 수차례의 요구에도 묵묵부답이었다. 결국 위령제에는 총리가 대신 자리해 4·3의 정신인 '화해와 상생'을 소리 높여 칭찬했다.

그러나 그뿐, 서울로 돌아간 총리는 다른 사람으로 변신했다. 총리는 이날 오후 국회에 출석해 한 여당 의원의 '4·3 희생자 선정에 문제 있다'는 질의에 본인도 그렇게 생각하며 희생자 일부에 대해서는 재검증을 거치겠다고 대답했다. 4·3을 대하는 작금의 현실을 한눈에 보여준 가슴 아픈 우리 사회의 단면이었다.

어쨌거나 4·3은 여전히 살아 움직이고 있다. 그래서 우리는 올해에도 구술 정리의 대장정을 이어간다. 그 엄혹했던 시절, 영화 <지슬>이 눈앞에 삼삼하게 떠오르는 용눈이오름과 큰넓궤에서, 금악오름에서, 아니 한라산의 이름 모를 여기저기에서 단지 목숨 하나를 부지하기 위해 온갖 시련을 겪었던 보통사람들의 삶을 이야기로 엮는다. 2013년에 이은 『제주4·3 구술자료 총서』 7권과 8권의 발간이다.

이번 책자는 연구소에서 지난 2004년부터 2008년까지 수행했던 '제주4·3 1000인 증언채록 사업' 과정에서 녹취된 1028명의 증언채록 중 한림읍(7권)과 한경면(8권)의 증언을 엮은 것이다. 한림읍은 '만벵듸의 눈물', 한경면은 '가리방으로 기억하는 열두 살 소년의 4·3'이라는 제목으로 각각 13명의 아픈 이야기를 담았다.

흔히 구술사는 '아래로부터의 역사(history from bottom up)'를 가능하게 한다고 얘기한다. 유력자들의 역사가 아니라 사회 주류를 이루는 보통사람들의 역사를 재구성해 이제껏 역사자료로는 접근하기 어려웠던 그들의 일상 생활사를 다시 서술해낸다는 것이다. 4·3의 구술증언도 마찬가지다. 자료 부족으로 그간 접근하기가 어려웠던 '4·3 일상사'를 우리는 제주도 모든 지역의, 성별을 불문한 많은 경험자의 아래로부터의 이야기를 통해 접하게 되는 것이다.

제주도 보통사람들의 4·3 일상사는 고통의 연속이었다. 구술자들 개개인의 아픔은 그들의 이야기를 정리한 글의 제목에서도 쉽게 느껴진다. 한림읍 편에선 '제주도민이라는 것 때문에 타격이 심했다', '처갓집에서만 15명이 희생됐다', '당해보지 않은 사람은 모른다', '한림중학생 네 명을 전교생 앞에서 총살했다', '중학생이 불붙은 장작으로 구타하더라', '한림지서에서 치욕적으로 맞았다', '슬피 우는 딸 찾아 꿈속에 온 아버지가 그립다'라고 그 아픔을 절절하게 표현했다.

한경면은 어떤가. '섯알오름 학살의 기억', '가리방으로 기억하는 열두 살 소년의 4·3', '고향도 바꿔버린 4·3', '그런 야만족이 따로 없었다', '우리 아방, "아빠!, 아빠!" 허는 딸 안은 채 경찰 총에 맞안 죽었다', '여성들도 물허벅에 죽창 들런 보초를 서다' 등은 어렵게 기억해낸 그 아픔과 힘들었던 하루하루를 한 땀 한 땀 우리 가슴에 새겨주고 있다.

어디 그뿐인가. 녹취한 지 10년이 채 안 되었음에도 자료를 들추다 보면 아픔 하나가 더 오롯이 솟아난다. 어렵게, 시대의 흐름에 부응해 양지로 얼굴을 내밀었던 보통사람들이 이제 더는 이 세상 사람이 아닌 것이다. 이런 사실을 접할 땐 가슴이 허탈하다 못해 사뭇 저려온다. 어렵게 자신의 경험을 구술하던, 당시 구술자의 온몸의 생채기가 그대로 전달되어오기 때문이다. 이런 이유만으로도 우리는 이들의 구술을 흑백 필름인 채 역사의 저편에 그대로 묻어두어서는 안 될 것이다.

도서출판 한울에 고마운 말씀을 전한다. 오랫동안 기억할 것이다.

이 책이 나오기까지 많은 분들이 수고했다. 한울의 김종수 사장님, 고경대 씨, 윤순현 부장님, 하명성 씨, 양혜영 씨 그리고 제주어 교열을 담당해주신 송경미 씨, 모두 잊지 못할 것이다. 그리고 1000인 증언 채록 사업에 참여했던 4·3연구소의 여러분께 고마운 말씀을 전한다.

4·3은 희생자와 구술자, 지금 4·3 일을 하는 모두를 잊지 않을 것이다.

전 제주4·3연구소장 김창후

차례

일러두기

1. 구술 내용의 이해에 무리가 없는 한 구술자가 사용한 제주어를 살려 정리했다.

2. 필요한 경우 괄호 안에 제주어의 표준어 표기나 그 의미를 표시했다.

3. 구술과정에서 구술자가 생략한 말 중에 내용 이해를 위해 그 내용이 필요한 경우, 생략된 위치에 괄호를 넣어 생략된 말을 표기했다.

4. 구술 내용의 이해에 필요한 4·3용어는 부록의 '주요 4·3 용어 해설'에 실었고, 그 외 개별 사항은 본문에 각주로 넣었다.

제1부

4·3과 기억

고맹선

고맹선은 1922년생으로 4·3 당시 신창국민학교 교사였다. 그는 가정 형편이 좋지 않아 당시 젊은이들이 이런저런 활동에 참여할 때도, 한눈팔지 않고 교사로서의 소임만을 수행했다. 그런 그도 1947년 제주도에서 최초로 인명이 살상된 3·1사건이 일어나자 그냥 두고 볼 수 없어 항의에 나섰다. 3·10 총파업이 제주도 전역에 번지고, 신창국민학교는 물론 거개의 학교가 동참했다. 이 때문에 그는 경찰조사를 받고 벌금형을 언도받았다. 그는 현재 제주시에 살고 있다.

(채록일: 2006.4.18 | 채록 장소: 제주시 자택)

1

3·10 총파업으로 벌금형을 언도받다

일제 말기, 일제가 공출받는 디 앞장설 수 엇언 공무원을 허지 않았죠

지금 내가 85세라. 그건 실제 나이고 호적엔 84세로 돼 있어. 고향은 지금의 한경면 판포지. 그러니 난 판포에서 4·3사건을 겪은 셈이야. 그때 나이가 스물일곱, 그 정도.

대게 그(4·3의) 원인은 왜정시대부터 있었던 걸로 보지. 왜정시대로 말 허자면, 제주도에는 5년제 학교가 제주농업학교 하나, 지금 고등학교에 해당허는 농업학교 하나가 있는 때야. 그때 우리는 한림면이거든. 그때 는 한경면도 한림면이었지. 한경에는 학교가 없어가지고 우린 한림보통학교를 졸업했어. 신창에 개량서당이 있었고, 한림에는 국립보통학교가 있었던 셈이야. 그게 나중에 국민학교가 돼신디, 뭐, 그때는 1면 1교 시대라.

경헌디 과거에 한림보통학교 졸업생덜이 제주농업학교에 온 학생덜에게 어떤 심헌 장난을 했어. 새로 1학년 들어오는 학생덜 보고 한턱내라 헌 거야. 한턱내라. 그걸 인제 우리말로 허민 '벨라먹는다'가 될 건가? 그게 주로 한림보통학교 졸업생덜이 주동이 돼서 했어, 그런 장난을. 경허니 한림보통학교 졸업생은 제주농업학교에서 거절헐 판이 돼여분 거라. 겐디 난 6학년 졸업헐 때 입학시험을 보니 어떵 합격될 것도 같다는 생각은 드는데 과거에 선배덜이 그런 장난을 저질러 노니까 입학을 시켜줄 것이냐, 말 것이냐……. 걱정이 이만저만 아니랏지. 겐디 그때 한림보통학교 교장선생님이 일부러 제주농업학교에 가가지고, "이 학생 하나만이라도 입학을 시켜줘 보시오. 그런 다음 불량헌 행동을 허는지 안 허는지 판단을 허십시오. 사실 우리 한림은 큰 학교니까 입학을 많이 시켜줘야 허는 게 사실 아닙니까?" 했어. 게서 내가 입학이 됐지.

사실 한림에서 그해 졸업생으로선 나 혼자 간 거야. 먼저 졸업헌 선배덜 몇 명이 있었고. 여하튼 합격이 돼여신디 나는 축산과였어.

경허연 내가 졸업헐 때가 되여가니…… 왜정 말기가 됐어. 농가에선 보리 공출, 목화, 면화, 소, 돼지 이거 다 공출헐 판인디 우린 좀 가난했어. 집에 소 한 마리가 있었어. 그게 공출돼분 거야. 이건……. 소 엇이 무어로 농사를 지을 거요? 아, 인제 우리 부모님덜도 막 울화가 터지고 어떻게 살아갈 것이냐, 이런 판국이 돼여부럿어.

게서 그때 내가 농업학교를 졸업허게 되니까 전라남도 농목과로 가게 된 거야. 그래 가만히 생각을 해봤지. 그때 내가 나가면 전라남도 어느 군에, 어느 지역에 배치받을지 모르주만 가면은 소 공출을 도울 거 아니라? 허니, 차라리 이럴 바에는 내가 취직을 허지 않겠다 허연 그걸 거절허고 포기해부럿어. 기권.

겐디 이런 소식을 내가 졸업헌 보통학교 교장선생님이 들은 모양이라. 그분이 나한티 보통학교 선생을 해보라고 해. 그때 제주에 시학, 지금은 장학사지, 제주에 혼자 잇어낫어. 제주도 전체에 한 사름. 그 시학한티 우리 교장선생님이 부탁헌 거야. 그래 한림학교 교장선생님이영 시학이 나를 불렁게 물어요. "당신, 학교 선생 헐 생각은 없어요?" 난 대뜸, "학교 선생이믄 허겠습니다" 했지. 그게 인제 춤……. 학교로 방향 전환을 허게 된 건디…….

그때, 한림학교 교장은 한림학교로 나를 땡기젠 했어. 겐디 마침 그때에 신창에도 학교가 생겼단 말이야, 내가 졸업헐 무렵에. 그러니 신창학교 교장도 나를 신창학교로 끌어뎅기지…… 두 학교 교장 간에 다툼이 생긴 거라. 조금 감정덜이 좋지 않았어. 게니 난 신창에도 발령을 못 받게 되곡, 한림에도 발령을 못 받았지. 결국엔 졸업허는 해 5월 달에 구엄국민학교, 구엄학교로 발령을 받안 갔어.

어쨌든 왜정 말기가 되니까 학교 선생은 그래도 학생덜만 가르치면 되는 거난 좋았어. 내가 만약 전라남도에 갔더라면 소 공출, 보리 공출……. 육지선 벼 공출을 받으레 돌아뎅겨실 거란 말이야. 그러니 내가 어떵 뒈실 건가 말이라. 당시 보민 소 공출, 돼지 공출, 보리·조 공출에 적극 나성 뛰여뎅기는 공무원덜이 있었어. 또 그런 공무원을 지지허는 이장, 아, 그때는 구장이로구나, 구장. 당시 이 사름덜은 전부 친일적인 행동을 아니헐 수가 없는 거라. 면엔 면장이, 또 그 밑엔 직원덜이. 더구나 농목과 같은 디 잇인 직원이나, 축산과 같은 디 잇인 직원덜은 그야말로 공출이나 받으레 뎅겼지. 그때는 목화가 제주도에서 생산이 뒈여시난 목화 공출 이런 걸 적극 받으레 나서고. 마을 구장은 거기에 협조를 아니헐 수가 엇인디 자연 리민덜은 거기에 반감을 막 가질 수밖에 엇인 거라. 그게 그러다 딱 종전이 뒈연 해방이 뒈신디, 그 사름덜은 경 해방이 올 걸 생각도 못 헌 거야. 난 다행히 학교 선생이 뒈연 허니까 해방 후에도 욕을 아니 먹었지.

교사의 길로

내가 구엄국민학교에 잇일 때 해방이 딱 됐어. 게니 이제 주민덜이 반감을 가졌던 구장도 죽일 놈, 거기에 구장에 협조헷단 마을 유지덜도 죽일 놈, 또 면사무소에서 면장이나 또 그 밑에서 적극 공출에 나성 서둘렀던 사름덜은 그냥 막 손가락질을 받고 미움을 받게 됐지. 나중에 4·3이 나고 4월 3일 날 새벽엔 그 사름덜이 습격을 많이 당했어. 어떤 디서는 죽고, 어떤 디서는 두들겨 맞고.

나는 그래도 학교 선생 헤시난 친일적 행동은 헌 게 엇어. 근데 학교 선생덜 가운데도 너무 모르는 선생이 잇긴 잇엇어. 어떤 것이 친일 행위인지 내가 생각헐 때 모르는 거지.

4·3은 내가 신창학교로 전근허고 난 후에 낫어. 해방이 되니까 이제 선생덜토 전부 교체를 해야 헐 거 아니? 그래서 난 해방되는 해 12월 말일 자로 신창학교로 발령을 받은 거야. 나는 그때 집에 할머니가 잇엇고⋯⋯. 할머니는 나이가 많았지. 또 우리 부모님도 다 늙었고. 난 외아들이라. 아덜은 나 하나. 누이동생이 둘 잇엇는디 그땐 일본서 돌아오지 않앗어. 나중에 해방이 되고 좀 지나난 귀국허연 부산서 장사도 허고 했지.

그때 나는 혼자서 할머니도 모셔야지, 부모님도 모셔야지, 이건 뭐 학교 선생 허는 거 외에 다른 일을 헐 수가 엇어. 그러니 일반 청년덜도 내 형편을 생각해줘 가지고 나보고는 민애청에 가담해달라, 도와달라 허지도 않앗지. 가정이 너미 복잡했고. 나 스스로도 어떵 잘못되민 큰일이덴 허연 조심헷주. 누가 뭐렌 허민, 날랑 양해를 해달라 허연 일체 어느 쪽에도 가담을 안 했어. 허고 학교에서도 학부형덜을 놓고 보민 좌측 계통의 학부형이 있는가 허민 우익 학부형도 싯고 헐 거 아니라? 이렇게 학부형이 양쪽이니까 학교 선생은 어느 쪽에 가담헐 수가 엇지. 이게 참 어려웠지. 세상 살기가 왜 영 힘해가느냐고 남덜 탓도 많이 했어.

나는 처음엔 판포서 신창학교로 통근을 허고 있었지. 겐디 4·3사건이 일어나서 심해져가니까 혼자서 다니기가 위험해진 거야. 언제 어떤 일을 당헐런지 모른다. 허니 우리 부모님이 너 신창이나 두모에 강 집 빌엉 살라고 해. 해서 두모에 집을 빌엉 살기 시작했지. 나중에는 신창학교 교원 숙소에 들어가서 살았고. 경헌 것이 내가 4·3사건 때에도 죽질 않고 살아날 수 있었던 이유 같아. 뭐, 나중에 파업헐 때는 같이 파업 안 헐 수도 없는 거고. 게서 같이 파업도 했지. 그때 전도적으로 모든 관공소나 학교가 전부 총파업을 허는데 우리만 빠질 순 엇엇던 거라. 게서 나도 덕택에 몇 개월 집행유예 받기도 했지.

3·10 총파업으로 벌금형을 언도받다

그때 파업을 허게 된 것은……. 진보적 계통의 학생덜, 청년덜이 저 관덕정에서 시위를 허게 돼신디 경찰서를 습격허고 뭐 헌 거라. 그러니 경찰에서 이제는 주동했던 사름덜을 심어다 가두는 거라. 그러니 우린 걸 구속시키지 마라, 구속시킨 젊은이덜을 석방해라 해가지고 학교에서는 파업이 일어난 거야. 학교 선생덜도 파업헌 거지.[1]

우린 기념식에는 참석을 안 했어. 지금 여기 (제주)시에까지 올 수가 엇엇지. 그때 제주시, 당시는 제주읍이지만, 제주읍에서만 식을 헌 게 아니라. 우리 한림, 한경이 제일 조용했다고 볼 수가 잇는디 그때 면단위에서도 기념식을 다덜 해서 한림에서도 행사를 했지. 그때 어찌됐건

---

[1] 3·1사건 및 3·10 총파업: 구술자의 '3·1사건'에 대한 기억은 2003년 정부에서 발간한 「제주4·3사건 진상조사 보고서」의 내용과는 다소 차이가 있다. 이에 대해서는 주요 4·3 용어 해설, '3·1 발포사건 및 3·10 총파업' 항을 참조 바람.

나는 참석을 안 했어. 아니, 참석을 허긴 했구나. 헹 돌아갔는디, 여하튼 그게 사건이 커지면서 그때 뭘 했던 주모 청년덜을 심어다 가두었지. 게난 그게 사건이 영 되가니 학교서는 선생덜이 나성 구속시키지 말렌 했어. 경찰은 우리 말을 안 들어줬지. 경헨 파업을 헌 거야. 수업을 며칠 안 했지. 허니 나중엔 파업했다고 재판까지 받아났어.[2]

그때 우리가 구속된 건 아니야. 그냥 통지서 보내영 파업했다 해가지고 처벌만 받은 거지. 벌금을 낸 기억도 없어. 안 냈어. 경허단 나중 정부가 수립될 때에는 그런 거 전부 사면허는 그런 조치가 시행됐지. 그게 신창국민학교에 잇일 땐디 다른 선생님덜도 다 그렇게 걸려들었어. 전원이. 교사 전원이 다 그렇게…… 학교 전체가 다 파업을 해분거지.[3]

그리고 마침 그때 교장선생님은 아팡 못 나왔어. 김○언 선생이라고 애월 분이랏지. 그분은 위가 나빤 뭐 허니까 신창학교엔 잘 나오지 안했어. 그래도 신창은 비교적 조용헌 지역이라나난 큰 소동은 없었지.

그리고 또, 그 일로 나중에 우리가 피해를 본 건 엇어. 다른 디선 나중에 예비검속이다, 머다 허영 헌 것도 같주만 우리안틴 경 안 했어. 우리 신창학교에서는 한 사람도 없었고. 우린 큰이모 손자로 좌○송이라고 잇어. 야이는 목포상업학교 나온 아이라. 겐디 가이는 나영 같이 신창학교 교원으로 잇어신디 너무 적극성을 띄었어. 나중에는 남로당에 가입까지 돼가지고 구속됐다 살아나왔지. 일본으로 가부럿어. 겐 조카뻘 되는디 우리 큰이모 손자라. 나보다 연령은 세나(세 살) 아래.

---

2 ≪제주신보≫는 당시 전도적인 파업 상황을 전하면서 한림면에서도 '한림면사무소, 한림중, 각 국민학교, 금융조합, 우편국, 전분공장'이 파업에 동참했다고 보도하고 있다(≪제주신보≫, 1947.3.14).

3 당시(1947.7.21) 판결문을 보면, 제주지방심리원은 구술자에게 '포고 제2호 및 제19호 위반' 혐의로 벌금 1500원을 언도했다. 그리고 구술자와 같이 신창공립국민학교 교원으로 근무했던 양○인, 김○철, 강○종도 같은 형을 받았다.

뭐, 가이에 대해선 일본 교포덜이 잇이난 소식을 다 알지. 가이 때문에 특별허게 그 가족덜이 피해를 본 거는 엇어. 지 혼자, 가이 혼자 당헌 거지. 원래 신창 출신이라. 우리가 그 3·1 뭐에 걸련헐 때 같이 교원으로 잇엇지. 후에 보난 어떵헹 남로당에 가입이 되연 잇엉게 무신 활동한 거는 잘 모르주만은. 그게 말하자면 민애청 조직이나 이런 것에 조금 주동이 되연 헌 것이…… 가이는 그 파업으로 구속된 건 아니랏어. 파업이 끝난 후에 남로당 입당된 것이 폭로가 돼서, 발각돼서 구속이 됐어.

난 가이에 비허민 남로당 옆에도 못 갓주. 난 외아들이고, 혼자 뭐 헤노난 어디 잘못되면은 우리 부모 누가 봉양을 해? 이 농촌에 다 늙은 부모허고 할머니까지 계셨는디. 그리고 주위에서덜도 날 봐줬어.

면담자: 선생님! 겐디도 여기 기록에 보민 벌금형 1500원으로 나와신게마씨.
구술자: 뭐, 벌금?
면담자: 예 벌금 1500원.
구술자: 허허…….

4·3에 대한 생각

우리가 그때 4·3사건으로 돌아가신 분은 신창학교엔 한 사람도 엇엇지. 지금 생각해보민 그때 내가 느낀 건, 너무 좀 과격허지 않았나, 아 저렇게 과격허게 안 해도 충분히 우리 의사 표시를 헐 수가 있는데, 4·3사건 맨 처음 일어나는 날도 사름을 죽이기까진 안 해도 될 것을 저치록 헐 필요가 있나, 난 생각되더라고. 그 사름덜이 왜정시대에 친일 행적을 허고…… 밉기야 미웠지. 마음속으로야 죽이고 싶은 생각을 다덜 가졌지. 그러나 이게 같은 동족 아니라? 게니 동족애를 좀 더 가졌다면은 죽이기까지는 말아야 허는 건디 허는 생각이 들었어.

또 하나 해방되난 빈부격차가 너무 심했어. 왜놈덜은 친일파와 아닌 사름을 너무 차별허였어. 해방되니 이젠 어쩔 거야? 왜정에 대한 반감, 친일파에 대한 미움…… 경허연 4·3사건이 일어난 거야. 그쪽에 가담헌 놈덜은 그냥 살려둘 수 없다, 저런 놈덜은 죽여야 헌다 허는 디서 4월 3일 그날 새벽에, 친일 행동헌 사름덜을 그냥 막 죽이고 때리고 헌 거야. 그러니 나중엔 어떵헐 거라? 그날 당헌 사름덜은 반감이 생겨서 반대 조직을 허게 되고, 자식들도 반감허고. 허니깐 좌우대립이 그냥 심해져 부렷지.[4]

사실 그때 보민 가난헌 사름덜이 얼마나 많았어? 좌익계통 사상 가진 사름덜이 그런 비참헌 일을 안 헤시민 그에 호응헐 사름덜이 다수라났지. 오히려 사회주의 활동을 아주 잘 헐 수 있는 절호의 기회였어. 겐디 그냥 사름을 죽이고 뭘 허고 허니깐 경 되고, 나중에 그 살인했던 것덜이 다 꼬투리가 되연 심어다 가두는 판이 되니까…… 그때 왜정시대에 사회주의 사상을 가정 공부를 헌 사름덜은 다 붙잡현 나갔어. 경헤가난 그때 구속당허지 않은 사름덜도 피신헐 곳을 찾앙 산으로 갈 수밖에. 그 사름덜 다 폭도가 되엿어. 겐 폭도로 이름 붙여젼 그냥 잡아당 다 죽이곡…… 나중엔 경찰이 힘이 모자라니깐 계엄령하에서는 군 동원허영 그냥 심어당 가두곡…… 우리같이 만만허게 학교 선생이나 했던 사름덜은 사태를 잘 피헐 수 있었지 않았나 생각헐 뿐이라.

당시 해방되니깐 우리 거를 가르쳐야 헌다는 그런 게 잇엇어. 선생덜

---

4 구술자는 4·3의 발발 주원인을 친일파 문제에서 찾는 독특한 인식체계를 보여주고 있다.

도 그런 쪽으로 치중허연 아이들 수업을 허고. 그런 건 사실인디, 그때 우리가 학교 선생으로서 조심해야 헐 사항은 학부형들 중엔 이편, 저편 다 있다는 거라. 당시 이런 판단을 헌 선생덜은 비교적 연령이 조금 많은 편에 속했지. 젊은 사름덜은 과격허고 생각덜 엇이 해노니까 학생덜을 이상허게 가르친다고 욕본 선생덜도 많았지. 나는 왜정시대도 경험했고 해방 후도 봤지만, 가정 형편 때문에 항상 조심해야 헌다는 마음가짐, 이런 것으로 허연 항상 좀 과격헌 것에서는 될 수 있는 한 빠졌어. 집에 가민 아들 하나, 손자 하나 나뿐인 거. 그러니 사회활동을 못 했지.

한경면의 4·3

우리 한경면 지역에서도……. 내가 신창허고 판포 오가멍 4·3을 본 건데 산에서 습격해완 사름을 죽인 일도 잇엇지, 한경면에서. 우리 마을 판포도 습격이 들엇어. 난 신창 가서 산 땐디, 습격이 들어가지고 길거리에서 몇 사름이 죽었어. 그때가 4·3이 난 한 2년 후에쯤.

당시를 생각해보민 우리 학교에서도 특별히 뭐헌 건 아니주만 무슨 모임 같은 거, 그런 것도 있긴 했지. 머 그런 건 학교에서민 다덜 이런저런 모임허고 토의도 허는 거 아니라? 겐디 내가 기억허기에 우리 학교에선 사상 문제 같은 그런 건 토의해본 적 엇어. 학교 업무 토의나 했지.

그리고 5·10선거 때도 한경면 지역에선 선거 반대허는 일덜이 해안(마을)엔 없었어. 산간지역에선 투표함도 탈취당했다, 뭐했다 허는 얘기가 있었지.

이런 말 해가니 활동했던 사름덜 생각이 나네. 사실 그때사 (사회주의) 활동허는 사름이 우리 주변에도 많았어. 겐디 누구나 말은 안 허지. 잘못허민 좌익분자로 몰령 죽게 되니까. 게서 짐작으로 아는 건디 그때 내

주변엔 특별히 활동헌 사름은 없었어. 좌○송은 친척뻘이고 우리보단 부자엿어. 한번은 나한티 말해. 삼춘! 난 이대로 볼 수 엇수다. 결국 나중에 보니 남로당에까지 가입이 돼 잇더라고.

판포나 한경면에서 일제시대 때 배운 사름덜 중에 사회주의운동을 헤난 사름은 거의 엇어. 결국 이 일제시대 활동가덜이 해방 후에도 활동 허는 건디 좌○형 씨라고 개량서당 선생을 했던 분이 잇어. 우리 선생님이라. 이분이 딱 해방되니까, 날 잡아서 너 우리 지역 대표로 이번 농민대회에 나가라 허는 거야. 그리고 그 외에 사회주의 사상 가진 사름으로 김○수, 이런 사름. 하, 경헌디 이런 사름덜은 어떵헨 자기가 스스로 사라져가더라고. 저 세상 사름이 된 거지. 다른 디서 거세기 헌 것도 아니라. 좌선생은 워낙 가난해노니까 경허연 굶어죽고…… 김○수라는 사름도 그 비슷허게 돌아갔어. 그게 어떵어떵허연 한경면에서는 좀 활발헌 사름덜이 차례로 다 죽어가더구만. 그게 다 4·3 전에. 경허고 조금 사상 가진 사름덜, 뭐 내가 잘 아는 사름덜을 말허는 거주만, 일본으로 건너가 불고, 또 살젠 허니까 산에 올라가 죽어불고 했지. 게니깐 4·3 당시에는 우리 한경엔 뭘 해보젠 해도 헐 사름이 엇인 거라. 경허고 한경면이 비교적 농사도 어느 정도 되고 허는 데여서도 그럴 거라. 여긴 땅이 좋아. 경헤선가 한림, 한경은 비교적 조용헌 편이라고 헐 수 있지.

4·3과 교사

난 아까도 얘기헷주만 학부형을 생각허는 것이 이쪽 부형도 잇고, 저쪽도 잇으니까 중립을 지킨 거라. 겐디 학교 선생 중엔 보민 나처럼 비교적 중립에 선 사름도 잇엇주만은 일부 조금 뭐헌 과격헌 선생은 그냥 4·3사건에 죽은 거지. 그런 선생덜도 많았어.

그리고 난 민보단이나 그런 활동도 안 했어. 그때 선생님덜 중엔 많이 덜 그런 단체에 가입허고 했지. 민보단장허셨던 분도 계시고. 겐디 나는 어떤 생각을 가졌는고 허니까…… 그니까 내 말을 들은 사람은 그때 죽질 안했어. 왜 그런고 허민 나한테 들으러 와. 선생님은 어느 쪽에 가담 허시겠습니까? 아, 이 사람아! 나가 학교 선생이다. 학부형은 왼쪽도 있고, 오른쪽도 있다. 학생을 잘 가르칠라면은 중립이라사 헌다. 그래서 나는 항상 중립이었지. 그리고 또 아까도 말헷주만은 내가 어느 쪽에 기울어정 일을 해봐라. 우리 부모들은 어떵 될 거냐? 길거리에서 죽을 것이다. 살라고 헌다면 어느 쪽에도 가담허지 말라. 그랬다가는 어느 쪽에 서든지 욕을 당헌다.

겐디 그 좌○송이라고 헌 놈은, 우리 조칸디 영 나 말을 안 들어. 삼춘! 나 삼춘 말 아니 들으쿠다 해. 가이네 가정은 거의 다 죽어부럿어. 아, 조카 하나가 살았구나. 그 조카 하나. 가이가 대한항공을 직장으로 들어가젠 했지. 거긴 그때도 들어가기가 상당히 어려웠는디 학과 시험엔 합격을 했어. 이젠 신원보증이 문제라. 허니 나가 신원보증헌다 허연 했지. 난 해방 후에 쭉 중립을 지킨 사람이니까 이거 뭐, 신원보증을 허여도 일없어.

아까 민보단이니 뭐니 헷주만 학교에서 난 민보단에도 가입 안 헌다 했어. 그건 그런 거라. 내가 어느 학부형 말을 들을 것이냐? 우리 학교 학부형은 다 나의 학부형이다. 난 학부형을 좌우로 구별 안 헌다. 허니 이제 우리 신창학교 선생덜이 그때 아무도 욕을 당허지 않은 건 내가 지조를 지켠 중립에 잇인 때문이렌 이야기허지. 교장선생은 안 계시지, 내가 그래도 비교적 나이가 ─ 그때는 나도 젊엇주만 ─ 그 가운데서도 우이라서 경헌 거라. 내가 왜정시대 이야길 했지. 어디 이 세상 앞으로 두고 봐라. 나는 왜정시대를 겪었다. 왜정시대엔 무조건 시키는 말만 듣는 사름이 있더라. 나는 그렇질 않았다. 나는 경허연 공무원을 안 헌 것이고, 학교 선생을 택헌 것이다. 너희들도 학교 선생 헐라면 과격헌 행동은 허지 말라. 어느 학생은 내 쪽이고, 어느 학생은 저쪽이고 허는 건 말이 안 된다. 이건 전부 내 제자들이다 생각허고, 내 자식이다 생각헐 때엔 어느 쪽에 가담헐 수 있겠느냐? 나는 가담 못 헌다.

그때 신창학교에 있다가 조수학교로 가겠다는 분이 잇언게 난 그분을 적극 말렸어. 이런 위험헌 때에 왜 조수로 가느냐? 그딘 산간지역이다. 거기 가민 어떤 일이 일어날지 모른다. 거, 조수학교엔 가지 말고 그냥 여기 신창서 같이 근무허자. 게도 그 선생은 부모도 거기 있고, 고향이니 어쨌든 자기는 가겠다. 조수로 갔어. 겐디 가서 보름 만인가? 학교 등사판을 산에서 왕 가져가 버리니까 이젠 학교 선생덜을 욕보였어. 학교 선생덜 다 심어다가…… 등사판을 내줬다고, 학교 선생이 내줄 리는 엇인 거거든. 겐디 경찰관덜이 판단을 잘못허는 거라. 이건 학교 선생덜이 저쪽에 가담헌 거 아니냐, 학교 선생덜 대개가 다 그런 사상을 가정 있지 않았나 헌 게 당시 경찰덜이라. 게니 경찰허고 학교 선생이 사이가 좋을 리가 엇엇지. 그냥 심어다가 운동장에서 총살해버렸어. 그 선생 이름이 이ㅇ룔이라고, 조수리 역사에 보민 나와.[5]

선생 하나는 그때 내가 가지 말렌 허니까 안 갔지. 가이네 형은 심어단 죽여부럿주만 — 왜정시대에 우체국에 근무해난 사름 — 그 선생은 살아났어. 나중에 경찰서장까지 했다니까. 이ㅇ석. 이제도 나 만나민 난 선생 때문에 살앗수다 허지. 그때 조수학교 가지 말렌 헹. 그 선생은 내 말을 들었어. 겐디 그 형은 조수에 살아신디 심어다가 그냥…… 돌아간 형 이름이 이ㅇ석이라. 원래 조수 사름덜이지. 지금은 제주시 살지만.

5 주요 4·3 용어 해설, '조수국민학교 학살사건'을 참조 바람.

경찰덜이 다 아니 죽일 사름을 죽인 거라. 게서 이거 너무 과격허지 않느냐? 왜 영 심해가느냐 헷주만 어떵 헐 거라?

그때 저지에 지서가 잇어신디 거기서 이○석 씨를 심어당 죽였던 소문이 들리더구만. 내가 어째서 그 사름덜을 잘 아는가 허민 우리 누게가……. 그니까 먼 사돈뻘 뒈여. 그 집 형편도 잘 알고.

게서 이○석 선생도 그때 내 말을 들언 안 간 거라. 당연히 고향 학교 가민 경비야 안 들지. 이런저런 비용이야 살아나주만은 자칫허민 그 위험헌 때, 죽기 쉬울 때 아니라? 게니깐 내가 가지 말라, 절대 가면 안 된다, 신창이 제일 안전헌 디다 헷주. 당시 신창엔 지서도 잇어낫어. 겐 나도 판포서 신창으로 와서 산 거라. 판포에는 지서가 엇어시난, 이건 언제 누구한테 당헐런지 몰라. 이건 잘못허민. 죽이멍 꼭 사상 물어보멍 죽여. 재수 궂엉 그런 때 걸리민 죽을 판이라. 나중에 성담덜 다 쌓은 후제도 판포엔 파견소가 엇엇어. 게니 청년덜은 다 두모지서에 왕 같이 협조 근무를 섰지.

양쪽이 다 과격했지

지금 생각해봐도, 당시에 마음에 안 들었던 건 양쪽이 다 과격허엿다는 거야. 산에 올라간 사름덜도 일시적인 조급헌 감정에서 아니 써도 될 폭력을 써서 헌 경우가 많았어. 그러고 사상이라고 허는 것도, 그 사회주의라고 허는 것도 옳은 일 속에서 자연스럽게 퍼져나가게 해야 되지 이건 급허게 우리 것이란 이런 것이다 해서 이것을 일방통행으로 막 주입시킬라고 허민 이건 안 된 일이지. 가만히 놔두민 스스로 되는 거야. 자유가 와가지. 자유가 와가민 자연히 민주화가 돼. 이것을 과격허게 이끌어내젠 허난 경찰관을 자극허게 되는 거야. 경찰관덜은 그것을 구실로 고자세를 취허게 되고, 그러면 자연히 과격헌 행동으로 나가지. 그러니까 이건 양쪽 대립만 격화돼가는……. 이런 격심헌 대립은 일어나지 말아야 허는데 너무 심허지 않았나 생각돼. 그니깐 일부 청년덜 가운데서 울컥허는 생각에서 조금만 자제허민 될 것을 아니했다는 거. 또 조금 결함이 잇덴 허연 경찰관덜은 권력을 너무 남용헌 거. 조금 뭐 허믄 심어당 가둬놓고 죄인을 멘들아. 그러니 이런 게 민주사회라고, 민주경찰이라고 헐 수 잇느냐? 입으로는 민주경찰이라고덜 허지. 지네들 입으로. 허지만 행동은 독재경찰이지. 민주경찰이 아니야. 이런 점에서 우리 모두가 다 반성해야 해, 4·3은.

고창선

고창선은 1927년생으로 한경면 두모리 출신이다. 일제강점기 일제의 강제
공출로 집안이 많은 어려움을 겪었던 기억을 가지고 있다. 그는 두모국민
학교 6학년 때 해방을 맞았다. 그는 해방 후, 이웃에 살던 한 순경의 도
움으로 공부하여 1950년 10월에 경찰이 되었다. 그 후 통신병으로 13년
동안 경찰 생활을 했다. 경찰 초기에는 한라산에서 잔여 무장대를 토벌하
던 100사령부에서 대토벌에 참여하기도 했다. 이때 그는 병이 나 치료를
받던 중 가파출장소로 발령이 났다. 그는 현재 고향 두모리에 살고 있다.

(채록일: 2008.8.12 | 채록 장소: 두모리 자택)

2

이웃에 살던 순경의 도움으로 경찰이 되다

일제시기, 신창국민학교 4학년에 편입하다

내가 1927년생. 게니 올해 멧이라? 여든둘. 난 원래 두모. 본적도 두모
고, 지금도 여기 두모에 사는 거. 이제꾸지 살멍 이 동네 이것저것 다 봤
어. 일본군도 오라나고, 또 저 육지서 이북 청년덜토 4·3에 제주에 들어
와 가지고서 각 지서, 파출소에 배정될 때 여기도 잇어나고.

공부는 내가 조금 했어. 일제 때는 한문 서당이 잇어낫지. 게니 거기
서 한문을 한 2, 3년 공부허고, 나중에 국민학교에 4학년으로 중간 편입
을 했어. 경헨 한 3년 시난 해방이 되었지.

일제 왜정시기엔 여기 두모도 막 공출로 어려와낫어. 그땐 어릴 때난
뭐 헌디, 부친네가 농사를 지어가지고 잇이믄 보리 공출허라고 무조건
허지. 게믄 보리 곱지멍(숨기면서) 난리가 나는 거라. 눌 눌언에(낟가리를
쌓아서). 가마쓰에 담앙 눌 소곱(속)에 (곱지고). 공출 안 허젠. 경헤도 쪼끔
은 놔둬사 헐 거난 이녁 식구덜 먹을 것만 다 곱져.

우리 집에선 뭐, 가택 조사허레 왕 뺏아가고는 안 했어. 조사허질 못허엿지. 곱쩡놔둔 걸 어떵 알아? 참, 그 곱지는 것도 옛날덜은…… 요즘에는 농사를 크게 안 지으난 눌 누는 데가 엇어. 그때 보민 마당 한구석에 뱅 동글락허게 짚 같은 걸 이만이 키보단 높이 쌓은 다음 그 중간에 묻어. 요즘이사 가마나 마대 같은 거주만 거기 담앙 곱지는 거지. 우린 그때 어린 때난 허주만 공출허는 것덜 보민 너미 불쌍했어. 곱지는 것도 일이주만 우린 밥 굶을 때난 뺏기지 않겐 벨짓 다 했어. 참 불쌍했지.

경찰 입문, 한라산 대토벌작전에 나가다

또 4·3에…… 우리 제주도가 경허지는 안했는데, 저 일제시대 엿장시 허던 것덜이 다 응원대로 와가지고 각 지서영 출장소를 장악했어. 건 그놈덜 권리나 다름엇엇어.

내가 경찰에 간 게 4·3사건 난 후제! 단기로 말허믄 4283년도(서기 1950년) 10월 14일 날에. 그때 내가 4·3사건으로 한라산에 출동 나갔다가 뱅신(병신) 된 것이 영 됐어.

그때 내가 4·3 터지난 저 구좌읍 하도리 가가지고서 무전교육 일주일 받고 경찰 무전기 가정 출동 나갔어. 뭐, 통신계에 있었던 건디 그때 제주도엔 대대 토벌단이 100사령부라 해가지고서 있었어. 밤에 (사령관이) 비행기로 돌면서 어느 부대, 어느 지점 고지에 올라가 가지고 봉화를 올리라고 명령을 내려. 게민, 난 그때쯤 통신 받아그네 어느 고지로 올라가는 거라. 그 눈 우이 올라가당 박아도지곡 허멍 그듸 강 신문지에 라이타로 불을 켜. 나중엔 100사령관이 밤에 불 어디 비추엇나 봐가지고서 "수고했어!", "알았어! 부대에 돌아가!" 영 허민 난 돌아오곡……

겐디 그때 산에 있을 때 보민, 눈이 이만이 묻으믄 그 눈 묻은 디에서 조금 얕은 곳이 어딘지 몰라. 발 딛다가 잘못 디뎡 옴막허게 빠지민 눈이 이만이 몸뚱아리 우에로 쌓여. 첨 그땐 무섭기도 허고. 혼자 어느 고지까지 올라가라고 그러믄 이거……. 그때 쟈네덜(무장대를 지칭)은 아지트에 숨었당 우릴 발견만 허민 총으로 쏘을 때난 참 무서웠지. 4·3에 우리 경찰관 동지덜 많이 죽었어.

내가 이 기록에도 나와 있주만 1950년 6·25 나는 해 10월 13일에 경찰에 입대했어. 그리고 무전기 교육을 받았지. 그때는 바쁜 때랐어. 그러니 빨리 산에 올라가도록 해야 헌다고 열흘도 채 교육을 안 시켰어.

그때 무신(무슨) 교육을 받아신지 기억이 안 나. 지금은 머리가 쪼끔 도라짱되여부런 올레 바깟디도 잘 안 나가. 나간다믄 저 지서 정문에 큰 집이 셔. 우리 큰아덜네 집. 거기나 강 손지영 조금 싯당 오고. 양쪽 허리가 아파. 등도 굽고.

그때 부상은 안 당허여도 출동 나가니깐 여기 아파가지고 행동을 못했어. 천막에 잇이난 대대장이 의무관헌티 나를 인솔해 가가지고서 진찰시키는 거라. 경헌 다음, 이 고 순경 행동 못 허켄, 하산 시겨불렌. 경헨 내가 원소속 근무지로 하산허엿지. 그때는 제주도에 네 개 경찰서라. 제주시, 서귀포, 성산포, 모슬포경찰서 이렇게 허고, 그 안에 각 지서가 있고, 출장소가 있어. 내가 원소속 근무지로 하산헌 덴 최고 일선이랏어. 저 산에, 한경면 저지라고, 저지지서라고 평상 땐 두 사름이 근무허는 데엿지. 다른 사름덜은 다 출동 나가고. 게민 거긴 농촌이니까 여자 남자 엇이 일철 나민 드르팟에 나가. 이녁 밭이 강 검질도 매고, 지실도 매. 게민 우리 직원 하나는 높은 고지에 올라가지고서 경비를 허는 거라. 어두웡 그 농민덜 올 때까지. 게민 난 혼자라. 혼자 지설 지키는 거야. 이디(허리를 가리킴) 아팡 걷질 못허니까. 그러니 답답헌 건 우리 지서 주임이지. 우리가 모슬포경찰서 관내니까 하루는 우리 주임이 "서장님

한테 헐 말이 있습니다" 허고, 모슬포경찰서장헌티 전화헌 거야. 최고의
일선 지서서 근무허는 자가 출동이 불가능허민 안 됩니다. 고 순경을 하
산시켜가지고 다른 데로 이동 발령을 시켜주십시오. 게니 서장님이 "아,
그러냐. 일름 뭐야?" 물어. "고창선 순경입니다", "가파도로 발령 시킬
테니까 가파도 가가지고서 근무하게 해". 아, 이젠 우리 주임이 오더니
말허는 거라. "가파도로 발령시켰으니까 강 한 1년 휴양허여", "예, 고맙
습니다". 경헨 내가 가파도 가네 1년간 놀고먹고 허니까 이것이 좋아진
거야. 좋아졌지. 겐디 그것이 55년 만에 여기 허리가 조금씩 아판게 지
금은 양쪽이 다 아파노니 걷지도 못해. 그래서 식사도 메누리가 지네 집
이서 허영 가정와야 먹어.

경찰 통신병이 되다

통신교육 받아그네 제일 첫 번째로 강 일헌 디가 서귀포경찰서. 저
열리(서귀포시 예래동)출장소. 경허단 그다음은 저 남원읍 위미지서에 강
한 3년 있었고. 다음이 모슬포경찰서로 전근허연. 뭐, 이동발령 시기더
구만. 게서 모슬포에서 근무헌 게 7년.

그 후에 내가 모슬포경찰서 근무허는 도중에 이 집을 내가 지어가지
고 올레를 일로 내였주. 그전엔 마당 저쪽에 살아났어. 경허고 요기 창
고 짓은 딘 당조부, 당할아버지가 살단 돌아갔지. 그때 내가 사직서를
제출했어. 할아버지 묻을 책임정. 묻을 아덜도 엇고, 손자도 엇고. 나 동
생 하나 잇인 건 군인으로 가불고 허연 나 혼저 잇어노니 사표 제출이라
도 안 허민 아무것도 못 허게 되였어. 그땐 시국이 어수선헐 때난 먼 짓
했다가는 모가지가 팡팡 끊어질 때랏지. 게서 사표 제출허니깐 "왜?"
물어. "당조부님이 돌아가셔서 할아버지를 안장해드려야겠습니다" 했

지. 그때사 수리허여. 겐 할아버지 묻고…….

내가 한라산 토벌갈 때는 저기 저지리 저지지서에 근무헐 때라. 여기, 모슬포경찰서 관내. 그때 관할이 다 잇엉 제주도 4개 경찰서 관내를 어디로 어디까지는 제주읍경찰서, 성산포 영 했지.

당시 보민 출장소나 지서마다 통신병덜이 다 있지는 안했어. 특별한 데만 섯다고 해야 되나? 그런 땐디, 우리같이 통신교육 받은 사름덜은 당시 산에 강 있당 사령관이 비행기로 내리는 명령을 받는 거라. 아까도 말헷주만 무전으로 어느 고지에 올랑 봉화 올리라, 영 허지. 또, 이 사름덜 근무 서당 자는 거나 아닌가, 당번 근무는 잘 헴신가? 이런 걸 알아보기 위해가지고서 통신기계를 설치해났어. 어떵 보민 통신 계통은 뭐 아무것도 아니라. 당시 아래 일주도로에서야 전봇대를 다 끊어분다 머 헌다 헷주만 우린 산에서 무전기로 다 했어. 100사령관이 그자 비행기 타가지고서 순회허멍 어느 대대 나오라, 어느 부대 나오라 허믄 쫙 나와. 신호가 쫙쫙 들어오지.

난 한라산에서 토벌은 얼마 안 뎅겼어. 한 스무날 뎅겨시냐? 여기(허리) 아픔이 시작돼 노니 원……. 어떵 보민 난 막 행동을 시작헌 건디 여기 아파분 거라. 한 스무날 산골짜기에 산 것뿐.

어느 서청 출신 중대장의 섬뜩한 이야기

저 성산포경찰서 관내에 이북 출신 중대장이 하나 잇엇어. 그때 우리가 산에 뎅기멍 폭도덜을 잡아가난 말젠(나중엔) 그 중대장 부대에서 중대 계획을 해가지고서 폭도를 하나 잡은 거라.

당시엔 보민 전에 산에 올라갔던 폭도를 각 중대에 한 사름씩 배치시켜. 지로인[1]으로. 나무 트멍(틈)으로 자기네 뎅겨난 길 가르치렌 허는 거지. 이제 그놈이 젤 초병이 되는 거라. 제일 앞에 상 가멍 남은 대원덜을 인도허지. 다음엔 우리가 중대로 가곡, 또 그다음에 중대장이 따라가. 경헨 가는디 그날은 지로인이 "저디 나오랏수다, 발견뒈엿수다!" 허는 소리를 막 외쳤다고 해. 게난 앞이 있던 중대장이 총알 딱 한 방 쏘고, 뒤에 상 가던 중대원덜도 엎더져가지고 막 총을 쏘았지. 나중에 보니 폭도 한 놈이 죽언 잇더레. 겐디 그 중대장이 어떵했냐면, 한 놈이주만 죽은 거 그냥 내불지 안 허더라고 해. 그 중대장이 이북 출신이 돼놔서 아주 독헌 사름이라. 머, 악질이었지.

그때 중대장이 다리에 요만헌 칼을 찬 잇엇는디, 단도. 단도 그거 찼단 한 놈 사살되난 대원덜에겐 사방으로 쭈욱 경비허렌 했다고 해. 혹시 폭도덜이 오카부덴. 그러고는 단도 꺼낸게 야개길(목을) 세 번 찍더라고 해. 경 세 번 찍으난 딱 끊어졌다고. 그 단도날이 요만이밖에 안 길어. 세 번 찍언 끊었다는 거라. 경헨 잇단 그 야개길 베…… 저 육지 삼베로 만든 배낭에 담고는 이제 둘이 담당 허연에 성읍지서에 들럿다가 다시 저 성산포경찰서에 보내렌. 그거 한 일주일 일주도로 전줏대에 돌아매영 가는 사름, 오늘 사름 다 구경시켰어. 그때 우린 성산포경찰서에 축하허라고 술 두어 추니[2] 보냈지. 요즘 말로 술 두어 통 보낸 거야, 그 사름덜은 한 일주일 먹으멍 놀았다고 해요. 당시엔 폭도 하나 잡으믄 참 뭐, 금메달 이상이라, 이상. 나 지금도 그 중대장 이름 기억나. 이ㅇ영이, 이ㅇ영. 그 사름 이북에서 넘어오멍 지네 아부지를 바당물에 던져뒁 왔고렌 헌 놈이라. 그런 말까지 대원덜한티 다 헌 사름이라. 경허단 나중에 한 계급 진급해신디 이제 죽어신지, 살아신지는 잘 모르겠어.

---

1 지로인(指路人). 길잡이, 질토래비 등으로 불린다.
2 준(樽). 술 따위를 담는 항아리.

가파도 근무

어쨌든 내가 아판 허난 한라산엔 20일, 경헨 가파도엔 가니 지서엔 나 혼자라. 가파도 지서는 혼자 근무. 마을에서 밥해주민 먹고. 다 경허게 멘 들어났어. 제주도가 시끄러와도 가파도는 조용. 단지 하나, 가파도에서 나올 때 배임자허고 나허고 죽을 뻔해났어. 시끄러운 건 그거 하나랐지.

가파도 1년 사니깐 다른 딜로 발령을 시켜. 공문은 받았고. 아, 파도는 센디, 그때는 당장 명령 복종 안 허민 집이 가렌 헐 때야. 파면, 파면당허는 거라. 아, 파도는 세고, 오늘 부임허라 허니 어떵헐까 허단 포구에 내려갔어. 강 보니깐 조그맣게 짓은(만든) 배, 새 배가 셔(있어). 배 임제(임자)는 머구리허는 사름이라. 마을 청년덜은 이 파도엔 아무리 새 배렌 해도 못 간다고 말려. 파도가 워낙 세연. 또 가가믄 중간에 물살이 상당히 센 디도 잇이난 절대 안 된다고 해. 게도 배 임제는 가겠다고 했지. 경허멍 가파도 먹돌. 그건 이 제주도 돌 닮지 안 허영 딴딴허고 무거와. 그걸 머구리가 두 덩어리 들러당 배레 실러. 배가 파도에 공끌공끌허지 못허게 허는 거주. 조금 무겁게, 배를. 경허영 이젠 타앉앙 나한티 "고 순경! 이듸 탑서" 해. 겐 나는 우비허고 총만 가지고 탔지.

겐디 청년덜 말대로 가파도광 모슬포 중간에 가난 물 흐름이 보통 센 게 아니라. 마침 파도도 세노난 별 배라도 마음대로 못 갈 형상이라. 그땐 배가 돛대 세왕 갈 때 아니라? 기계도 아니 메우고 노 젓는 배. 바람 맞청 나와야 허는디 파도는 쎄지, 그 물 쎈 딘 오니 배가 나가질 못해. 그러고 좀 잇이난 배가 팽허게 돌멍 돛대가 딱 꺽어져. 하이고 어떵 우리가 살아 나와신지 몰라. 난 넋이 다 나간 와중에도 모슬포 항구에 오난 서광지서에 부임 명령 시간에 맞청 가젠 머구리배에 고맙덴도 똑바로 못 허고 달려갔어. 허이구! 별꼴을 다…… 허다못행 뱃주인한티라도 고맙덴 해야 될 거 아니?

당시 가파도는 조용했어. 나한티는 진짜 편안했주. 몸이 다 좋아져시난. 겐디 다른 디에선 그때만 해도 4·3이 다 안 끝난 때야. 사름덜은 폭도덜 습격 드나, 지서에서 잡으레 오나, 그자 숨으레 다니기 바쁜 때 아니라? 겐디 내가 가파도 지서에 잇일 땐 지서로 잡혀온 청년덜도 엇엇고, 어떤 습격도 엇언 참 좋앗어.

판포 습격[3]

습격 얘기허젠 허민……. 이건 내가 경찰 가기 전 일이라. 폭도덜이 판포 습격 들엇어. 그땐 젊은 때랏지. 그날은 마침 우리 큰형님 일본서 오랑 돌아간 제삿날이라. 섣달, 음력으로 12월 보름날. 달이 훤헌 날에 판포 습격들 들언. 그딘 다 초가집이라. 난, 우리 집 담 우이 올라산 보난 초가집이 전부 다 벌겅. 불 붙언 그냥 다 타부런.

마침 우리 처갓집이 그 동네라. 난 판포에 불난 줄 알아지난 밥도 안 먹고 우리 집 할망(부인을 지칭)한티 나 앞이 달려가커메 조롬에(뒤에) 와허곤, 한숨에 갓주. 그때 우리 처갓집은 이런 길옆에 붙은 초가집이랏어. 겐디도 처갓집엔 큰 불은 안 났어. 허, 지금 생각허민 내가 그때 죽젠경 달려간 거라. 그놈덜이 판포에 불 다 붙여뒹 돌아뎅길 땐디, 다행히 그놈덜을 안 만난. 좀 잇이난 할망도 왔어. 우리 할망도 재수 좋게 총은

---

3 1949년 1월 13일, 무장대가 식량을 털기 위해 판포리를 습격했다. 당시 판포리 5개 자연마을 중 일주도로 아래쪽에 위치한 신명동을 제외하고 모든 마을이 큰 피해를 입었다. 그러나 무장대는 출동한 경찰의 총소리에 놀라 습격 30분 만에 모두 도망쳤다고 한다. 이때 진귀석(당시 55세) 등 11명이 희생됐고, 진아영 여인은 얼굴에 총을 맞았다.

아니 맞안.

그때 우린 불은 다 끼왓주만 그놈덜이 또 습격허카부덴 어딜 강(가서) 숨을 딜 찾았지. 그때는 다 도새기를 집에 질루난 도새기 집이 잇어, 이젠 그 도새기 집에라도 숨젠 불 안 붙은 이웃집으로 우리 할망허고 가는디 그놈덜이 잇어. 그 불 붙인 놈 서너이가 바로 앞에……. 아, 그때 총 잇어시민 서너 놈은 잡아실 건디 참. 그때 총이사 검은놈덜[4]한티나 잇엇주 폭도덜도 다 죽창이나 들렀어.

나중에 내가 경찰 간 후제 보민 옆 동네 습격 들거나 해도 지서에선 도와주레도 안 가. 무서왕. 경찰덜도 습격헌 딘 안 갔어. 뭐, 정세 파악도 못 헌디 함부로 나갔다가는 당헌다는 거지. 사실 경찰덜도 그 산사름덜이 무섭긴 했지.

그 판포 습격, 가네덜은 마을 양민집이 쌀, 옷 같은 거 털레 뎅길 때라. 당시 마을마다 성을 쌓았어. 마을을 한 바퀴 돌멍 성을 멘든 그 일은 경찰이 관리했지. 주민이 다 동원됐어. 판포성은 폭도덜이 습격허기 얼마 전에 쌓았어. 그때 매날 밤 보초도 몇씩이나 서고 했지. 겐디도 그놈덜 어떵 성담을 넘어신지, 얼마나 들어와신지 몰라. 한두 사름이 온 게 아니랐어. 마을길을 다 막앙. 그땐 암호가 다 있어. 경찰만이 아니라 그놈덜도 암호가 있어. 지네덜 암호를 우선 써그네 응답 안 허민 다 해넘겨부렸지. 경헨 많이 죽고 했어.

총살

내가 지서영 출장소 뎅기멍 일선 근무는 참 많이 했지. 겐디 사름 죽

---

4 4·3 당시 주민들은 경찰을 '검은 개'로, 군인을 '노랑 개'로 불렀다.

은 거나 아니믄 죽이는 거는 못 봐봤어. 그런 건 엇어, 일절. 오히려 경찰에 들어가기 전엔 나도 취조 근무를 해난 거 같아. 보조원일 때. 지서 직원덜이영 같이 행동을 취했어.

한번은 판포 토벌 가고서 사름 대여섯 심어(잡아)왔어. 경헨 그날은 유치장 안에 가둬났다가 뒷날 밤, 달이 훤헌 밤이라. 지금 우리 한경면 농협, 저 한원리레 올라가는 디……. 거긴 밀림지대멍 소낭밧이라. 밤에 다섯 명을 돌앙 나샀지. 나도 같이 갔어. 이제 농협 사무실 잇인 그 디가 소나무 밧이랐어. 거기 간 게 사름덜을 일직선으로 영 세와. 그러곤 질레에서 기관총으로 좌르륵 한번 갈기난 다 쓰러졌지. 경허고는 이젠 나 보고 죽은 디 강 죽창으로 찔렁오렌. 어떵헐 거라. 나사 명령을 거역도 못 허고 어쩔까 허다 핑계거릴 찾았지. 보니 경찰덜이 잇인 디서 길 건너 사름덜 죽은 거는 잘 못 봐. 겐 가서 찔르는 시늉만 허고, "다 죽엇수다" 허고 와부럿지.

그때 사름덜 죽은 디가 이제 한원 농협 가민 자재 파는 디. 그 사건은 내가 같이 가왔으니깐 경허고. 또 여기 안에가 바로 파출손디 그 앞이 논밭……. 그 논밭이서 또 대여섯이 총살돼여부럿어. 내가 그 부모네, 가족덜 다 아는디, 뭐렌 허기 전에 오란(시신을) 다 가져갔지. 겐디 저 한원 농협 앞에서 죽은 것도 그렇주만 참……. 따로 누게가 죽은 사름덜 집에 연락도 안 헤실 건디 다음에 보민 엇어. 시신덜이. 그걸로 보민 참말 연락자가 반드시 잇인 거라.

면담자: 그 다섯 명 총살된 사름덜은 어떤 사름마씨?
구술자: 폭도. 경찰에서 해낮이 폭도잡이를 가메. 경헨 심어온 것덜이주. 심어온 사름덜. 그때 그디[5]덜 가입해가지고 허민 큰 죄가 엇어도 잡아오지. 감옥에 가뒀당 많이 총살했어.

면담자: 지서로 잡혀가민 대부분 총살당헹 죽는 거마씨?

구술자: 응! 사실 명단이 다 잇어. 지서에 보민 붉은……. 일름 옆이 붉은 선으로 다 기재가 되연 잇어. 명단 엇인 아무 일도 허지 안 허여. 그놈덜도 다 알아. 죄 지은 놈덜은 이제 지서나 파출소에 명단이 있으니깐 나를 잡아감구나 허는 걸 미리 다 알지. 게니 자기 스스로도 나쁜 짓 했으니깐 애원헐 수가 엇어. 아니, 애원을 안 허지.

면담자: 경허고예, 지서에 잡아오는 사름덜 중에 폭도가 아닌 사람도 있을 수가 있지 않수과? 그땐 어떵? 혹시 목숨을 살려주기라도?

구술자: 그런 건 일절. 아, 저듸 가가지고서 만약에 사름덜 심어오당 두어 사름 살려주젠 허민 살려줄 수는 없느냐? 엇어 일절. 그런 놈덜 살렷당 어떵허젠? 엇어 일절.

경찰 생활 13년과 경우회비

내가 영허멍 지서에서 얼마나 근무해져시냐? 내가 그만둘 적에 한 13년 허고……. 그 정도. 내가 사표 제출허연 나왔으니 그때 공로패 같은 건 아무것도 못 받았지.

이젠 내가 경찰 모임에도 못 가. 움직이질 못허난. 겐 경찰 모임 저, 경우회에 일 년에 한 번씩, 회비 2만 원을 내. 아니, 이번엔 2년인가, 3년치를 한꺼번에 냈구나. 회장 계좌번호로.

---

5 전체적인 내용으로 볼 때 남로당, 혹은 무장대를 의미한다.

남상진

남상진은 1936년 한경면 금등리에서 태어났다. 그는 4·3 당시 아버지가 이장을 지내던 중 두모지서에 잡혀가 혹독한 고문을 받고 그 후 집에서 누워만 살다 돌아가신 사실을 아프게 기억하고 있다. 그리고 당시 두모지 서의 서청 출신 경찰 황 순경은 악독하기로 유명했다고 구술했다. 그는 그 어려운 시기에도 제주읍으로 유학을 가 오현중학교·오현고등학교를 졸 업하고 군에 입대했다. 제대 후에는 공무원으로 농촌진흥원, 한경면 등지 에서 근무했다. 그는 어린 시절 일본군 1개 중대가 마을에 주둔했던 사실, 한림 앞바다에서 미군 잠수함에 의해 일본군 수송선이 격침되어 수많은 시신들이 떠올랐던 일, 아버지가 병치레로 누워계시자 남자가 없는 집안 에서 아버지 대신 어린 나이에 밭을 갈며 고생했던 일, 4·3 당시 축성 이 야기 등을 재미있게 구술했다. 현재 그는 고향 금등리에서 살고 있다.

(채록일: 2008.11.3 | 채록 장소: 금등리사무소)

3

4·3의 기억, 아버지

4·3의 기억, 아버지

4·3사건 당시에 제 부친은 청년단이라고 해서, 요즘 보면 방범대 비슷헌데 청년단장을 허시다가 옆집 제삿집에서 불이 번쩍거려부니까……. 옛날 4·3 때는 불로 신호했잖아요, 봉화? 아버진 그것도 감시 못 허였다고 허연 지서에서 경찰관한티 많이 맞았어요. 겐 돌아가실 때까지 집에서 병치레로 누워 지냈죠. 난, 아버지가 그러니 이젠 아버지를 대신헌 거예요. 내가 국민학교 5학년 때부터 밭을 다 갈고 했어요.

> 면담자: 아버님 얘기를 자세히 듣고 싶습니다만? 아버님 성함은 어떵 됨수과?
> 구술자: 내가 남상진이니까 성은 남씨고, 남가고. 이름은 경자 희자.
> 면담자: 남경희. 그럼 신고 안 허신 거마씨?
> 구술자: 신고? 오늘 나 처음 이야기허는 거예요.

면담자: 무사마씨? 이거 신고허셔야주마씨.

구술자: 에휴, 신고허여봤자 뭐. 내 나이가 지금 몇인 줄 알아요? 36년
생. 우리 나이로 일흔셋이야. 겐디 아버님 피해 본 이야기 오
늘 처음 허게 되네, 첨……. 여기 우리 동네 나이 드신 분덜은
다 알아요. 다 알아.

우리가 원래 본적은 판포라. 바로 저 이웃 디가 판포거든. 우리 집 올
레에서 길 이쪽은 지금 내가 사는 금등, 건너 쪽은 판포예요. 판포 쪽에
있단 이 금등 쪽으로 우리 증조할아버지가 건너 오셨다고 들었어요.

4·3 때는 우리 아버지가 금등 이장으로 한 20년 이상 허셨다고 그래요.
겐디 그 옆집 불빛이 봉화불로 오인을 받은 거예요. 저 디 보면 판포 동
네가 높아요. 게니 거기로 두모지서 소속 경찰관 두 사람이 내려오단 보
난 그 높은 데서……. 여긴 얕으닌깐, 문 열어놓으면 제삿불이 훤허게
보이거든요. 그걸 봐서 당장 나오라고 해가지고 지서에 데려가서 때린
거예요. 완전히 죽었다고 소문났었죠. 겐디 그때 이웃 분들 도움을 많이
받아가지고……. 나도 그걸 잊어버리지 않아요. 하얀 수탉을 산 채 모가
지 털만 뽑아가지고 자귀로 탁 찍으면 잘라지잖아요? 게민 피를 찍 갈
기는데 그걸 그냥 입에 넣었어요. 그때는 집집마다 닭은 있었어요. 하얀
닭은 별로 없었는데 가서 구해다가……. 경헨 동네 분들이 구해줘서 살
아나가지고 집에서만 지내셨어요. 결과적으로는 내가 군대 갔을 때, 65
세에 돌아가시긴 했어요.

(목소리가 높아짐) 그러니까 내가 5학년 때부터 밭을 갈았어요. 겐디 어
려부난 쟁기가 너무 무거운 거예요. 저기 소는 걸어가는디……. 그때 밭
가는 소가 집에 있었어요. 내가 쟁기를 힘으로 잘 움직이멍 소를 몰아야
허는디 그걸 못 해요. 쟁기가 무거완. 그것이 제일 애로사항이었어요,

그 당시에는. 어릴 때부터 내가 집안일을 다 했어요. 아버지가 밭을 못 갈고, 일을 못 허시니까요. 내가 누나덜이 위로 셋 있고, 밑에 여동생 있는디 아덜은 나 혼자. 게니 뭐 힘든 일은 내가 다 했죠.

공출

학교는 신창국민학교 다녔어요. 4학년 때, 우리가 그때 교장선생님이 담임을 허셨어요. 그분은 나중에 들으니 4·3에 돌아가셨다고 해요. 소문엔 빨갱이……. 왜 그때 빨갱이라고 했잖아요. 좌익, 우익헐 때난. 그 선생이 좌익이었나 봐요. 선생님 성함이 양 머시라 났는데 그때도 나이가 많아났어요.

그 당시엔 교장도 담임 다 해났어요. 그 선생님이 담임 맡은 건 기억나는데 다른 것덜은 뭐 전혀 모르겠네요. 학생덜 가르칠 때도 특별헌 건 없었던 것 같고……. 아아, 수업은 조금 늦게 들어오고 빨리 끝나고 했어요. 교장이니까. 그건 지금도 기억나요. 어쨌든 상당히 똑똑허게 가르쳤다는 것은 확실해요.

우리가 국민학교 1학년 될 때, 일제시대에 일본놈 학교 들어갔던 거예요. 그러다 2학년 돼서 국어 제1과 배우니까 '땡' 해서 바로 해방. 2학년 곧 올라가자마자 일본놈덜이 손들은 거지요. 그때 보면 새학기도 9월에 시작해요. 9월 학기가 1학기였던 건데 그 일제시대에 우린 한국분, 좌봉두 교장선생님이 허다 퇴직하셨어요. 좌 선생님 그분이 1학년 때 담임을 했어요.

짐작되겠주만 그때는 다 일본어에요. 구구법도 일본말로 다 했죠. 지금 구구단 있잖아요? 2×2=4 허는 거. 이런 거 전부 일본말로 외웠어요. 경허단 2학년 올라가니 해방…… 국어 제1과 해서 '이치 고도리', 참새가 고도리라. 제1과 '참새' 허니깐, '땅' 허고 해방. 하하하.

우리 금등은 일제시대 때 공출도 많았어요. 거 뭐, 공출이야 공동으로 너나없이 다 했어요. 나중엔 현물세로도 허고요. 당시 이 부근에는 농경지 허민 '예전이'엔 허는 말이 있어요. 그 말 알아요? (탁자에 그림을 그려가며 설명) '예전이'엔 허민, (제주도엔) 이것이 밭이라고 허민 이렇게 못 갈아먹는 데가 있어요. 이걸 '예전이'엔 허는디 그 당시엔 갈아먹는 디만 이년 걸로 해서 현물세를 냈어요. 그니까 이거 나중에는 지적도상으로 없는 걸로 돼서 자기 밭이 안 돼버리니까 군유지로 많이 편입되기도 했어요.

건 그렇고 당시 공출헐라면 현물세라 해서 밭이 백 평이면 보리 갈면 보리 몇 킬로씩 난다, 그러니 그에 맞게 몇 말, 몇 말 계산해서 냈어요. 그렇게 했는데 우리는 충분히 우리 식량은 모자라지 않을 정도로 땅이 있었어요. 그런데 그것이 어떤 기준으로 공출을 받았는지 몰라도 우리는 그 당시 마차, 구루마엔 허지요? 철 구루마. 그것도 집집마다 없어서 허는데 거기에 열두 가마니씩 묶어서 갔던 게 기억나요. 뭐, 당시에는 거의 60킬로거든요. 한 가마니에. 맥주 맥은 50킬로 담고 허는디, 최고 많을 땐 열두 가만가 그렇게 했던 거 같아요. 아버지가 이장으로 지내셨으니 우리 집은 남의 집에 가서 보리쌀이라도 꿔다 먹을 정도는 아니었죠.

일본 군인덜 죽언 떠올라완

경허고 그때 일본 군인들이 와서 밥 달라, 술 달라 이런 일이 우리 집에는 없었주만 사실, 우리 동네에도 군인이 주둔해났어요. 여기 굴 파놓은 것이 지금도 있어요. 잡초가 막 우거져서 가서 볼 수는 없는데 바닷가에 굴이 있어요. 1개 중댄가 와 있었지요. 당시 소원가, 중원가 그 놈이 집에 가끔 왔던 거 기억나요. 그때 저희 누님들이 있었어요. 누님들은 일제시대에 학교를 다녔어요. 지금은 모두 돌아가셨지만 둘째 누님은 서울까지 가서 공부했어요. 그 둘째 누님 참 고생했죠. 조천 우체국에 근무했었어요. 겐디 그 누님 4·3 때 폭도한테 잡혀서 가다가 어떤 줄 알아요? 뒤에서 토벌대가 쫓아온 거예요, 그놈들은 누님은 놔두고 자기네만 도망가버린 거예요. 게니 누님은 밤에 숨어 있다가 날이 밝으니까 집에 돌아왔죠. 완전 큰일날 뻔했지요.

누님은 그때 서울 학교에서……. 요즘은 체신부엔 허잖아요? 체신부에서 허는 학교……. 모르스 부호라고 알아요? 또또또또 허는 거. 수신기로 영어, 일어 통신 받아서, AP, AFP 통신 받아서 허는 그런 일. 그러니 통신학관가? 거길 다녔어요. 여자로선 특별한 직업을 가지셨던 거죠. 나중엔 제주신문사에서도 상당히 오래 근무허시고 그랬어요. 그 누님도 내가 고등학교 졸업허면서 대학시험 볼 때 같이 서울 올라가 가지고 거기서 결혼해서 살다가 지금은 돌아가셨어요. 제주시에서 나이 많으신 분들은 우리 누님 이름을 대면 아는 분들이 많아요, 물론 조천, 함덕 그쪽에 있는 분들은 더 잘 알고요. 성함이 남춘방. 살아계시면 팔십하나?

그때 일본 군인들 해방되니까 싹 나갔잖아요? 말 그대로 싹 빠져나가는데 그 무기들 다 바다에 버렸다고 허죠? 겐디 우린 그 병기나 군용 물자들 아무것도 본 게 없어요. 우리 동네에 버려진 건 말, 기마. 군용 말. 말 두 마린가? 동네 사람을 주고 갔는데, 말이 워낙 컸어요. 그니까 한 달도 못 가져 있다가 못 기르겠다고 다른 사람한테 건네주고 그랬을 거예요. 그 소대장인가 허는 사람도 집에 와서 인사허고 갔다고 해요. 난 나중에 얘기 들었는데 그때 슬퍼허고, 억울해허고 꼴이 말이 아니었다고 해요.

아, 그리고 저 판포허고, 우리 금등 바닷가에서 일본 군인들 시체가 막 뜬 적이 있어요. 그건 그때 리에서 다 처리헌 걸로 아는데 나중에 일본서 와서 다 가져갔어요. 내가 나중에 면에서 근무헐 때, 옛날 들어서 아는 거 허고 우리 눈으로 확인헌 거 허고 해서 묘 있는 자리를 다 안내해줬어요. 경헨 판포, 금등은 그 일본 분들이 와서 다 파갔어요. 난 어렸을 때난 정확히는 몰라요. 저 비양도 앞에서 미군 잠수함에 일본배가 침몰했다고 해요. 난 솔직히 어려서 군인인가 뭔가도 잘 몰랐죠. 아무튼 시체가 떠오르면 그냥 내버릴 수가 없는 거 아니에요? 그거 인간의 도리로서 갖다가 땅 속에 다 저거 해줬던 거지요.

난 사실, 해방돼도 별로 대단허게 달라진 건 없었어요. 왜냐허면 일본놈 학교에 들어갔지만 일곱 살 때부터 할아버지한테 천자문 배우면서 "일본놈 좋아허지 말라. 일본글 허지 말라" 해서, 학교 갔다 오면 할아버지한테 우리말 뭐, 한자 위주지만 한글, 한자, 구구법을 따로 배웠어요. 그래서 해방되고 한글을 써도 어색허지가 않았어요. 그래선가 일본은 지금도 좋아허지 않아요.

요즘 말로 우리 할아버지 교육 철학이 좀 있었던 건가, 모르겠어요. 그 당시 우리 동네에서 옛날 학교가 없을 때 서당이라고 해서 한문 가르치던 훈장을 상당히 오래 허셨어요. 저 판포에서 두모까지 우리 할아버지 제자들이 상당히 많이 계셨는데 지금은 거의 다 돌아가셨죠. 저도 그 영향이 좀 있는 것 같아요.

서청의 만행

4·3은 해방되고 얼마 없어서 내가 국민학교 4학년 때 났어요. 당시 저 오름에 봉화가 오르거나, 삐라가 뿌려지거나, 그런 걸 내 눈으로 직접 본 건 없어요. 그런 얘기들이 많았지요.

판포는 폭도가 습격도 들어와나고 헤신디, 우리 동네에는 안 왔어요. 그때 보면 우리 동네에는 좌익 계통 공부헌 사람이 좀 있어가지고 대장 노릇도 했다고는 해요. 그런 얘기는 들었지요. 본인이나, 후손들이 들으면 나보고 나쁘다고 허겠지만 그 사람들 중엔 여기서 돌아가신 분도 있고 일본으로 건너간 사람도 있어요. 게서 거기서 다시 북으로 넘어간 사람들도 있고요. 이런 얘긴 허민 안 되는 거 아닌가?

면담자: 아니마심. 이젠 그런 얘기 다 해야 된다고 생각헙니다. 우리 영 뎅기당 보민 그런 말도 많이 듣게 되는디, 이제는 설사 경 헷덴 해도 개인의 책임을 묻기보다는 역사적인 사실로 인정 헐 것은 인정허면서 연좌제로 가족들까지 단죄허영은 안 된 다고 생각헙니다.

구술자: 응응. 또, 또 물어볼 건 뭐?

면담자: 이 마을에서 저 단독정부 구성허는 5·10선거. 그거 헐 때, 좌익 계통 사람들이 마을 사람들을 선동해가지고 "산으로 가자, 선 거허지 말자!" 경허영 사람들을 산으로 데령가지 안 헤수과?

구술자: 아, 그런 건 없고. 난 없는 걸로 알고 있어요, 전혀.

사실 우리 금등마을도 4·3 피해가 커요. 빨갱이로 몰려가지고 잡혀가서 돌아가신 분들도 여러 분 있고. 다 지서로 잡혀갔지요. 두모지서로. 그때 두모지서엔 악독헌 경찰이 있었어요. 우리 아버지를 때려죽인 그 경찰. 당시 지서 주임은 양씨었어요. 제주도 사람. 겐디 이북에서 내려온 순경, 황 순경이라고 헌 사람이 있었어요. 이름은 잘 모르겠는데 서청 경찰, 황 순경. 이 사람은 무조건 뭐⋯⋯.

그때는 M1 총허고, 38식 총밖에 없었어요. 참, 99식 총허고. 겐디 그 사람, 그걸로 닥치는 대로 치고 죽이고. 이쪽에 살던 사람은 바로 요 밑 일주도로로변에 있는 조그만 밭에서 바로 뻥 해가지고 죽었어요. 발을 영 바둥바둥허다가 죽는 걸 (발버둥 치는 모습을 보이며) 우리가 멀리서 봤어요. 빨갱이라 해서 잡아다가 거기서 총살을 시켜버린 거죠. 그날 기억이 또렷헌데, 황 순경 그 사람은 사람을 무조건 잡아다가 지 마음 내키는 대로 했어요. 경허고 그러고 나면 이젠 가족들이 허둥대죠. 왜냐하면 가족들은 빨리, 몰래 시신을 어떻게 처리해야 헐 거 아니에요? 집에서 준비허다가 빨리빨리 처리허고 했지요.

처남의 죽음

우리 처남은 제주시 세무서에 근무허고 있었어요. 그러다 잡혀가서 사라봉에서 총살당허연 죽었어요. 이름은 이영희. 토목기사였죠. 잘 알 겠주만 그 당시 측량기사는 많지 않았잖아요? 겐디 우리 처남 그렇게 세무서에서 잘 근무허다가 끌려간 거예요.

처남은 원래 여기 사람이에요. 본적이. 그때 처남은 좌익계열로 몰려가지고 잡혀갔다고 허드라고요. 뭐, 다 그랬잖아요. 죽여놓고 다 좌익계열……. 이건 어디다 하소연헐 수도 없었죠. 처남이 무얼 했고 허는 건 난 잘 몰라요. 나는 병자생이고, 우리 처남은 갑자생이라 열두 살 위거든요. 게니 내가 아는 건 동네 사람들한테 들은 게 전부예요. 그때 굴속에다 총살시켜서 담아버리니 그걸 찾으려고 가족들이 상당히 고생했죠. 어쨌든 시신은 며칠 안 돼서 수습해 왔으니 다행이죠.

소개

우리 금등 마을은 지금보다 4·3 당시에가 더 컸어요. 지금은 집이 상당히 많이 없어졌죠. 지금은 50호 정도에 불과허지만, 그 당시에는 한 80~90호 됐던 걸로 알고 있어요.

우리 마을은 4·3으로 큰 피해를 입지는 않았어요. 당시 돌아가신 분이 저기 모슬포 잡혀가서 죽은 사람, 그리고 수장동허고 해서 네 분. 그 네 사람은 확실히 알아요. (중산간마을에서) 소개민들도 내려왔었죠. 왜 토벌대가 중산간마을을 다 불태우면서 해안마을로 내려가라고 했잖아요? 그러니 우리 금등마을에 연고가 있는 사람들은 여기로 왔죠. 우리집에도 있었어요. 그때 우리는 저 수장동이라고…… 수장동 알아요? 거기서 살았어요. 우리 집은 밖거리, 모커리(곁채), 안거리 해서 집이 세 채니까 소개민이 우리 집 밖거리에 와서 살았죠. 조수 분들이 많이 왔어요. 경헨 이분들이 나중에는 고산으로 가기도 했죠. 다 이녁만큼 인간관계를 찾아서 왔던 거예요.

우리 살았던 수장동이 여기서 한 2킬로 떨어져 있어서 한참 들어가야돼요. 조수 바로 밑에예요. 그때 보면 소개 온 사람들 대부분이 거의 몸만 덩그러니 왔어요. 당시 운반력이 있던 사람들은 덮을 거나, 입을 거를 가져왔지만 그렇지 못한 조수 사람들은 대부분 몸만 와서 있던 사람도 있었어요. 그리고 이렇게 소개민들이 소개 내려온 다음에는 군인이나 경찰이 가끔 조사허레 와요. 그러나 소개 내려올 정도가 된 이후에는 상황이 많이 좋아졌어요. 잡혀가서 죽거나 허는 그런 큰일은 별로 없었던 것 같아요. 적어도 우리 마을에선 말이죠.

축성

우리 마을엔, 다른 데도 다 마찬가지주만 성을 쌓았어요. 우리 마을을 둘런. (뒤쪽 창밖을 가리키며) 저기, 아, 나무들이 있어서 잘 안 보이지만, 저쪽으로 들어오다 보면 첫 번째 조그만 밭이 있어요. 그 서쪽 담을 돌아서 옛날 쭉 성담이 있었어요. 이제 그거만 남아 있는 거죠. 다른 데는 다 없어졌어요. 성담을 쌓았던 돌들은 원래 있던 자리로 다 간 거죠. 자기네 집에, 그리고 밭에들.

저기, 저 성담 쌓을 땐 참, 내가 이틀인가 아버지가 아프고 해서 일을 못 나가니까 대신 나갔어요. 동네에선 나오지 않아도 된다고 허여도 어디 그럴 수가 있어요? 이틀 나갔다 왔어요. 그리고 또 성 쌓으면 그걸로 끝난 게 아니에요. 문을 달았거든요. 나도 소나무 잘르러 가는데 하룬가, 같이 가서 잘라오고 했어요. 그땐 어리고, 아니고가 문제가 아니에요. 집집마다 한 사람씩은 나가서 일을 해야 했죠. 근데 우리 집은 아버지가 왜 병석에 누운지 아니까 안 가도 된다고 헌 거예요.

우리가 성을 다 완성하는 데 한 달이 더 걸렸어요. 한 달 반쯤? 고생도 고생이주만 우리 동네는 성이 엄청 길었어요. 그래서 더 고생했죠. 우리 마을을 다 두르고, 높이도 꽤 높았어요. 그때 높이가 (한쪽 팔을 위로 들어 보며) 손이 안 보일 정도였으니까, 한 3미터는 되지 않았을까? 2미터 50 내지는 3미터 정도는 됐어요. 성 위로는 우리가 막 뛰어다닐 수 있을 정도였고요. 그러니 밑폭이 2미터 정도, 위는 1미터는 됐겠죠. 이렇게 사다리꼴 모양으로 올린 거죠. 그런데 단, 문 달아놓은 데만은 경사를 완화시키지 않고 아주 급경사로 쌓았어요. 사람이 얼른 올라가서 내려오지 못허게 허려고요. 그것도 다 기억이 나네요.

이제 저기, 성담을 쌓으면 그걸로 끝나는 게 아니에요. 그때 문……

목마다 보초를 섰어요. 나는 어려서 그런 건 안 해봤주만 저녁마다 네 사람씩 초소를 지켰어요. 하나, 둘, 셋…… 세 군데에 초소를 만들고, 교대로. 그리고 보초 서는 사람들한테는 마을 주민들이 음식을 준비했죠. 밤에 중석, 중석이라 해서 우리 부친이 감독도 못 허고, 보초도 못 나가니까 저희 어머니가 중석을 상당히 많이 준비했어요. 그럼 밤중에 시간이 되면 초소에 있는 사람들이 교대로 우리 집에 와서 먹고 갔어요. 지금 그게 뚜렷이 기억나네요. 내가 사람들 웅성거리는 소리에 깨어보면 사람들이 와서 중석을 먹고 있었죠. 교대로 왔다 갔다 하면서. 그때 주로 먹는 것이 옛날 말로, 제주 사투리로 하면 ᄌᆞ배기, 수제비였어요. 밀가루가 없어가지고 보리 ᄌᆞ배기나 좁쌀 이런 걸로. 그때는 돼지고기 같은 것도 없었어요.

그러니까 우리 어머님이 미안해서, 고생헌다고 해서 그렇게 해주면 맛있게 먹고 가고 그랬죠. 또 술이렌 헌 거는, 고소리술이라고 알아요? 고소리술 빼놓은 거 있으면 그거 한잔씩 허고. 그 당시는 술도 어려웠죠. 그 정도 기억이 나고요……. 또 4·3 때 특별한 거는 토벌 가서 산에서 사람을 잡아왔어요. 두모지서에서. 그런 걸 딱 한 번 본 기억이 있는데, 여자 한 분이었어요. 손이 이렇게 묶여 오는데 그 옆에 같이 묶인 어린 아이가 허럭허럭 걸으며 따라오고. 젊은 여자더라고요. 입은 건 형편없었고, 얼굴이나 그런 건 못 보게 했어요. 우리 집 올레에 큰 폭낭이 있으니까 거기 올라가 가지고…….

호기심이 많을 때잖아요? 어렸을 때니까. 왜 그러는지, 누군지 늘 궁금해가지고 그런 거죠. 그때 잡혀온 사람은 그 여자 분과 아이 한 명밖에 없었어요. 아이는 여덟 살이나, 아홉 살밖에 안 된 어린아이였고요. 그분들이 두모지서로 끌려갔는데 그다음은 아무도 몰라요. 일단 가면 그다음엔 동네 사람 아닌 이상은 아무것도 몰라요. 죽였는지, 어떻게 했는지도요. 몰라요.

폭도들이 판포 습격 든 때에도 우리 마을은 경찰들한테 별 보복을 당허지 않았어요. 다른 마을들은 많이 당했다고 하더라구요. 그때도 난 폭도 들었젠 허니까 촐(꼴)을 쌓아둔 눌 속에 가서 숨고 했던 기억밖에 없어요. 그리고 부친은 움직이지를 못허니까 방에 그냥 계셨는데 무사했고요. 그때 우리 마을에선 판포 바로 올라가는 동네에 살던 젊은 분 한 분이 폭도한테 죽창인가 뭔가에 맞았다고 했어요. 그뿐. 우리 마을이 더 이상 피해는 없었죠.

군대 생활

4·3이 끝나 소개민들도 다 재건부락 해서 올라가 버리고 헐 때 난 제주시로 가서 중학교에 다녔어요. 오중(오현중학교), 오고(오현고등학교) 다녔죠. 그리고 대학교는 서울 가서 허려고 갔어요. 겐디, 나 그거 잊어지지 않아요. 기차 시간 놓쳐서 첫날은 시험 잘 보고, 뒷날은 시간 늦게 갔다고, 30분 늦게 도착했다고 입실을 안 시켜줘서 시험을 못 봤어요. 참…….

어쨌든 그때 대학 시험 보러 갈 땐, 누님네도 같이 가고 해서 얼른 못 내려왔어요. 학교 시험을 그렇게 해서 떨어지고 나니 난, 이젠 먹을 구멍을 찾았죠. 그래서 한 일 년, 이 일 저 일 다 했어요. 그러다 보니까 또 문제가 생겨요. 신체검사가 기피된 거죠. 실제로, 난 2대 독자여서 군대를 안 가도 됐어요. 겐디 신체검사 기피라고 군대를 가야 된다고 집으로 편지가 온 거예요. 그래서 내려왔죠, 제주도로.

난, 고향에 오자마자 면사무소로 갔어요. 다른 사람들은 다 영장 나왔는데 나만 안 나왔어요. 그때 마침 면사무소에 국민학교 동창놈이 임시

직원이지만은 호병계에 있더라고요. 그 당시 아리랑 담배가 250환 헐 땐데 그거 한 갑을 사다주면서 "야! 너 이거 피고 지원 좀 받아주라!" 해서 해병대로 지원을 했어요.

그러자 이제 성산포로 가라고 해요. 성산포에 집결해서 배 타고 목포로 간다는 거예요. 겐디 그때 성산포 가서 보니까 친구놈들이, 동창들이 전부 육군으로 가잖아요. 해병대는 이쪽, 육군은 저쪽 허면서 줄서라고 해요. 난, 어떻게 할까 허다가 "에이, 모르겠다" 해서 육군으로 갔죠. 목포 가서 내릴 때도 육군은 이쪽, 해병대는 저쪽 해요. 그때는 정말 옛날이죠. 지금 어떻게 그렇게 해요.

그때 해병대, 육군 해서 제주도에서 한 1600명. 육군이 1200명 정도 했어요. 우린 곧 제1훈련소로 갔어요. 그때는 연병장이 얼고, 굉장히 추울 때였어요. 1월 달이니 그랬겠죠. 우린 연병장에 집합했어요. 그런데 뭐 허나 허민 종이를 나눠줘요. 요즘 같으면 아이큐 테스트 허는 시험을 보는 거예요. 그걸 나눠주니까 뭐 엉덩이도 차갑고 해서 확 빨리 허고 냈죠. 그러고 한 15분 앉아 있었나? 군인이 와서 내 이름을 탁 부르잖아요. 난 집에라도 가라고 허는 줄 알고 기뻐서 "옛!" 했죠. 그러니 물어요. "너, 고등학교 나왔어?" "고등학교 다녔습니다". 대답했죠. 허니까 너 최고점수 나왔다고 해요. 뭐, 난 집에나 보내주겠다고 허는 줄 알았는데 보니까 생각지도 않게 말이지……. 아이큐가 그땐 뭔지도 몰랐어요, 난.

하, 그래가지고는 A, B, C 클라스 중에서 난 A클라스에 뽑혔어요. 뭐, 잘 알겠지만 그때는 학교 나온 사람들이 거의 없었잖아요. 그러니 난 일등해가지고 이젠 중대 공급대에서 근무를 시작했어요. 행정병이니 좀 편안허게 근무를 허는 건데 그땐 맨날 나오는 것이 건빵, 담배 그런 거예요. 그걸 나눠주는 거예요. 옷 같은 거, 신 같은 건 정말 어려웠죠. 옷, 신, 모자……. 밥이 모자라니 항상 배고프고. 나는 중대 공급대니까 밥은 제때 잘 먹었어요. 그때 군대 생활…… 50년대에 군대 간 사람들은 다 배고픈 사람들이에요.

군대에서 여러 가지 일을 했어요. 나중에 공무원 시험을 볼 때 덕을 보기도 했지만 차트병도 했어요. 차트병이 뭐냐 허면, 부대에 높은 사람이 오잖아요? 그러면 현황판을 만들어 보고를 허게 돼요. 그 현황판을 만드는 사람이 차트병인데 우선 글씨를 잘 써야죠.

사실, 내가 원래는 나팔병이었어요. 군악대. 오중, 오고 때 밴드부를 해서 나팔을 불어나니까 군대 가서도 허게 된 거예요. 그때 군대에서 나만큼 잘 부는 사람이 없었어요. 내 자랑허는 것 같주만. 그러니 고참이라고 허는 것들도 다 나한테 배웠어요. 그러다 보니 빳다도 혼나게 많이 맞았어요. 새까만 쫄병이 나팔 잘 분다고. 자기네를 무시헌다고 말이죠.

허이고 참, 그땐 춤, 양춤헌다고……. 우리는 나팔을 불어도 일주일이면 나흘을 미군부대에 가서 했어요. 우리 군악대장이 제1훈련소 당시에 군악대 선임하사로 있던 분이었어요. 나는 그분 대신 다 불었어요. 섹소폰허고, 클라리넷. 이 양반은 밤에 미군부대 가서 내가 섹소폰을 허니까 내게 다 맡기고, 자기는 술만 마시는 거예요. 나는 섹소폰을 불다가 클라리넷도 불고, 두 개 다 불었죠.

당시, 머 이상헌 말 갖지만 댄서, 여자분들이 막 먹을 걸 갖다 줘요. 그럼, 묻죠? 왜 나한테 이런 걸 갖다 주느냐? 그러면 대답해요. "잔인한 노래는 부르지 말아주세요." 자기네가 괴롭다는 거죠. 하여튼 맥주도 갖다 주고, 음료수 같은 별걸 다 갖다 줘요. 커피도. 그 당시에 원두커피를 배워가지고, 58년도에. 지금도 원두커피는 엄청 좋아해요. 글라스에 원두커피를 담아서 먹잖아요?

공무원 시절

내가 공직생활 허게 된 건, 아까 군대 생활 말헐 때 차트 쓰는 얘기 했잖아요? 그게 도움이 된 거예요. 제대헌 직후였어요. 마침 공무원 기능직 시험이 있었어요. 응시했죠. 내가 군대에서 현황판을 쓰고 허면서 그런 거에는 자신이 있었어요. 합격했어요. 그래서 농촌진흥원을 시작으로 북제주군, 한경면에서 오래 근무했죠. 그동안 자랑이라면 부정허고 타협허는 건 안 해봤어요. 지금도 그렇주만은 공짜는 안 먹어요, 난.

농촌진흥원에 있을 때 사실 난 서무, 행정직이잖아요? 그러니 농촌진흥원에서 한 5년 있으면서도 농업 기술 부분은 잘 몰라요. 단지 여러 농작물에 대한 안내, 경작 지도 같은 그런 거는 좀 알죠.

나중에 군이나 면에 갔을 때도 쭉 행정 업무. 내가 요즘 방송에서 봤어요. 4·3 유해 발굴허는 거? 그 관계로 4·3 때 생긴 무연분묘를 찾는다고 얘기를 허는 것 같던데…… 무연분묘는 사회계 담당이에요. 면에 있을 때도 보면 그건 리 담당별로 담당 직원이 쫓아다니면서 했어요. 그때 상당히 많이 했던 것 같아요. 그리고 그것이 한경면이 제일 먼저 시작했을걸요? 무연분묘 이장. 당시 한경면장이 추진을 했거든요. 제일 먼저 했어요, 제주도에서. 겐디 우리 면에서 무연분묘 처리헌 것들은 아주 옛날 것들만 헌 걸로 알고 있어요. 4·3 때 생긴 무연분묘가 아니구요. 왜 요즘도 벌초 안 허고 버려진 묘지들, 제줏말로 '골총'이엔 헌 거 있잖아요? 그런 산들, 묘지들. 옛날 것들은 산담도 다 해 있고, 규격이 상당히 커요. 그런 걸 위주로 해서 이장을 시작해서 헌 거예요. 불쌍하게 죽어서 길가에라도 무덤을 쓴 정도의 것들을 헌 게 아니에요. 그러니 4·3과는 관계없는 거라고 봐야 하겠죠.

내가 이 비슷헌 일로 지금도 기억나는 게……. 아, 왜 새마을운동 때 그 담당이 추자 사람이었어요. 겐디 그날 집안에 큰 문제가 생겼다고 집에 가버린 거예요. 아, 이건, 무연분묘 관련은 아니에요. 당 있잖아요, 할망당. 마을에 있는 거? 제주도에 많잖아요? 한경에 보면 낙천에 큰 당이 있었어요. 그래서 낙천에 가야 허는 시간에 아들, 그 사람 아들이 사고가 나서 집에 가버린 거예요. 그래서 내가 대신 가고 했는데…… 그때 당을 없애라고 했잖아요, 정부에서? 미신이라고 허면서.

아버지에 대한 기억

우리 아버님은 그러니까 50대 초반에 고초를 겪으시고 예순 다섯에 돌아가셨어요. 내가 군대 입대허고 훈련소에 있을 때였죠. 그래서 아버지 돌아가셔도 장례식에 못 왔어요. 그 당시에는 소식이 가도 본인한테는 안 가르쳐줬어요. 군인이라고 해서 특별히 별 다른 대우를 받지 못했죠. 요즘 그래봐요. 부모가 돌아가셨는데 휴가를 안 줘봐요. 난리가 났을 거예요.

아버지가 고초 겪고 누워 지내시게 되니까 제일 애로사항이 집안일이었어요. 그 당시는 완전히 자급자족헐 때였어요. 그래 밭도 갈아야 허고, 우리 집에는 소나 말이 여러 마리 있었으니 소 먹이러, 말 먹이러 다녀야죠, 소 등에 짐도 싣고 다녀야죠…… 남자 어른 일이 집에는 참 많았죠. 그걸 내가 다 해야 허는데 난 어려서 키가 작으니 소 등에 짐을 잘 싣지도 못하고. 나는 아버지허민 이런 일들이 먼저 떠올라요. 집안에 남자가 없어가지고 내가 어른들 일을 다 해야 했었다는 거. 근데 사실은 너무 어리고 작아 별로 일을 헐 수도 없었다는 거……

진철수

진철수는 한경면 용수리 출신으로 1928년생이다. 2005년 구술 당시 우리 나이로 78세였다. 4·3 당시 대한청년단 단원으로 잠시 활동하며 무장대 토벌에 나가기도 했다. 한국전쟁 발발 후에는 해병 3기로 지원해 인천상 륙작전에 참여했다. 제대 후 고향에 살면서 1956년 섯알오름 옛 일본군 탄약고 터에서 학살된 백조일손 희생자들의 시신을 수습할 때에는 용수리 유족들과 함께 처남과 매형의 유해 수습에 참여했다. 당시 백조일손 유족 들은 신고를 하지 않고 유해를 수습하다 군부대와 마찰을 빚었다. 그때 그는 유족들과 함께 당시 제주도 주둔군 부대장과 협상해 원만하게 문제 를 해결했다. 그는 고향에서 반장, 구장을 지내며 마을일에 전념하다 병 으로 용수리를 떠났다. 그는 구술 당시 고향을 떠난 지가 37년이라고 기 억했다.

(채록일: 2005.6.14 | 채록 장소: 제주시 노형동 자택)

4

섯알오름 학살의 기억

해병 3기 입대와 섯알오름 학살사건의 첫 기억

우리가 그때 (6·25가 나니까) 해병 3기로 지원했지. 그러곤 모슬포 가서 왜정시대 병사(兵舍), 그듸 훈련소를 출련 훈련을 받는디 한 십여 일이 지났어. 그때 우리는 물이 귀허니 매일 아침 군대식으로 구보허영 세면허레 갔어. 신영물[1]이라고, 모슬포항으로 들어가는 입구쯤에 있었지. 거긴 가민 물이 풍부허니 맘대로 세면도 허고 따로 시간이 나면 옷도 빨고 했어.

하루는 아주 더운 날이라. 거기 강 빨래를 허는디 마침 아는 분이 먹는 물을 실렁가젠 구루마를 끌고 왔어. 보니, 자유롭게 움직이긴 허는데

---

[1] 제주도는 화산섬이기 때문에 비가 오면 대부분의 빗물은 지하로 흘러들어가 바닷가에서 용출된다. 수도가 보급되기 이전에 제주 사람들은 주로 이 해안가의 용천수를 떠다 식수로 사용했다. 대정읍 하모리에 위치한 '신영물'은 이 지역의 가장 큰 담수로 인근 주민들 모두가 이용했다. 규모도 커서 물통도 '먹는 물'과 '빨랫물'이 따로 있었다. 현재 신영물은 주변이 개발되면서 매립돼 규모가 많이 축소되었다.

제 얼굴을 보멍 인사도 못 허는 거라. 그때 무슨 창고? 아, 절간 고구마 창고. 거기덜 수용돼 있었지? 겐디 내가 그때만 해도 훈련병 처지라부난 경혜신지 그 사름덜이 창고에 수용돼 있는 줄 짐작을 못 헌 거라. 물 실렁가는 모양이 좀 부자연스럽긴 헷주만 별 의심은 안 헌 거지. 구루마에 대여섯은 있었어. 아는 사름도 있고, 모르는 사름도 있고.

겐디 그게 우리가 7월……, 아니 8월이구나. 8월 30일 날 모슬포를 떠났단 말이야. 그때 차도 엇언 모슬포 항구에서 함선을 타고 산지항으로 갔어. 육로로 제주시를 갈 길이 엇엇던 거지. 차가 엇이난. 겐 제주시에서 하룻밤 자고 9월 1일 날 떠났어, 제주를. 그니까 우린 8월 1일 날[2] 가서 8월 30일 날 떠났으니까 딱 한 달 훈련받았지, 모슬포에서.

내 기억에 22일 날쯤 뒈실 땔 거라. 뭐, 이것도 확실헌 거야 날이 가는지 밤이 가는지 우린 훈련받느라 정신이 하나도 없었으니 모르지. 아침 기상시간에 늦엉 들어왔어. 그때가 양력 22일 경이라. 겐디 그게 21일인지, 22일인지 생각이 확실허진 않아. 아무튼 기상 시간에 늦엉 왔어. 잘 알겠주만 한 달 동안 훈련받는디 기상 시간에 우린 아니 깨어날 수가 없단 말이야. 시간 되면 일어나야지. 해가 이만큼 떠올랐어. 아, 이거 뭐 수상허다 했지, 우리 모두덜.

그때는 우리 소대 분대장덜이 숙소가 따로 엇언 우리허고 같은 병사에서 잤어. 같이덜 전부 다. 겐디 그날, 우리 소대 분대장 둘이가 경 늦언 총 가지고 들어와. 보난, 아랫도리가 젖었어. 둘은 총을 픽 던졍게 탁탁 (침상에) 쓰러젼 누워. 아무 소리도 엇어. 우린, 뭐라고 말헐 수도 엇고……. 웬 일인가 의심은 갔지.

---

2 해병대의 공식기록에서 3기의 입대일은 1950년 8월 5일이다. 8월 1일 입대는 구술자의 착오로 보인다.

우린 27일 날 훈련을 마치게 됐지. 게난 사령관 명령이랏는가, 가정에 통신을 보냈던 모양이라. 면회 올 사름덜은 오라고. 그때 우리 3기가 1600명이 넘는데 절반은 제주시 농업학교에 집결되연 잇엇고, 우리는 모슬포에 간 훈련을 받았어. 우리가 3대대. 농업학교는 2대대로 허연 허단 28일 날 면휜가 받게 됐어. 뭐, 우린 훈련받느라 먹돌이 다 되연 잇엇주. 먹돌 알지? 그 검고 뻰직뻰직헌 돌? 사름이 그 기합에, 배고픔에, 더위에 그러니 먹돌이 안 될 수 잇어? 사실은 면회 온 식구덜이 훈련받은 우리보다 더 먹돌이랏주. 그 인상덜이 경험헐 수가 엇어. 4·3에, 6·25에 한시도 편헐 날이 엇어시난.

그때 우린 같은 동네 한 골목에서 다섯이나 왔어. 하루아침에 해병대로. 우리 1개 반에서 다섯이……. 우리 용수 전체에선 열한 사름이 나오는데 그때 청년덜 나이가 열아홉에서 스물둘, 셋까지. 일깨나 헐 사름덜이 한꺼번에 일어나부니 집마다 텅 비게 됐단 말이야. 그래서 면회에 식구덜 뭐, 어머니도 오고, 새각시도 오고, 다덜 왔어. 식구덜이 더 말을 많이 해. 훈련받은 우리 군인덜이사 뭐 헐 말이 엇엇지.

그날 처음 들어서. 그 모슬포 수용소에 있던 사름덜 다 죽엇덴 헌 걸. 내가 걸렸던 게 누님 남편, 매형허고 처남이라. 왜인고 허니 색시 오빠, 제 처남되는 분이 당시 고산국민학교 선생이라. 성함이 고완봉[3] 또 매형은 양두석[4]이고. 나는 처남이나 매부가 같이 수용소에 온 줄도 몰랐던 거지. 경허단 식구덜이 면회를 와서 죽었단 걸 다 얘기해주난 그때사 안

---

3 고완봉(高完封_. 1926년 6월 4일생으로 고산리 출신. 당시 중학교를 졸업하고 고산국민학교에서 교사로 근무하다 모슬포 섯알오름 일제 탄약고터에서 1950년 음력 7월 7일(양력 8.20)에 학살되었다.

4 양두석(梁斗錫). 1925년 12월 8일생으로 용수리 출신. 당시 국민학교를 졸업하고 고향에서 농사를 짓고 있었다. 모슬포 섯알오름 일제 탄약고터에서 1950년 음력 7월 7일(양력 8.20)에 학살되었다.

거야. 이건 뭐……. 우리 각시도 오빠가 모슬포 와서 며칠 전에 없어진 모양이라고 그 말만. 사름덜은 그분덜이 어떵 죽고 산 건 잘 몰라.

그때사 나도 요것덜 하루아침 기상 늦추고, 훈련병이영 신병은 가만히 두고 분대장급 간부 일꾼덜만 밤중에 쏙 빼가서 사형식을 했구나, 했지. 몇 명 간 줄도 몰랐어. 우리 소대에서 둘이 차출되연 나갔다는 것만. 그 사름덜, 가와도 아무 소리도 안 했어. 말만 해병대지 그 사름덜도 입대허연 불과 1년밖에 안 된 해병대라. 게니 내가 혼자 요것덜 이날이구나! 짐작허는 거지. 그게 날짜도 맞아. 사건 나고 며칠 엇언 우린 훈련도 마쳤고, 가족덜이 면회도 왔고, 소식 들으니 무섭기만 했어. 우린 몰랐으니깐 헷주만 그 환경 당헌 분덜은 어땠겠어? 그냥 공포에 떨었다고 해. 한번에 다 죽었다……. 그래서 우리도 이제 일선에 가민 살아오기나 헐 수 있나 자신이 엇어지고, 거기 면회 온 사름덜도 인척덜이 그렇게 죽어나가니까 아무런 멕사리(기운) 엇이 면회만 허고 돌아갔지.

그 후 우린 하룻밤 제주시에서 자고, 그다음 날 진해로 갔어. 그러니 이젠 고향이고 뭐고, 그로부턴 아무 소식도 못 듣게 됐지. 나중에 제대허연 올 때까진. 그동안 난 훈련소에서 편성헨 훈련받고 헌 부대, 그 부대 그대로 대대장, 중대장, 분대장, 소대장허연 일선까지 나갔으니 그 사름덜밖에 몰라.

면담자: 그럼, 어르신 훈련받단 기상이 늦어진 날, 그 분대장 두 사름 기억나십니까?

구술자: 응, 우리 선배덜이야. 우리 분대장이었으니깐. 한 분은 경기도 가평이고…… 못 찾았어. 알아봤었지. 게고 다른 한 분은 경상북도 상준데, 상주라고 허민 알죠? 어느 면인지는 몰라. 아무리 연락을 해봐도 안 되더라고. 일선에 간 살았는지, 죽었는

지도 알 수 없고.

면담자: 성함은?

구술자: 박규용. 규용이가 상주. 이한웅, 경기도 가평. 나이는 박규용
이가 나보다 하나 원가 그리 되고. 이한웅이는 나보다 하나 밑
이 되고 그랬어.

해병대 3기, 4기생

우리 용수에서 11명이 해병대에 같이 갔지. 재미있는 건 한두 사름만
딴 부대에 가고 나머진 전부 다 같은 소대에서 훈련을 받았다는 거라.
겐디 그게 처음 훈련소 시절엔 좋더니 나중엔 불리허더라고. 전투에 나
갔을 때 쓰러지게 되면 그게 한 번에 다 쓰러지는 거야. 그러니 가만 보
자, 우리 중에 전사헌 사름이……. 경인작전에서 한 사름, 평양 가서 또
한 사름 전사했구나. 그리고 나머지는 부상당해서 헤어지고. 어쨌든 다
덜 그리 오래는 같이 있질 못허고 헤어졌어.

우리 동지 중에 지금도 만나는 사름덜이 잇어. 지금도. 고향에 한 사
름 있고, 또 진해에 한 사름 있는 모양이고. 용수에 살고 잇인 사름이 이
우규. 우규는 용수에 살고 있지.

면담자: 다시 모슬포 섯알오름 학살 얘깁니다만 이분도 그날 사건에
대해 알고 있습니까?

구술자: 대략은 알겠지. 그렇주만 나이도 나보다 한두 살 밑이고, 친척
중에 누구 거기 희생자도 엇이난 관심을 안 가져실 거라.

면담자: 그날 아침, 다른 소대에 있었던 분대장덜도 사건 현장에 차출
뒈연 나갔을 것 같은데 어떻습니까?

구술자: 물론 다른 소대도 있고, 중대도 있었겠지. 딱 두 사름만 나간 건 아니거든. 뭐, 백 명은 안 되겠지만 최소한 이삼십 명은 나갔을 거야.

이건 그 당시 차량 얘긴데 훈련받을 때 보민 우리 훈련소엔 트럭도 몇 개 엇어. 여러 개 잇어시민 나중에 우리가 훈련 끝났을 때, 트럭 타고 제주시로 오지 항구에서 배 타고 산지항으로 들어오지도 않았을 거라.

또, 당시 제주도엔 육군도 엇일 때라. 해병대뿐. 우리가 해병대 훈련받고 떠날 때, 우린 우리 손으로 훈련소 문을 다 닫고 떠났어. 군인이 엇이난 그럴 수밖에. 거기 육군에서 제1훈련소를 만든 건 훨씬 나중이지.

다시 말허주만, 당시 우리 부대에는 트럭이 엇었어. 잘허민 두서너 대 있으나 마나. 우린 트럭을 준비헐 여유도 엇엇던 해병대라. 우리 3, 4기는. 대대장 지프차가 하나 허고, 중대장도 차가 엇엇어. 겐디 나중에 들어보니 그날, 희생당헌 분이 132명인가 된다고 허드라고. 게민 차로 움직인 건 사실이니 몇 대나 가실 거라? 아무튼 당시 우리 부대에선 차가 나가지 안했어. 사회에서 징발허던가, 아니면 경찰이…….

그러고 또 내가 들은 것 중에 트럭에 군인덜이 타고 있었다, 허는 말. 이 말도 맞는 말이라. 그 우리 분대장덜 어쨌든 해뜨기 전에 돌아왔어, 내무반에. 첨, 지금 생각허민 우린 눈 뜬 장님이랏던 거지. 옆에서 무슨 일이 일어나신지 아무것도 몰라시난 원.

사실, 우린 해병대가 뭔지도 알도 못 허고 갔어. 그때 해병대가 여기 와서 산에서 토벌도 허고 해났어. 경헌 후에는 제주도놈 다 폭도 새끼덜이라고 보이믄 그냥 막 패는데, 우린 그냥 한마디 대답도 못 허고 폭도 새끼 취급을 당했어. 이런 판인데 또 전쟁이 나니 어떵헐 수가 있나. 그냥 집에 앉았당은 죽을 판이니 혈서 쓰멍 지원덜을 헌 거지.

겐디 기왕 이런 말을 시작헤시난 내가 이 자리에서 꼭 허고 싶은 말이 하나 잇어. 우리가 처음이야 그런 식으로 어쩔 수 엇이 해병대에 가곡 헷덴 허주만 그다음 우린 대한민국을 위허연 참 큰일덜 많이 했어. 인천 상륙작전이 그렇고, 저 도솔산 전투영. 이 말을 영 해두곡 다음 얘기덜을 허지.

우리가 9월 1일 날 산지항을 떠났어. 그날 제주도에서 떠난 병력이 3000이라. 그러니 산지항이 하루 종일 어떵헤실 건지는 짐작허고도 남겠지. LST도 모자란 민간배덜 다 징발허고 우린 진해로 갔어. 우리가 그때 1500명.[5] 4기생은 불과 집결허연 6일 만에 우리허고 한 배에 탔지.

경헨 이제 진해엘 가니까 부대를 다시 편성했어. 그때 3기 중에 우리 같이 모슬포에서 훈련받은 사름덜은 3대대로 가고, 농업학교에서 훈련받은 사름덜은 2대대. 그리고 4기생덜은 1대대, 5대대가 됐지. 겐디 이 4 기생덜은 주로 학생인디 훈련도 못 받은 거 아니라. 그래서 우리 1개 중대가 훈련 한 달 가르친다고 그분덜 분대장 역할을 허레 1대대, 5대대에 배속돼연 넘어갔지. 뭐, 한 달 선배라고 간부 노릇을 헌 거야.

내 기억으로 모슬포에서 훈련받은 우리 3대대 인원은 700명 정도랏어. 대대장은 김윤근, 김윤근 소령. 중대장 이름이 황영, 외자 이름이야. 둘 다 이북 출신으로 기억되는디 아마 그때 우리 소대장만 광주 출신인 거 같았어. 성함이 서판기. 겐디 이 서판기 소대장은 참 오래도 우리허고 살았지. 우리가 여기서 훈련받으레 들어갔을 때 소대장이랏는디 일선에 나가서도 1년 정돈 중대장으로 끝까지 한식구 생활을 헌 거라. 질긴 인연이지. 지금도 살아계실 거라.

---

5 해병대의 공식 자료에는 3기생이 1661명, 4기생이 1277명이었다 한다.

섯알오름 학살터의 시신 수습에 참여하다

면담자: 자꾸 섯알오름 학살 얘기로 돌아갑니다만 그때 신영물서 만
났던 사름은 누구마씨? 혹시 고향 분이라낫수과?

구술자: 고공오.[6] 용수 사름. 그날 물 실으레 갔던 사름덜 다 하루아침
에 없어졌어.

내가 이 일에 관여허게 된 게 제대 이후부터라.

내가 군대는 50년도에 나갔지. 제대는 53년, 53년도 4월 달에 했고. 그때
제대허고 와보니 처남된 양반도 없어졌고, 자형도 없어진 거라. 처음엔 시
체 찾을 생각도 안 했지. 아니, 못 헌 거로 봐야지. 군에서 막았으니까.

시신 수습은 내가 제대허고 7, 8년은 지났을 때로 기억나.[7] 그때 보민
모슬포에 계신 분덜은 장소를 알았던 거라. 첨, 우리는 송악산 그 길로 훈
련받으레 다니기도 허엿주만 그런 일이 있었다는 건 꿈에도 몰랐지. 훈련
병 입장이니 뭐. 하여튼 내가 제대허고 나서 사회생활 헐 때라. 우연히 시
신 수습헌다는 소문을 들었어. 경헨 내가 두 번을 갔다 왔어. 시신 수습허
는 디. 복잡허다고 한마디 했다가 책임자한티 욕도 좀 먹고, 허허허.

그때가 봄철이라. 아마 2월 하순? 음력으로. 뭐 이런저런 소리가 들
려. 가봐야지 했어. 왜냐면 내 처남도 거기 있고, 자형도 있으니까. 겐디

---

6 고공오(高公五). 1924년 5월 24일생으로 용수리 출신. 당시 고향에서 농사를 지으
며 살다 끌려가 모슬포 섯알오름 일제 탄약고터에서 1950년 음력 7월 7일(양력
8.20)에 학살되었다.

7 '백조일손 유족회'의 공식 자료에 따르면, 1차 시신 수습일은 1956년 4월 28일이
나 이 날은 군(軍)의 허가를 받지 않았고 또 시신들이 있던 곳에 물이 많이 고여
있어 수습하지 못했다. 그러다 약 한 달 후인 5월 18일 2차 수습 때는 허가도 받고,
양수기를 동원해 물을 먼저 빼낸 후 132구의 시신을 수습해 현재의 백조일손지
지에 안장했다.

문제는 시신 한 구에 다섯 사름은 잇어사 들고 헐 거 아니라? 동원이 되고 잇어. 어디서, 어떤 통로로 정식 통지는 (헤신지) 모르주만 동원이 돼 잇어. 첨, 생각해보민…… 용수는 그 모슬포영 30리 거리난 꽤 먼데도 많이 당했던 거라.

나도 동네 사름덜이영 준비헨 모슬포에 갔지. 모슬포는 군대도 다녔고, 먼 친척이 잇언 가끔 가왔으니 다른 사름덜보단 익숙했어. 우린 전날 밤에 간 방을 얻었지. 회의도 잇고, 뒷날 새벽 네다섯 시엔 출발헌다고 허는 연락을 받았기 때문이라. 게서 서상동에 가서 자리 잡고 밥해먹을 연구도 허고, 또 돈지동에도 몇 집 사름덜 잇게끔 해놓고 회의에 갔어. 그때 회의는 상모 2구에서 헌다고 했어. 하늘도 캄캄허고 허엿주만 우린 찾아가 보자고 허연 나선 게 이교동까지 갔어. 집은 잘 모르겠는디 큼직헌 마당에 초가지붕헌 큰 집이라. 마을 향사는 아니고. 개인집이랏어.

사름덜이 참 많이 왔어. 방에는 방대로, 마루는 마루대로 사름덜이 가득 찼어. 가만 보니 안방에 앉은 하르방이 허씨 영감. 또 하모리 이씨 영감. 하여튼 성이 맞는진 잘 모르겠는디 이 두 영감님이 기둥이 돼서 허는 거 같아. 겐디 공론판이라. 마루는 마루대로, 방은 방대로 공론, 또 공론. 일에 앞뒤가 엇어. 그때 사계리 이영옥 씨든가? 이름은 정확히는 잘 모르겠는디 그분이 땅을 사고, 일을 많이 헌 모양이라. 일어서더니 노인덜 편에 상(서서) 얘기를 해. 이것 저것. 겐디 당장 일을 어떵 진행헐 건지 필요헌 얘기덜이 엇어. 내가 얘기해십주. 이제 어떵 일을 처리헐 거냐? 하나 둘, 모르겠다야. 난 답답허우덴 했지. 땅 팔 준비도 준비주만 질서를 잡고, 순서대로 해야 될 거 아닙니까 했지. 그러니 노인 분덜이 젊은 이가 그럼 임시 집행을 허라고 해. 게서 난, 무엇보다 회의가 간단히 진행되도록 의논을 모읍시다 허고, 집행을 맡았지.

우린 먼저 내일 아침 몇 시에 어느 길로 출발헌다부터 정했어. 그리고 저 귀덕에서영 서귀포에서까지 유족덜이 많이 왔으니 길 잘 아는 모슬포 사름이 길부터 잘 안내허도록 했지. 그 후젠 준비물덜을 점검했어. 삽이영 칠성판, 가마니 같은 건 미리 연락받앙 준비를 잘덜 했더라고. 겐디 그때만 해도 우린 군부대 허가 엇이 일을 허당 난리가 터질 줄은 아무도 생각을 못 헌 거라.

그날 아무리 못 해도 희생자 한 분에 다섯 명씩이믄 500명, 그 사름덜이 한 장소에 모였어. 겐디 우린 부대에서 나왕 총 대고 있는 줄도 몰랐어. 어떻게 다 (부대허고는) 개통이 된 걸로 알았지. 500명, 1000명 되는 사름덜이 무허가로 갔다는 건 생각도 못 했어. 경찰서에서도 우리 일을 알긴 아는 모양이랏고, 대정읍에서도 아는 모양이랏어.

우린 새벽에 딱 집결허연 일을 시작했지. 삽질허는 사름은 삽질, 괭이질허는 사름은 괭이질. 처음엔 현장에 간 여기저기 파기 시작했지. 이건가, 저건가……. 우린 그 웅덩이 어디에 시신을 묻어놓은 줄 몰랐어. 겐디 어떵 파다 보난, "여기 맞다!" 허는 소리가 들려. 우이로 살짝 보이는 거라, 시신이. 이젠 바께스로 물을 퍼가멍 괭이질을 헐 판이라.

겐디 한참 일을 해갈 때라. 팽허게 군대가 돌아서서 우리한티 총을 겨누는 거라. 그러고는 다섯 보 간격으로 탁 둘러싸. 우린 일허는 디만 정신이 팔련 뒤에 군인덜이 왕 빙 둘러싸는 줄도 몰랐던 거야, 둘러싸는 걸. 웬 군인이, 어떤 사름덜이냐, 책임자 나와라, 해. 아, 그때 보난 총을 딱 가진 군인덜 잇인 디는 높고, 우리 일허는 디는 웅덩이 안이난 낮아. 경허니 군인덜 오는 걸 못 봤던 거라.

일이 딱 중단됐어. 삽질이고, 뭐고. 큰 소리가 들려. "책임자 나와라!" 책임자가 있어야 말이지. 이건 뭐, 묵묵부답이라. 책임자가 엇어노니. 이런 판이 있나? 육군 중위 계급을 단 사름이 코트 입고 앉앙 있어. 멍허게 우릴 보멍. 우린 아무 소리도 못 허는 판이야. 아, 정 이러문 쏘아분

다, 이거라. 쏘는 것도 간단헌 상황이라. 군인덜은 높은 디 좌악 둘러싼 있고, 우린 움퍽헌 구덩이 안에 몇백이 담아젼 잇이난 한번 '팡!', 쏘민 20~30명씩은 죽게 마련이라.

그쯤에 난, 에이 모르겠다 헐 수 엇이 일어났어. 능선으로 올라갔지. 멀지도 않아. 한 15보 거리. 겐 올라갔더니 당신이 책임자냐? 물어. 난, 아니 책임자는 아니주만 어떤 일이냐고 물었지. 이건 참, 마음이 괴로와. 무섭기도 허고. 보초병 하나가 뒤에 완 총을 탁 들이대난 어떵 헐 거라. 나중엔 가자고 해. 가자? 좋다, 될 대로 되라는 심정으로 따라갔지. 그때 그 광경을 본 대중덜은 탁 그 자리에 앉아부럿어. 이거는 또 죽었구나 헌 거지.

이젠 군인이 새벽에 온 길로 나를 데리고 내려가. 부대장 앞으로 데려가는 거야. 다른 군인덜은 보초 세워놓고. 부대장이 물어. 어떻게 된 거냐? 난, 뭐가 뭔지 모르겠다, 다 쏘아불겠다고 허기에 일어선 거다, 대답했지. 경허명 내 신분증을 보여줬어. 그러곤 말했지. 여기 사름덜 내가 훈련소에 왔을 때, 우리가 쏘아 죽이고 간 사름덜이다. 이 사름덜 사상이 어디 있으며, 무슨 죄가 있었겠나? 다 제주도 촌부들이다.

그때 난 꼭 신분증이 필요헐 거 같안 건사헨 갔어. 무공훈장증 두서너 개, 경허고 제대증까지 허연 7, 8장 가지고 있었지. 그 부대장이 육군 중위라. 이젠 내 신분증을 하나하나 자세허게 살펴봐.

내가 얘기했지. "우리 손으로 쏘아 죽이고 간 불쌍헌 시신덜이다. 이제 어쨌건 내가 살아지니까 돌아온 거다. 지금은 휴전도 되고, 모든 것을 풀어놓고 살 때가 아니냐? 그러니 유가족덜이 가만히 있을 수 있나? 시신덜을 찾아봐야 될 거 아니냐? 나는 멀리서 왔다. 여기 내가 직접 관계된 시신은 없다. 동네 사름덜이영 친척덜이 불러주니까 온 사름이다. 사실 매형허고 처남이 여기 있다. 동네서 온다고 허니 과거 생각도 나고 허연 왔다. 그래서 참여헌 것이다. 여기 주동자니 뭐니 허는 건 난 모르겠다."

부대장이 깜짝 놀랐는지 신분증을 쫙 훑어봐. 그러곤 진짜 놀라는 거야. 육군 중위가 볼 때 선배도 한참 선배고, 무공훈장 같은 저 금성, 은성 훈장덜을 한꺼번에 수두룩히 담아진 걸 보니 그럴 수밖에.

"아, 맞습니다." 중대장이 대답해. "우리 고향에도 이런 일이 있었습니다. 충청도에서도 이런 일을 겪었습니다. 근데 왜 부대에 연락을 안 해주고 일을 시작했습니까? 여긴 제 책임 구역입니다. 기지 안입니다. 이렇게 무단으로 민간인 몇백 명이 기지 안에 들어왔으니 큰일 아닙니까? 사전에 부대에 연락을 해줬으면 오히려 우리가 도와줄 수 있었을 겁니다." 그러면서 내 손을 탁 심더니, "갑시다!" 부대로 가자는 거야.

어쨌든 난 기분이 나빴어. 뒤에 총을 탁 대고 몰앙 다니니 기분이 좋을 리가 없었지. 부대에 가니 커핀가 뭔가 내와. 난 그냥 마시멍 앉안 있었지. 부대장은 잠깐 나가더니 대정읍장 강필생이, 경찰서장, 또 헌병대장, 모슬포 시내에 헌병대도 있었던 모양이라. 어쨌든 부대로 후딱 오라고 연락을 헌 거라. 그러니 한 20분도 안 돼서 다덜 들어왔어. 아마, 이 사름덜 그때는 차도 다 가졌을 거야.

부대장이 세 사름을 딱아세우기 시작했어. "도대체 뭐허는 인간들이냐? 대정읍장은 이 읍을 장악허는 사람으로서 백성들이 몇백 명이나 모여들도록 아무것도 몰랐느냐?" 또 "경찰서장은 뭐허는 인간이냐? 헌병대는 어디 가서 낮잠 자고 이 꼴 만들었느냐?"

부대장은 계속 화를 냈지. "아, 이분 거기서 나온 분이다. 현재 실정을 보니 죽은 지가 7년, 8년 된 것 같다. 휴전되고 한참 지났으니 유족들이 시신들을 찾으려고 헐 게 당연허지 않냐? 순서를 밟았으면 참 좋았을 것이다. 물 푸는 걸 내가 다 봤다. 삽질하는 것도 다 봤다. 우리 부대 양수기를 빌려주고, 우리 군인덜을 동원해서 일을 도와줄 수도 있잖느냐?" 한 시간을 그러는 거야.

그래서 이왕 이렇게 됐으니 어떻게 해야 될 거 아니냐? 일단 현장을 가서 보자. 그래서 이젠 대정읍장, 경찰서장, 헌병대장 세 친구기 부대장에게 붙들려 현장으로 가게 된 거야.

그때 웅덩이에 갇힌 사름덜은 심정이 어땠겠어? 이젠 곧 죽게 됐다고 정신이 하나도 엇엇지. 말 한마디 못 허고 다덜 그 자리에 가만히 앉아 있었지.

내가 부대장에게 부탁했어. "이 많은 군중덜이 여길 왔을 땐 모슬포가 현장이라고 찾아온 거 아니냐? 그러니 앞으론 모든 책임을 대정읍장이 지고 일을 처리해주시면 좋겠다." 그러자 부대장이 내 말을 잘 들어줘. "대정읍장이 책임져라."

그때 아홉시쯤엔 시신이 나오기 시작했어. 우린 새벽 대여섯 시부터 파기 시작했으니 그럴 즈음이라. 강필생 대정읍장이 말을 해. "우리 대한민국은 법치국가다. 그러니 오늘은 일단 매워둬라. 허가 없이 갔으니 안 된다. 이제 내가 질서를 밟고 정식으로 통지허겠다."

순간, 나는 무지무지허게 화가 나더라고. "이런, 이게 무슨 꼴이냐! 난 다신 안 온다." 나는 가정 갔던 칠성판이고, 가마니고 다 던져두고 와버렸어. 이게 무슨 짓이냐, 이게. 나중에 들으니 사람들이 구덩이를 흙으로 다시 잘 덮어뒀다고 허드라고.

한 달 반 후에 다시 연락이 왔어. 이젠 정식으로 허가를 받았노라. 겐 어떨까 허다가 이왕 손을 댄 건디 뭐 어떵허겠나? 갔지.

두 번째도 일이 쉽진 안았어. 구덩이를 파내는데 자기 시신만 찾을라고들 허는 거지. 뼈 같은 게 보이기 시작허니까 말이라. 겐디 그때 느 뼈, 나 뼈가 어딨어? 얽어젼 7년, 8년이 지나신디 어떵 구별해? 우리 제발

이러지 말고 질서 지키멍 일해갑시다, 사정들을 허멍 하루 종일 싸웠어, 서로가. 이젠 우스운 말로 허가받은 싸움을 허게 된 거라.

겐디 그때도 어떵허단 보난 내가 또 지시허는 입장이 되데. 겐 어쨌든 일을 허는디 사름덜이 공동묘지 만드는 디도 강 일허곡 허니 부족허게 되는 거야. 그때 아마 대정골 분들일 거라. 고무 바쿠(바퀴) 구루마를 가정왔어. 걸 붙들어단 시신을 나르기도 했어. 그러고 잊어버리지 않는 게 젊은 분이라. 어디 의사 계통에서 공부헌 분이야. (시신의) 뼈다구를 맞추는데 우린 아무리 해봐도 죽은 시신 어떵허는 거야 원, 알 수가 엇지. 일선에서 사름 죽은 거는 많이 봤지만.

이건 또 말로 허기 뭐헌데 당시는 오합지졸이라. 날은 저물어가고 책임자가 엇어노난 그렇게 된 거야. 그래서 나도 구루마 세 대를 잡아놓아시난 나머지 뼈다구를 줏어 맞췬 다섯 기를 만들었어. 경헌 공동묘지가 어딘지도 모르고 따라갔지. 사름덜이 그래도 일을 많이 했어. 공동묘지 닮아. 또 그때 보난 이녁(자기) 시신 찾은 사름도 많았어. 그런 사름덜은 봉분도 더 정성스럽게 잘 만들고 무덤에 표식도 했지.

그때 우리 처남은 애기가 없었어. 또 매형은 애기가 어렸고. 세 살? 그러니 처음 몇 년은 벌초도 같이 갔어. 7월 7석 날. 경헌 벌초도 뎅기고 허는디 몇 년 후 보니까 이놈덜이 비석을 쪼아부렀어. 이건 뭐냐? 경찰에서 완 부숴부렷다는 거라. 다 끝났다 싶었어. 경헌 난 비석도 다시 세우지 못해가니 거기를 안 가부렷지. 못 가게 되니까 그만두고 만 거야.

용수리의 4·3

우리가 그때 처음 용수리에서 가기는 한 20~30명 됐어. 그날 밤 잠자리도 마련해야 허고, 밥해 먹을 디도 찾아야 허니 내가 미리 갔어. 경헌 몇 집을 마련해놨지. 우리 용수는 백조일손 유족이 열한 사름인가, 열두 사름 됐어. 용당 신흥동에서 한 사름 들어가민 열두 사름이야. 용수가 4·3 때는 상·하동이 있었지. 그땐 지금처럼 용당이 따로 리명도 엇고, 우리 용수에 들어왔어.

그 사름덜 4·3 사건 때 무신 활동헌 거 아니라. 거 뭐야? 백지날인인가 허엿다는 문서는 한 건 있었다고 해, 지서에. 그거뿐. 당시 활동해서 일헌 사름 하나 엇고, 또시 (산에서) 습격 들거나 해보지도 안 했어. 잘 알겠주만 용수는 들어가민 막은창이라. 그러니 산에서 습격 올 수도 엇고, 4·3 사건 때 죽은 사름도 엇엇지. 아니, 두 사름 싯고나. 어디서 완 데려가신디 지금은 흔적도 엇어. 경허단 6·25 나난 열둘이 잡혀간 거라.

그때 우리 처남은 3·1 운동 때 잡혀가났어. 왜 4·3 나기 1년 전에 사건 하나 있었지? 저 관덕정 마당에서 기마경찰이 애기 치어 죽인 사건. 그 다툼 때 처남은 3·1 운동을 고산국민학교에서 해가지고 용수까지 한 바퀴 돌았어. 그게 경찰에 올라간 거라. 내가 나중에 들은거주만 그 기마경찰 사건은 육지에서 들어온 응원대 경찰이 헌 거라고 허잖아? 그 어수선헐 때 우리 처남이 불려간 이틀인가, 사흘 살고 나왔어. 응원대에 걸령 매까지 얻어맞은 거지. 게난 그거야. 대부분 다 그런 식으로 해가지고 한번쯤 경찰서에 강 조사라도 받았던 사름, 또 어떵허단 지서에 이름이 올라간 사름, 이런 사름덜을 6·25 터지니까 예비검속으로 싹 갖다 검속시켜버린 거지.

그러고 우리 용수엔 소까이 온 소개민덜이 많았어. 저지, 청수, 조수, 산양에서까지덜 왔지. 우린 성도 쌓았어. 그분덜도 소개 오란 같이 성 쌓았어. 그때 마을을 빙 돌렸지. 저기 메구동산 올라가는 쪽 옛날 천주교 성당, 거기로 허연 마을 밖을 빙 돌렸어. 지금은 그게 싹 다 허물어졌어. 당시 보민 성 밖으로 나간 마을은 엇엇어. 마을 안에 다 담은 거라.

모두래기 동네도 안에 오게 허고, 바다 쪽으론 탁 트니까 삼면만 쌓은 모양이지. 그때 용당은 용당대로 쌓고 했어.

우리 용수엔 돌이 귀해요. 경허니까 성안에 울타리 하나도 엇이 소개 온 사름덜도 어울령 산 거야. 밖거리든 뭐 족은 구들, 큰 구들이든, 쇠막에까지 닥치는 대로 모다들엉 같이 살았지. 경허단 성을 허물 땐 울타리 엇이 살던 집덜 울타리 멘들고, 다 지각각 촛아당 집을 둘렀어.

섯알오름 학살터에서 수습한 시신은 132구

우리가 그날, 마지막 시신 수습은 새벽부터 시작허엿지. 4시 반, 다섯 시쯤이라. 경헨 허다 보니 공동묘지 가서 봉분 다 끝내고 돌아선 땐 해가 지는 거야. 이젠 우린 또 용수까지 걸엉 돌아가야 헐 거 아니? 그때는 차가 엇엇으니. 겐 끼리끼리 여남은 명씩 밤길 걸언 돌아왔어.

그때 돈도 필요했어. 유족덜한틴 돈을 얼마씩 내렌 헤실 거라. 각자 내놨어. 각자. 얼마 내라 소리 엇이 다 지각각. 어디, 어떵 누군 돈 더 내라, 말라 헐 일이 엇엇어. 뭐, 유족들이 각자 필요헌 가마니나 칠성판은 스스로덜 다 만들안 갔으니.

땅은 또 모슬포에서 모든 걸 주관헤신디, 그 사계리 이영옥 씨가 활약 헨 마련해놨어. 그러고 준비덜 허면서 각 리에 대표도 뽑았지. 예컨대 대정이면, 읍 관리 책임자가 있고 그 아래 각 마을 책임자를 따로 지정 허는 식이라. 한경엔 한경 책임자 있고, 고산 책임자 있고, 용수에 책임자 있고. 두모, 신창도 책임자가 잇엇어. 한림엔 저기 곽지까지. 참 귀덕 도 잇엇지. 그때 귀덕 선생 한 사름이 고산국민학교 선생이라신디, 우리 처남허고 한집에 살단 하루에 잡혀간 죽기도 했어. 귀덕 조선생.

그날, 뼈덜 수습을 허자니 아침부터 저녁까지 싸움이라. 숫자를 정확허게 셀 수가 엇어. 사실 뼈덜은 전부 다 이래착 저래착 뒈실 거 아니라? 게니 확실헐 수도 엇고, 나도 나중에 그자 132구 찾았다고만 최종적으로 알고 있을 뿐이라.

그러고, 그 132명 명단이라는 거에 대허연도 말덜이 참 많아. 겐디 솔직히 난 잘 모르겠어. 그런 명단을 본 적이 엇어. 당시 모든 일은 모슬포에서 장악허고 있었지. 거기서 각 리에 명단을 적어서 배포했어. 한경면이면 한경면 몇 명, 대정엔 몇 명, 무릉에 몇 명, 영락 몇 명, 이런 식으로. 우리도 고산엔 몇 명, 누구누구 헨 이름이 나오니 회원이 된 거라, 그땐. 명단 상으로.

아마 그 명단은 지서에서 나온 거라고 봐. 모슬포 수용소, 그 예비검속 수용소에서 나온 명단이주 아니믄 어떻게 알겠어? 나는 몰라. 그때사 밤낮 때려 맞으멍 훈련받아신디 경 된 사실을 알 수가 엇지. 경허단 내가 군대도 갔다 오고, 자형이영 처남이영 거기 묻히기도 허연 헌 게 그날 사건에 당헌 거라. 그날 다 쏘아불켄 허니 나도 그렇고 사름덜도 이젠 다 죽는 줄 알앗주. 그때 내가 불려가서 허다 보니 한 시간 이상 걸렸어. 겐디 그동안 사름덜은 보초가 총 들런 서 잇이난 어떵 말이라?

그때 그러니까, 실제로 읍장허고 경찰에선 다 알고 있었어. 겐디도 군부대에 연락을 안 헌 거라. 그러니 부대에서가 난리가 터져분 거지. 멧 백 명 이상 군중덜이 모슬포 비행장 안을 누비멍 다니는디 군부대에서 모를 리가 잇어? 읍이나 경찰에서가 연락을 해놓고 들어가는 게 원칙이지.

섯알오름 학살터의 마지막 시신 수습

그러고 보면 그때 거기서, 한림 사름덜이 먼저 시신을 파 갔어.[8] 그런 사실도 내가 나중에 알았지. 참, 한 3년 됐나? 내가 그 현장을 구경 갔다 왔어. 4·3유족회에서 한번 같이 가봐주라고 해서 그 수습 현장에 간 거야. 가보니까 콘테나(컨테이너) 하나 짓고, 거기 뭐, 유골도 주워다 논 거 있고. 별 생각이 다 나주만 잘 만들어논 디 그냥 구경허고 왔어. 그런 후엔 지금까지 멧 번 더 갔다 온 거 같아.

> **면담자:** 어르신도 그 시신 수습 당시 직접 구덩이에 들어가서 일허셔수과?
>
> **구술자:** 나는 일을 못 했어. 아가리질 허젠 허난 삽이영 골갱인 못 들어봤지. 어떵헹이라도 질서를 잡아사 시신을 옮기는데 다 지 뼈다구만 춫을라고 허니 원. 겐디 생각해봐 지 뼈다구가 어디 있어? 지 뼈다구, 놈의 뼈다구 어떵 구분해? 다 뭉천 있는디. 그니까 백조일손지지[9]렌 헌 말이 나온 거라.

겐, 그추룩 허면서도 무덤 멘드는 쪽에선 시신 숫자덜을 확인해나간 거야. 거기서 연락이 한 번 왔어. 여기서는 내가 숫자를 다 확인 못했어. 게서 날이 다 저물엉 가보니 봉분이 다 됏어. 거기선 그 이영옥 씨가 책임을 지고 일을 더 헌 모양이라.

---

8 한림지역 희생자들은 한림 어업창고에 수감되었다가 같은 날(1950년 음력 7월7일), 대정읍의 섯알오름 옛 일본군 탄약고터에서 학살되었다. 그동안 이들은 대정지역 희생자들이 묻힌 구덩이에서 약 5m 정도 벗어난 다른 구덩이에 묻혀 있었다. 한림 유족들은 1956년 3월 30일 새벽, 군부대 몰래 현장에 들어가 시신을 수습해 현재 한림읍 갯거리오름 만벵디에 공동장지를 만들어 안장했다. 현재 한림 지역 예비검속 희생자는 63명이 조사되었다.

9 백조일손지지(百祖一孫之址). 시신 수습 당시 현장은 처참했다. 학살된 시신들이 서로 엉켜 내것, 네것을 구별할 수 있는 상황이 아니었다. 그래서 '백 조상의 한 아들(百祖一孫)'이라는 말이 탄생했다. 사실 이 말은 조상은 백이지만 이제 후손들은 한 자식이 되었으니 서로 뭉쳐 시신을 수습하고 앞으로 제사도 같이 지내자고 한 약속이다.

나는 솔직히 그때, 이 뼈다구덜을 깨끗이 허영 운구해 가자, 그 목적뿐이었어. 그러니 몇 구 어떵 파고, 또 몇 구 어떵 나가는 걸 지도허는디 내가 아무리 지시를 해도 안 멕혀들었지. 나 혼자 목만 쉬어가고, 해는 저물고.

어떵 된지 나도 잘 모르는 판에 구루마 셋을 붙들었어. 날도 다 저무는디 같이 가자고 허연. 그 사름덜 대정골 사름 닮았어. 의술 있는 양반도 잇언 뼈다구를 만지멍, "이거 남기고 가민 어떵허냐? 머리가 싯든 엇든 가마니에 지금 잇인 걸로 (사람 모양을) 맞청 구루마에 싱고 가자". 그 양반 첨 잘허드라고.

그분이 나보다 나이가 한두 살 우이로 보였어. 유족인지 뭔지도 몰랐지. 그런 인사헐 저를(겨를)이 엇어시난. 그 많은 사름이 모다들엉 왕왕왕 허니 누게가 유족인지, 어느 게 일꾼인지 분간을 못 했어. 불과 하루 새에 그 난리를 친 거야.

그때 마지막으로 경 수습허연 우리가 믈 구루마 세 대에 시신 다섯인가를 실었어. 마지막에. 그러니 이건 임자 엇고, 연고도 엇인 걸 멘든 거지. 그전인 우리가 다 뼈 맞추멍 사름모양 멘드는 걸 다 했어. 뭐, 각자덜이, 각자 유족덜이 다 헌 거야. 겐디 마지막엔 그분이 그건 그냥 멘듭시다 허연 했지.

보통은 경덜 했어. 칠성판에 뼈 두개골 놓고, 나머지 큰 뼈덜 맞춰가지고 광목이나 창호지로 싸지. 그리고 내중엔 가마니로 둘러쌍 묶으기도 허고. 유족덜 각자가 칠성판 하나에 (시신) 하나 쌀만큼 다 준비허고 왔지. 어디 한 장소에서 한꺼번에 준비를 헌 게 아니야. 경허단 보난 집안마다 달랐지. 집안 여유에 따랑 다 다를 거 아니라. 겐 맨 마지막엔 아무도 수습허지 않은 거, 그걸 의사 양번허고 수습헌 거지.

이도영 박사와 현장 방문

내가 기억허기로 그때 마지막으로 다섯 구를 더 갖다 노난 132명이 찼어. 아니, 찼다고 허더라고. 겐, 사실 그때도 어디 가파도 분은 따로(시신을) 가져가고 했지. 그거까지는 기억나.

겐디 내가 한 3년 전에 묘지에 가서 구경허는데 거기 무덤을 여러 개 파갔더라고. 빈 봉분이 여러 개 생겨난 잇인 거야. 전부 꽉 찼었지. 줄 지어서. 그땐 (유족회에서) 합리적으로 제를 지내주고 헌다 그래서 간 거야. 위법이 아니고 합법이다, 국회의원도 참여허고, 도지사도 참여헌다 경했어. 그러고 모슬포에 이박사라고 있지? 유족인디 미국 사는?

면담자: 이도영 박사? 『죽음의 예비검속』(2000, 월간 말) 쓴 사름 맞죠? 왜 그 책에 백조일손 학살 이야기가 나오지 않읍니까?

내가 그 이 박사허고는 송악산도 가보고. 두어 번 만났어. 겐 그 현장…… 난 이제까진 송악산이여 뭐여로 알아신디 어디, 알오름이렌 말허드라고. 섯알오름. 여기가 정확헌 사건 현장이라고. 겐디 내가 그 훈련받을 땐 어디가 어딘지, 동서남북이 어딘지 몰랐어. 나중 뼈다구를 수습헷뎬 해도 어디서 헤신지 모르고.

참, 다시 후회가 돼. 사건 나는 날, 그 분대장덜이 밤에 몇 시에, 어디로 나가신지, 왜 밝아야 아랫도리 다 적션 완 쓰러진 자신지, 그런 걸 그때 의심허고 다 물어봤어야 허는디. 우리 분대장이 일선에 간 한 1년이 넘어사 어떵허엿뎬 그 소리를 잠깐 헌 거야. 게니 나도 들어신가, 말아신가 기억도 잘 안 나고.

길게 말을 못 허엿다고 해. 당시 제주 사름덜 상대로. 게난 이레저레 어려움이 많았지. 사실 그분덜도 해병대에는 왓주만 그땐 경 사름을 쏘 아 죽여보진 못헐 때랐어. 선배로 그런 얘기 살짝 비춘 거뿐. 그 상주 양 반, 아주 친형제같이 지냈어. 분대장허고도 그렇고. 그 친구가 '어려운 일 넘었다, 어려운 일 있었다' 경만 말했어.

고향을 떠나다

내가 군대 가기 전엔 대청(대한청년단)으로 조금 활동했어. 토벌도 한 번 가 왔고. 그듸가 어디 돌오름? 저 안덕면 광평에 잇인 공초왓 위에 지 경이라. 거기까지 대막대기 죽창을 가정 갔다 왔지. 나는 고산 지서 지 서장 지휘 하에 경헌 거였지. 경허단 6·25 일어나난 엣다, 잘됐다! 총이 나 메여봥 죽자! 대막대기로 무슨 사름을 죽일 수 있나? 군대 가부럿지.

당시 용수는 마을이 텅텅 비어부럿어. 모슬포에 15명 간 죽어부러, 해 병대 3, 4기로 15명 가부러. 또시 우리 나간 바로 뒤엔 육군으로도 싹 나 가부러. 육군으로도 여러 명 전사했어.

다시 마무리로 백조일손 얘긴데, 저 한림 사름덜 얘기, 먼저 파갔다는 말은 그 당시엔 몰랐어. 겐디 저번에 이 박사영 현장에 같이 갔을 때야 그 사름덜이 거기 왕(옆 구덩이에 묻힌) 있었고, 먼저 수습허연 갔다는 걸 알았어. 우린 그때사 132명만 생각허였지.

내가 벌초는 그 후에 얼마 동안은 계속 다녔어. 그러니 군인덜이 비석 부셔분 후에도 두어 번 헤시난 그게 언제라?

면담자: 군인덜이 백조일손 묘지 위령비를 부순 게 5·16 직후 아니우 과? 게민 63~64년까지는 다닌 거네요.

구술자: 경헤실 거라. 그때쯤 몸에 병이 오더라고. 크게. 그러니 난 병

으로 여기저기 쏘다니단 보난 그 일만이 아니고, 고향도 떠나게 됐지.

면담자: 그때 벌초는 어떤 식으로 헤수과? 유족덜이 단체로 헤수과, 지만씩 헤수과?

벌초는 한날에 다했어. 하루에. 초일뤳 날. 엿새날은 집에서 각자 제사 지내고 헌 다음, 음력 칠월 초일뤳 날은 아침에 모여서 쭉 벌초를 했지. 뭐, 그래봤자 유족덜이 다 모이지는 못허지. 경헹 나는 몇 년 벌초 다니는디, 경 따라 뎅겨가난 그듸 유족덜이 이젠 날 유족으로 인정해주는 거야. 무슨 오라버니, 아주바니 허여가멍 이것도 헤줍서, 저것도 헤줍서 했지.

첨, 마지막 말, 이런 얘기도 다 허여지네. 당시 내가 용수에서는 동네 구장도 허고, 반장도 지내고 말께나 허고 살았어. 겐디, 내가 고향을 떠난 지가 벌써 37년째야. 병이 난 거야. 몸에 병이 나니 그듸 저듸 살아가는 게 그만 궁해지더라고.

용수서 젊은 때는 (마을) 활동도 많이 했어. 경허단 보난 용수 상, 하동이 바당 때문에 갈라젼 다둘 땐 싸움도 많이 허고. (한경면에서) 하여튼 용수는 고산파로 봐. 옛날엔 고산이 (두모, 신창에) 졌지. 두모, 신창은 국회의원도 있지, 도청에 신창 출신 총무국장이 앉았지. 도의원도 마침 용당 친구가 했지. 겐디 고산은 펀찍이라. 권력에 몰린 거야, 고산이. 그러니 용수는 당연히 고산파고 허여노난 일이 다 안 돼. 그럼 에이 못살겠다, 허고 고향을 떠났어. 이장, 구장 다 살다가…… 경헨 지금은 지팡이 짚언 다니는디 지금 내가 몇인 줄 알아? 일흔여덟이야.

강택춘

강택춘은 1935년생으로 한경면 고산리 출신이다. 2005년 채록 당시 우리 나이로 74세였다. 그는 어린 나이였지만 일제시기 자구내 해안가에 일본 해군이 주둔하며 해안 동굴을 파고, 자폭용 소형함정을 숨겨 미군의 상륙에 대비해 훈련하던 일을 기억했다. 그리고 태평양전쟁이 끝난 후, 미군이 일본군 무기를 인계받으러 왔던 상황까지도 더불어 구술했다. 4·3 때는 14살로 나이가 어려 소년단으로 활동했다. 당시 소년단의 일은 주로 고산1리를 두른 성의 보초막에서 밤에 동네 어른들과 조를 이뤄 보초를 서는 것이었다. 그는 이런 소년단의 활동을 유년 시절의 즐거운 추억으로 이야기했다. 그는 1958년 육군에 입대해 군대 생활을 한 후 지금껏 고향을 지키며 살고 있다.

(채록일: 2008.11.5 | 채록 장소: 고산2리 자택)

5

소년단원으로 맞은 4·3

일제시기

내가 지금 일흔넷, 1935년생이라. 여기 고산서 나고 자랐지. 우리 고산은 꽤 큰 마을이야. 일제시기 넘엉 4·3사건까진 마을을 고산 1, 2, 3, 4 구로 나눌 정도라났지. 경허단 4·3 넘언 좀 후에 1리, 2리 허연 양 리로 개편돼멍 지금까지 온 거야.

지금 여기 내가 사는 딘 2리. 저기 리사무소 이쪽은 다 2리고, 그 밑에는 1리지. 내가 4·3 당시 우리 고산이 멧 가호나 돼신지 허는 건 잘 몰라. 그땐 어렸으니. 어쨌든 꽤 많았다고 봐. 겐디 지금은 줄고 잇덴 허드라고. 시골이라 다 그런 모양이라.

우린 일제시대에 국민학교를 다녔어. 그땐 전쟁이 끝날 때쯤이랏어. 학교에 일본 군대가 와서 살았지. 그러니 우리는 공회당이나 예배당이나 이런 데 다니멍 공부를 했어. 내가 2학년 되는 해에 해방된 걸로 기억이 나. 3학년부터 우리나라 한글을 배왔거든. 뭐, 그때까지는 일본어로 다 배운 거지.

일제 때 보민, 선생님덜이영 학교는 다 지금허고 마찬가지라. 단지 그 땐 자유가 좀 엇엇다는 거. 또시 학교에 입학허민 아이덜을 학교에 매경 내부는 시대니까 지금처럼 과외도 엇고 그자 학교 선생님이 다 알아서 지도허는 거. 아일 일단 학교 보내민 몰라, 부모는. 지금도 경해야 될 걸로 봐.

그러고 일제시대, 그 일본 말기는 태평양전쟁에서 일본놈덜이 몰릴 때라. 일본 군대가 엄청나게 들어왔어, 제주도에. 산, 저 오름마다 엇인디가 엇엇어. 우리 고산에도 군대가 살았지. 우리가 입학허고 처음엔 학교 건물에서 살멍 1년쯤 공부헤신디 이제 군인덜이 와서 살아분 거라. 경허고 저 당산봉에 1개 중대, 자구내에 해군 1개 소대가 살았고.

그때 일본 군인덜이 마을 사름을 다 동원해가지고 굴을 팠어. 우리 아버지도 호를 팠지. 내가 어렸을 적에 보민, 아버진 지금 말로 노무자라, 노무자. 반으로 할당허영 다 나오민 굴 파렌 일을 시켰어. 첨, 동네 어른덜 일본 군인 무서왕 노역 많이 나갔어.

그것만이 아니라. 또 공출은 어떵? 우리가 저기 밭이 열댓 말지기가 잇어신디 거기 서른 가마니 공출이 나와. 게민 봐. 그 당신 비료도 엇이 그냥 허니까 아무리 (농사를) 잘해봐야 300평에 보리 한두 가마니라. 경헌디 서른 가마니 바치젠 해봐. 그때 공출낼 걸 벌지 못허연 밭을 팔아부는 사름덜도 많았어. 게도 어떵허여? 일본시대엔 꼬딱도 못 헤서. 잘못허민 다 잡아가는디. 어디 하소연 한 번 못 헷주.

경허단 이제 일본군덜이 망해가잖아? 한림항에 미군 비행기가 완 총을 쏘곡, 미군 잠수함이 비양도 앞 바당에서 일본군 배를 침몰시키곡, 사름덜 많이 죽었잖아. 그때 우리 고산 앞 바당에서도 사건이 하나 잇엇주. 그때 우리가 뒷길로 들은 건디 모슬포 학생덜, 무릉리 학생덜이 전쟁을 허게 되니까 걸 피허영 육지로 소개 간다고, 그 고등학생덜을 태운 배가 대여섯 척 온 거라. 저 수월봉 저쪽 바당으로. 게니 미군 비행기덜이 공습 온 거지. 경헨 다다다다! 한 30분 허난 그 배덜 대여섯 개 다 침몰됐지. 여기서도 우리가 참 혼났어. 우리 동네 사름덜은 아니주만.

그러고 좀 잇이난 갑자기 해방이 뒈엿잖아? 어느 날 보난 일본 사름덜이 다 나갓어. 언제 나가신지도 몰라. 우린 아무것도 못 봤어.

우리가 미군덜 처음 들어오는 건 봤어. 보니까 지프차야. 일본 사름덜은 차가 엇엇어. 잇어야 장작차 같은 건디 이건 보난 무지허게 빨라. 이 지프차는. 그러고 아, 코도 크고, 인간이…… 정말 무섭더라고. 우린 막 도망가멍 했어, 하하하. 그때 피부가 검은 군인덜은 못 봤어. 다 흰색 인종, 지금 미군덜이랏어.

그때 그 덩치 좋은 사름덜은 오자마자 저 자구내에 간 거야. 왜 내가 아까 자구내 바닷가에 일본 해군 1개 소대가 살았다고 했잖아? 그거 때문이라. 미군덜이 거기 간 무기덜 전부 압수헹 바당에 던져불고 헌 거지.

면담자: 아, 일본군 무장해제 시키젠 왔던 거네마씨? 겐디 일본군허고 무슨 충돌 같은 건 엇어나수과?

일본군이 오발헌 적은 잇엇어. 자구내에, 지금 같으민 공격허는 배가 많이 잇어낫어. 조그만헌데 배가 굉장히 빨라. 폭탄 실렁 가서 (미군배가 오민) 박치기 허는 거. 우리가 어린 쩍에 보민 어찌나 빠른지 바다로 나가민 (배는 안 보이고) 물결만 보여. 당시 그 배에 불 붙인거라. 겐디 불을 붙이단 보난 폭탄이 터진 거야. 배에 폭탄이 잇인 것도 몰란 불을 붙인 건디 집도 부서지고 했어. 그 후제 일본놈덜 미군한티 귓방망이깨나 맞았다고 해. 경헤도 하소연도 못 허드라고. 이젠 자기네가 패전되니까 죽은 목숨 아니라?

그때가. 그 무장해제가 8월 18일쯤이야. 내가 봤어. 지금도 기억이 나. 해방되고 한 3일쯤 잇이난 들어왔어. 그때까지 일본놈덜도 셨고.

그 후 우린 학교로 돌아갔어. 국민학교에 있던 일본군이 다 떠나니 학교는 이젠 학생덜 맘대로 될 거 아니라? 겐디 지금 생각해보민 뭔가 이상해. 우린 일본시대에 태어났으니 일본인인 줄만 알았지 한국인인 줄은 몰랐던 거 같아. 해방이 되고 나서야 일본놈덜이 우리나라를 침략했었다는 걸 안 거야. 그땐 마을에서 집단적으로 신사참배를 허거나 그런 건 아니랏주만 가미다나[1]라고 집집마다 다 잇언 매일 떡도 올리고 했어. 그런 시대랏어.

고산리의 4·3: 지하선거

우리 고산엔 해방 지나고 그…… 4·3이 언제 일어났지? 3년 후? 응, 그때도 학교라고는 국민학교밖엔 엇엇어. 중학곤 이 지역 유지덜이 신창에 아이덜 보내기 싫다고 허연 이승만 정권 때 만들아시난 아주 나중이지.[2] 당시 난 열서너 살, 국민학교를 갓 졸업헤실 때라. 어쨌든 그때는 내가 청년단에 들 나이는 아니랏지. 겐 소년단 활동을 좀 헌 건 닮은디 다른 건 사실 아무것도 모르겠어.

고산에 어떤 청년덜이 몰려다니멍 무신 활동을 했고 허는 건……. 조

---

1 신붕(神棚). 일본 사람들이 집이나 사무실 안에 신위를 모셔두기 위해 만든 선반. 보통 가운데는 이세신궁에서 준 글귀가 새겨진 부적 다이마를, 양쪽에는 지방의 수호신이나 집안신과 연관된 종이부적 오후다를 놓는다. 또한 성스러운 곳을 상징하는 밧줄인 시메나와를 치고, 매일 물, 술, 음식물, 나뭇가지 등을 놓으며 여기서 집안의 평안을 기원한다.

2 고산중학교는 사학재단 고산학원이 1954년에 설립했다.

직에서 연설회도 허고, 뭣도 허고 헷덴 허는 얘긴 들었어. 당시 그 청년
덜, 나중엔 4·3에 (남로당의) 꼬임에 빠져가지고 많이 죽었지. 그러니 당
시 남로당이 완 조직을 허였다고 봐야 허나? 어쨌든 청년덜은 많이 가
입을 허였다고 해.

그때 우리 친척 형님 한 분은 가입을 안 했어. 송○○라고 국민학교
교장도 허고, 무신 청년 단장인가도 헤실 거라. 일본에 유학도 갔다온
사름이라. 그러니 우리 형님신디도 조직에 가입허라고 굉장했다고 허
여. 겐디 그 부친이 절대 못 허게 헌 거라, 시대가 영 허니 살아사 된다
이거지. 아무데도 붙지 말렌. 경헨 우리 형님은 살았다고 해.

우리 고산에서 사름이 많이 죽게 된 건······ 그때 보민 4·3에, 밤에 남
로당 간부가 와가지고 다니멍 도장을 받아 갔어. 지하선거.[3] 경헨 당시
도장 찍은 사름덜은 나중에 많이 죽었지. 일본으로 건너간 사름은 살고.
우리 형님신디도 다른 사름 놔가지고 도장을 받아 가젠 했다고 들었어,
원. 나중에, 수군수군덜 했지. 그 당시 도장 찍은 사름덜 명단이 경찰에
그만 뭐 뒈불었다고. 경찰은 그 명단 보멍 다 잡아들인 거지.

섯알오름 학살

면담자: 그 지하선거에 도장 찍은 사름덜은 나중에 어떵 뒈수과?

나중에 경찰에서 그 명단 보멍 다 잡아간 거지. 우리 고산에도 도장 찍
은 사름덜 한 십여 명은 됐어. 그 사름덜, 4·3 일어난 다음핸가, 또 다음핸
가 다 죽여부럿지. 겐 멧 년 후에 (유족들이) 또시 간 시체덜 다 찾안 묻었

---

3 주요 4·3 용어 해설, '지하선거'를 참조 바람.

다고 해. 그 당시엔 뭐, 옛날이난 입은 옷밖에 확인이 안 뒈엿다고 했어.

내가 그때 열여섯 살쯤이야. 어리민 어린 나이라고 허겠지만 그땐 열 살만 돼도 다 어른 노릇을 헐 때라. 게니 내 말 어린 사름 기억이렌 생각 허멍 듣진 말아.

경헨 나중에 동네 사름덜이 수군거렸어. 일본놈덜이 파놓은 굴에서 죽었다고. 겐디 그 굴은 우리 고산에 잇인 것이 아니고, 저 모슬포에 가민 알뜨르라고 잇어. 송악산 아래. 거기 일본놈덜이 파놓은 굴이라. 거기에 사름덜을 무조건 다 잡아단 명단 보멍 도장 안 찍은 사름은 집으로 보내고, 찍은 사름은 다 죽여분 거지.

그리고 사실, 뭐, 저 모슬포 강 죽여분 건 6·25 후주만 그전에 고산에서도 사름덜 많이 죽었어. 모슬폰 한 달 잇당 죽엿덴 허주만, 고산에선 심어간 날 죽여분 사름도 잇고, 다음 날 죽인 사름도 잇고 그건 규정이 엇어. 저 논밭이 죽은 사람으로 가득해났어. 저 (고산) 중고등학교 뒤에 여기저기.

우린 가족, 형제 중에 죽은 사람은 엇어. 내가 4남 1녀 세 번짼디, 둘째는 6·25 때 갓당 전사허고, 큰형님은 상이용사로 제대허연 살단 10년 전에 돌아갔어. 그래도 그때에 우린 참 운이 좋았던 거 닮아. 뭐, 사실 영 말허믄 당시에도 사건에 연루되지 않은 사름덜은 죽지 않았다고 봐야지. 연루되영 명단에 올라간 사름덜은 전부 죽었주만.

그때 우리 육촌 형님은 신체도 좋아서 똑똑허고, 공부도 좀 했지. 일본서 낳안 살멍 중학교도 다니고, 경허단 해방뒈난 들어온 거라. 그 형님 참 억울허게 죽었어. 우리가 모슬포에서 시신을 다 수습해단 가족공동묘지에 모셨어. 같이 벌초허고 제사 지내고 있어.

면담자: 형님 시신이 가족묘지에 잇어마씨? 혹시 백조일손 묘지 아십

니까? 그 일본군 굴에서 죽은 사름덜 나중에 유족들이 다 모셔단 사계리 공동묘지에 무덤 만든 디?

구술자: 고산 사름덜은 거기 가지 않아실 거라. 다 개인마다 찾아 왔어.

면담자: 백조일손 유족회의 희생자 명단에 보민 고산 분덜도 희생자로 이름이 다 나오는 걸로 알고 잇인디……. 혹시 그 육촌 형님은 1956년에 유족들이 한꺼번에 강 시신을 수습헐 때, 형님 시신을 찾안 집안에서 따로 모셔온 건 아니우과? 아니면, 그 후 관에서 탄압을 해가니 백조일손 묘지에서 형님 시신을 이장허연 가족묘지로 옮겨온 건 아닌지 허는 그런 말은 못 들어봐수과?

구술자: …….

어쨌든 그런 건 잘 모르겠고, 당시에 우리 고산에서 여러 사름이 시신 찾으레 갔어. 우리 형님 동서, 좌두남[4] 씨라고 그분도 같이 강 죽었고 허연 찾아왔지. 참, 우리 형님 이름이 강승호[5]라. 당시 스물 멧? 지금 살아시민 팔십 댓쯤 났어. 어디 명단에 찾아봐.

소개, 소개민

우리 고산2리는 소개를 안 했어. 저듸 산간마을덜이 여기로 다 소개헨 왔지. 그때 온 사름덜 보민 산간 사름덜은 다 온 거 같아. 청수, 낙천,

---

4 좌두남(左斗南). 1928년 12월 24일생으로 고산에서 농업에 종사하며 살다가 학살되었다.

5 강승호(姜丞浩). 1927년 10월 3일생으로 해방 후 일본에서 귀국해 농사를 지으며 고산에 살다 학살되었다.

조수, 저지 헐 것 엇이 하여간 산간마을은 전부 내려왔지. 경헨 친척끼리, 끼리끼리, 뭐 아는 집이나 친척집 잇이믄 거길로 갔지. 우리 집에도 청수 사는 친척 두 분이 왕 살았어.

그리고 그 소개민덜 행색이 첨…… 어떵 헤실거라? 먹을 게 셔(있어)? 옷이 셔? 내려오민 한 식구가 방 하나 빌엉 사는 거라. 거지 중에도 그런 상거지가 엇어. 그땐 구루마도 엇어. 구루마 잇인 집은 아주 부잣집이라. 경허니 자연 한 마을에 구루마도 멧 개 엇어실 거 아니? 먹을 거, 입을 거, 다 등짐 지고 내려왔어.

경헨 소개민들 오고. 좀 잇이난 1리에 성을 쌓았어.[6] 산에서 공격 온다고. 그때가 언젠지는 잘 몰라. 나중에는 2리에도 성을 쌓고 다 했지.

소년단 활동

성 쌓은 후일 거라. 우린 그냥 여기 2리에 사는디 난 소년단이 뒈엇어. 그땐 15~16세만 뒈민 소년단이라고 허연 조직을 했지. 밤에 성에 나강 보초를 동네 어른덜허고 같이 서는 거야. 또 낮에는 소년단 활동으로 제식훈련 같은 것도 받고 허엿주만 사실 그건 시늉뿐이고. 허허, 우리가 총도 메영 다녔어. 진짜 총. 일본놈덜 쓰던 거. 우리가 밤에 보초 나갈 때민 실탄 다섯 개를 받아. 경헹 밤에 보초막에 강 지키다가 아침엔 총을 반납허고, 실탄도 반납했지.

우리가 총 쏘는 훈련도 받는 척했어. 흔 3일 배웠지. 형식상 사름은 엇고 허니 어떵헐 거라? 그냥 시늉만 헌 거야. 그때 우리 소년단은 보초막

---

6 고산1리에서는 1948년 12월 20일 경부터 약 한 달 동안 마을을 두르는 성을 쌓았다. 그 외 2리 마을이나, 1리의 한장동은 그 후에 별도로 성을 쌓았다.

하나에 한 사름씩 나강 어른덜 허고 보초 섰어. 초소막 하나에 소년 하나. 총 다 메고.

그땐 어린 때난 겁날 게 하나도 엇어. 재미만 나는 거야. 한번은 총을 쏘고 싶언 미칠 것 같아. 경헨 총을 메영 뎅기단 실탄을 하나 구했어. 보초 같이 서는 동네어른한티 부탁허엿더니 어디 강 실탄을 하나 봉가단 (주워다가) 주는 거라. 나를 아껴주던 사름이라신디. 겐디 쏘아볼 기회가 안 생겨. 겐 하루는 지서에서 총을 타당(받아다가) 보초 서고, 뒷날 아침 반납허레 가는디 이젠 한 번 쏘아보자 헌 거야. 겐디 난 총도 조준허는 것만 배왔지, (총 쏠 때) 반동이 위험허고 헌 건 전혀 몰랐어. 그날, 새벽은 그냥 고요허지, 이젠 총을 쏘자 허연 저듸 물통서, 여기 물통이 잇인 디로 팡 쏘았어. 게난, 총은 맞아신지, 뭐헤신지 몰라. 개머리판만 뒤로 탁 허명 어깨에 맞았지, 하하하하. 그런 것덜 기억이 나는디 첨, 그 힘이 무지해. 어깨 팍 치난 난 대번에 자빠졌어. (어깨에) 힘을 딱 주언 헤시믄 별탈 엇어실 건디 그때까지도 그런 것도 모르고 총은 팡 허고 소리만 나민 뒈는 줄 알았지. 소리 나난 걸로 끝, 실탄은 맞아신디, 안 맞아신디도 몰라. 사실 더 큰 소동이 나실 건디 새벽이난 사름덜 총소리 못 들언 살앗주.

보초 설 때도 참 일이 많아. 우선 암호를 해. 저쪽에서 '말'이엔 허민 우린 '소' 허고 대답허는 식이야. 그게 매일 달라져. 시에서 내려오는 모양이랏어, 그 암호가. 도에서 다 전달허민 하룻밤 전도가 전부 그 암호를 쓰는 거라. 만약에 저기서 사름이 올 거 아니라? 게민 보초가 "정지!" 헤그네, 암호를 물어. 경헹 암호가 맞으민 무사 통과허지.

저기 조수에선가 사건이 셔낫어. 순경덜이 잇일 땐디 산에서덜 습격 완 먼저 정문을 점령헌 모양이라. 것도 모르고 순경 하나가 순찰을 나간 거라. 경헨 정문에 가니 "누구냐?" 물어. 허니 그 순경이 "나 아무개 순경이야!" 헌 거지. 그러니 그냥 쏘아부럿다고 해. 습격 온 줄도 모르고 순찰 나갔다 당헌 거야.

그땐 어쩔 수 엇어. 보초막에 전화가 엇어노니 어디 연락을 헐 수가 엇어. 보초막 지키는 사름뿐이라. 좌우지간 꼼짝엇이 당허는 거지. 경허고 더 문젠 산사름덜이 쌀이영, 뭐영 다 털엉 가분 후에사 경찰관인가, 군인인가가 차로 들어와. 한번 산에서 습격 들었다 허민 경찰덜은 꼼짝도 안해. 무서우니 저 멀찍이서 총이나 쏘지, 허허허, 죽어지카부덴.

또 당시 고산엔 서북청년단, 저 육지 경찰덜도 완 잇어낫어. 사실 그 놈덜이 사름덜 다 잡아간 거라. 뭐렌 해야 허나…… 청소를 다 헌다고 했지. 남로당에 가입헌 사름덜 다 색출해내기 위허연. 경찰옷 입고, 뭐, 경찰 노릇허멍 주로 치안을 담당했어. 우린 그 사름덜 무서완 가까이 가도 못했지. 소년단 활동헐 때도 말이라. 어쨌든 우리 소년단은 4·3 사건 끝날 때까진 활동을 했어. 내가 열일곱 살쯤까지.

지금 생각이주만 우리 고산은 그때, 4·3 때보다는 예비검속으로 섯알오름에서 돌아가신 분이 더 많아.

고한국

고한국은 1932년(호적 1933년) 생으로 한경면 고산리 출신이다. 2008년 채록 당시 금악리의 성이시돌요양원에서 생활하고 있었다. 그는 해방 후 제주중학교에 다닐 때는 학련 제주중학교 지부에서 문예부 차장을 맡아 활동했고, 1949년에 학도호국단이 결성되자 학도호국단 제주도지부 문예부장을 맡았다. 그는 학련 당시 서청들과 사라마을에 토벌을 갔다가 서청이 한 할머니와 젊은 여자를 무차별 학살하고, 이에 같이 토벌에 참여했던 한 경찰이 항의하자 빨갱이라며 그 경찰도 즉석에서 쏘아 죽였던 장면을 목격한 참혹한 기억을 갖고 있다. 그의 생은 편치 않았다. 군 제대 후 고려대학교를 졸업하고 충북대학교 등지에서 전임강사를 하며 지내기도 했으나 호적에 따라 붙은 붉은 줄이 인생을 힘들게 했다. 스스로 이런 일들에 대해선 말을 삼가고 있다.

(채록일: 1차: 2008.6.26,

2차: 2008.11.3 면담자 외에 ≪아사히신문≫ 기자와 통역 참여

/ 채록 장소: 한림읍 금악리 성이시돌요양원)

6

모든 외세를 몰아내고 자주독립하자

귀국

내가 원래 고향은 고산이에요. 웃동네라고 해서 옛날 3구였죠.[1] 그때 웃동네가 13반이 있었고, 일개 반이 대략 13호가 넘었어요. 그래 웃동네는 대략 180호 정도가 되는 큰 마을이었어요.

난 어렸을 때 일본에서 학교를 좀 다녔어요. 오사카 미나토구(港區)에 있는 국민학교에서. 그러다가 2학년 땐가 한국에 왔죠. 그래서 고산국민학교 다니다가 해방을 맞았어요.

---

1 고산 마을지에 따르면 일제시기 고산은 1, 2, 3, 4구로 나눠져서, 1구는 일주도로 중심으로 서쪽의 일주동, 안좌동, 후동, 차귀동, 한장동의 5개 마을, 2구는 일주도로 동쪽의 당커리동네, 성안내동네, 전동, 중동, 새밭동네의 5개 마을, 3구는 본동 1개 마을, 4구는 새동네, 신물, 칠전동, 전답동의 4개 마을이 속했다. 그러다가 1950년대 후반 1, 2구를 1리로, 3, 4구를 2리로 통합해 현재까지 고산 1, 2리 행정 체제로 이어지고 있다.

면담자: 먼저, 선생님 몇 년생 되시는 겁니까?

구술자: 원래는 32년생인데, 33년생으로 됐어요. 호적상으론 또 생일도 정월 4일이 5월 4일로 됐고. 집에서 뭔가 나이를 줄여 올린 모양이야.

일제 때, 참, 뭐했지. 조센징이라고 해서 상당히 차별받았어요. 특히 오사카에서 살던 국민학교 1, 2학년 땐 상당히 고통을 줬죠. 그땐 일본 말만 썼는데 한국에 와서도 조선말은 배워보지 못했어요.

우리 어머니는 (일본에 있을 때) 방직회사 다니면서 약간 애국자[2]들과 교섭을 했던 모양이에요. 포섭이 된 거죠. 어머니가 불렀던 노래가 있어요. "일본 대판 달각 소리요, 왜놈의 새끼들!" 하면서 어머니가 부르곤 했어요. 더 불러볼까요?

왜놈의 새끼들. 국진 문명됐다고 자랑 말아라.

우리나라 독립되면 너는 죽는다.

만세, 만세, 만만세! 우리 조선 만만세!

이건 어머니가 자주 내게 들려줬던 노래예요. 한국에 온 후에 자주 들었는데 어쨌든 우리 어머니는 이 노래를 자주 불러주더라고요.

그때 우리 어머닌 여기 제주에서 일반 학교, 왜 보통학교라고 했죠? 일제시대에. 거길 다녔어요. 뭔가 의식이 뚜렷했던 것 같아요. 여기 고산이 고향이고. 우리 식구 얘길 더 하면 여동생이 셋, 1남 3녀. 지금 둘은 살아 있고, 막낸 죽었어요.

---

2 여기서는 '항일운동가'를 지칭한다.

해방과 독서회의 기억

해방되고 참 사회 분위기가 뭐했어요. 그때 고산에는 일본 해군 특공 기지가 있었어요. 저기 해안가에 가면 굴이 파 있고요. (일본 해군이) 모터보트를 숨기기 위해서 만든 굴인데 거기서 미군이 무기를 폭파하곤 했어요. 근데 해방되자마자 그 동네[3]에, 지금은 이름도 기억을 못 하겠어요. 어떤 분이 와가지고 영어를 가르친다고 해서 갔죠. 그때 '굿모닝'을 '굿트 모닝' 하면서 가르쳐줬어요. 거기서 한 3개월 정도 배웠죠.

그리고 그다음 1946년도에, 남로당 부녀부장 고진희라고 있죠? 고진희. 그 사람이 마을 공회당에서 독서회라는 걸 조직했어요. 근데 그 당시 우린 사상적으로 뭐 한 거는 잘 몰랐죠. 단지 공부하기 위해 독서회라는 걸 조직한다고 해서 갔죠. 거기서 우리 이종사촌 여동생 이○○가 회장이 되고, 나는 부회장이 됐어요.[4]

그땐 학생들이 많았어요. 한 오륙십 명 됐죠. 근데 독서회라고 하면서 책은 안 가져다주고, 계속 노래만 부르게 했어요. 그 노래가 뭐냐.

불러라 노래 부르자. 농민의 깃발은 높이 날린다.
불러라 노래 부르자. 농민의 깃발은 높이 날린다.
논밭을 빼앗겨 36년간. 얼마나 우리는 기다렸는가

---

3 차귀도를 바로 눈앞에 마주 하고 있는 고산리 해안가 마을. 속칭, '자구내마을'을 말한다.

4 '자구내에서 김달삼이 영어를 잠시 가르쳤고, 고산에서 고진희가 독서회를 조직해서 활동했다', '제주도에 강문석이 와서 강의를 했는데 들은 적이 있다'라는 몇 가지 구술의 진위 여부는 더 많은 사실 확인이 필요하다.

하여튼 노래만 불렀어요. 우린 그렇게 노랠 부르다가 그만뒀어요. 공부가 체계적으로 안 되더라고요.

면담자: 기억나는 사람은 고진희하고 또, 영어는 김달삼?
구술자: 아, 김달삼이구나. 그리고 이덕구도 왔어요. 그 유격대 사령관 말이오. 그 사람이 와가지고, "조선말 할 줄 아는가?" 대여섯 명한테 물어봤지. 그분은 한 번 왔다 가고 더 오진 않았어요.

근데 그 독서회는 얼마 운영되지 않았어요. 3개월이나 했나? 두 달인가 하니 자기는 뭐 어느 중학교 선생으로 있어서 나올 수 없다고 해서 나오지 않았죠.

당시 선생님 얘기 중에서 기억나는 건……. 근데 이건 그때에도 상당히 이상하게 생각했어요. "외국 세력을 제주도에서 물리쳐야 한다." 이 말이 기억나는데, 왜 그러냐 하면 해방됐으면 이 땅은 우리가 지켜야 한다는 거예요. 그러니 외세는 여기서 뭔가 주인 노릇을 해서는 안 된다, 내쫓아야 한다는 거죠. 나중에 생각해보니까, 아! 미군이 들어왔으니 미군을 물리쳐야 한다는 말 아닌가, 생각했죠. 그래서 사람들한테 물어봤어요. 외세를 몰아내야 한다면 미군까지도 몰아내야 한다는 거 아니냐? 그러니 그렇다는 거예요. 게서 난 야, 이거 이상하게 돌아간다, 그렇게 생각했었어요.

해방 직후 그때는 내가 국민학교를 졸업하고 막 중학교에 갈라고 할 그런 때예요. 그래서 이 공부 저 공부 하고 싶을 때니 선생님들 기억이 더 있죠. 사실, 그때 선생님들이 고진희니 김달삼이니 하는 건 나중에 알았어요. 확실하죠. 왜 나중에는 사진들이 다 나왔잖아요? 내 눈이 뭐 그렇게 무딘 눈도 아닌데 모를 리가 없죠. 그리고 내가 성격이 그래요.

궁금증이 많아요. 어떤 사람이 뭐, 그런 데 나오게 되면 난 그 사람 뒤를 꼭 알아봐요. 누군가 하는 걸. 그러니 대략 알죠.

그때 참 노래 많이 불렀어요. 노래 기억나는 게……. 찬탁, 반탁할 때가 언젠가? 46년도? 47년돈가? 아니 46년 초. 그때 우린 노래 부르면서 돌아다녔어요.

높이 들어라 붉은 깃발을
그 밑에서 종사하리라
비겁한 놈아 가려면 가라
우리들은 붉은 기를 지킨다

그리고 또 나중에 48년도에 불렀던 노래가 있어요.

산에 나는 까마귀야 사체보고 우지마라.
몸은 비록 죽었으나 혁명정신 살아있다

근데 보니까 이건 유격대 노래더라고요.

면담자: 근데 선생님은 그 노래들이 다 남로당에서 부르는 노래고, 또 독서회의 김달삼이나 고진희도 다 공산당원이라는 건 몰랐습니까?
구술자: 전혀 몰랐죠. 나는, 독서회라고 고진희라는 사람이 와서 조직했지만은 그 사람이 뭐하는 사람인지 전혀 몰랐어요.
구술자: 혹시 무슨 조직에 가담해 본 적은 없습니까?
면담자: 그런 건 기억이 잘 안 나요. 내가 남로당에 어쨌는지 하는 건

말이죠.

당신네가 이건 또 알아둬야 해요. 내가 그 후 그 뭔가, 호적에 불순분자라고 해가지고 고초를 참 많이 당했어요. 육지에 가서 있었는데 취직을 하자니까 그놈의 게 호적에 있어가지고 취직이 안 되더라고요. 요시찰 뭐로 올라간 건데, 호적에. 겐디 난 그게 왜 올라갔는지 모르겠어요. 그건, 그러니까 말 그대로 사상적으로 불순했다는 얘기 아니에요? 차츰 이야기드리겠지만 내가 지서에 (잡혀) 가기도 했었는데 그게 완전히 석방된 게 아니었나 봐요. 사상불순이라는 것이 늘 따라다닌 거예요. 그러니 내가 남로당에 가입한 것처럼 취급되고 말았다는 거죠. 그러니까 나를 이렇게 쫓아다니지, 안 그랬다면 왜 그랬겠어요?

정말 내가 남로당에 가입한 적이 있는지, 없는지 그건 잘 기억이 안 난단 말이에요. 사실 이런 일은 있었던 것 같아요. 그땐 학생 시절이 아니고, 독서회에서 마지막 무렵이에요. 그때 (뭔가) 가입하라고 해서 손도장을 찍은 기억은 있어요.

지금 보면, 남로당이라고 하는 것도 처음에는 외세를 몰아내자, 그리고 자급자족하자 했어요. 김달삼도 그랬어요. 처음엔 공산주의도 이 땅에 발붙이지 못한다고 이야기했단 말이에요. 그러면 그것을 끝까지 해야죠. 제주도에서 공산 세력을 부민대중이 몰아내야 한다, 이랬어요. 그러니 나도 찬동했던 거예요. 그때 뭔가 찬동한 사람은 나중에 다 빨갱이로 몰렸어요.

그때, 나는 남로당에 가입한 사람들 뒤꽁무니 쫓아다니곤 했어요. 뭐 그까짓 것, 어린애가 쫓아다니면 어때요? 가보면 상당히 재미있더라고요. 남로당도 뭐 어쩌고저쩌고 하는데 그, 강 누군가 하는 사람도 왔었어요. 그 저…… 김달삼 장인?

구술자: 강문석?

그래 강 뭐시? 안덕면 사람인데 그 사람 한국 공산주의 대부죠. 콩그룹이라고 알아요? 그 사람 거기 주동자 아니오? 그런데 그 사람이 와가지고 이야기하는 걸 들어봤는데, 사실 그 사상이야 얼마나 근사해요?

내가 그리고 얼마 없어 제주시로 가서 제주중학교를 다녔어요. 겐디 거기서는 학련 활동도 하고 했는데 아무렇지 않았어요. 나중에 (군대 가서) 장교 되고 할 때 상당히 피해가 되었죠. 사상적으로 좀 좋지 않다고. 근데 그것도 그래요. 내가 졸병으로 가가지고서 일등 중사, 지금 하사 때인데 자꾸 장교로 가라 그러더라고요. 그래서 마지못해서 장교로 갔죠. 선임들 등쌀에 밀려가지고서요. 내가 갑종간부 59기 나왔어요. 그게 어쨌든 내 의사는 아니었지만 나중에 군에선 나를 사상적으로 탐탁지 않게 여기더라고요. 호적에 기재되어 있는데 어쩔 수 있었겠어요?

제주중학교 학련의 기억 1

내가 제주중학교 1회에요. 그러니 4·3사건이 일어날 때는 벌써 고학년이 됐죠. 그러니까 그때 보면 학생들은 좌익이니, 우익이니 서로가 공부하다가도 부딪히고 트러블이 일어났어요. 모든 게 엉망이었죠. 뭔가, 학교 선생들도 막 때리는 판이에요. 좌익계 선생, 학생, 우익계 선생 해가지고서 서로 수업도 받지 않았어요. 한마디로 공부할 배경이 안 되었죠.

내가 2학년 때에요. 그때 학련[5]이라는 게 조직됐어요. 나는 당시 학련 제주중학교 지부에서 문예차장을 맡았어요. 위원장 이름은 잊어버렸네

---

5 주요 4·3 용어 해설, '학련'을 참조 바람.

요. 키 크고, 안경 꼈는데. 그러다가 4·3사건이 일어난 후에는 학도호국단6이 생겼어요. 그때 거기서는 내가 약간 행세를 했죠. 학도호국단 제주도지부 문예부장으로.

그때 9연대가 있다가 그 후엔 2연대가 들어왔잖아요? 그때에도 보면, 학도호국단이 생긴 후에는 별로 일을 한 게 없는 것 같아요. 그보다 학련 때는 토벌을 많이 다녔어요. M1 메고. 학교 가도 수업이 어디 있어요? 총 들고 토벌 따라다녔죠. 2연대.

겐디 이걸 알아야 해요. 그때 3·1운동 사건7이 있었어요. 이게 뭐냐 하면, 관덕정 저쪽에 경찰서가 있는데 거기 망루에서 총을 쏘고 사람이 죽은 거예요. 나도 그때 데모대에 휩쓸려 가지고 거기 가긴 갔었으니까. 허허허. 나는 도망가기에 바빴어요. 그것이 (4·3의) 시발이에요.

그땐 내가 제주중학교 1학년이었어요. 많이 까불고 돌아다닐 때였죠. 왜 그러냐 하면 일본에 있을 때, 최배달이라는 사람이 우리 집에 살았어요. 최배달이라면 우리나라에 태권도를 전수한 사람 아니에요? 내가 그 사람한테 무술을 7년 동안 배웠어요. 그러니깐 내가 무술도 고단자고 하니 까불고 돌아다녔죠. 제주중학교에서도, 나중에 학도호국단 할 때도.

근데 그 학도호국단 할 때 보면, 군 독립대대에서 와가지고 훈련시키더라고요. 훈련은 간부들만 받았어요. 일반학생들은 안 받고요. 간부들만 사라봉 가가지고서 거기 뭔가 공격하고, 집총훈련하고, 그런데 학도호국단은 별로 출전하진 않았어요. 오히려 학련 때, 그때가 공비 토벌다니고 뭔가 했죠.

---

6 주요 4·3 용어 해설, '학도호국단'을 참조 바람.
7 주요 4·3 용어 해설, '3·1절 발포사건'을 참조 바람. 구술자에 따라 이 사건을 '3·1사건', '3·1운동 사건', '3·1절 발포사건' 등 여러 가지로 부른다.

그리고 이걸 얘기해야 좋을런지……. 그 당시에 서북청년단이란 게 있었어요. 이 사람들 때문에 제주도 경찰관들은 힘을 못 썼어요. 그리고 육지에서 철도경찰이 들어왔죠. 근데 그때 공비토벌에 우리가 총 메고 따라가는데 누가 인솔하는 줄 알아요? 서북청년들이 인솔을 해요. 그러니 우리에겐 자연스럽게 반감이 생겨요. 생각해보세요. 우리를 제주도 사람 위원장이나 그런 사람이 인솔해서 가야지 이건 서북청년이 와가지고 해요. 그놈들한테 직사게 얻어맞았어요. 공비 토벌 때 까닥 잘못한다고 생각해봐요. 우린 중학생이니 M1 총 어깨에 메고 가게 되면, 키가 작아 땅에 끌리잖아요? 어깨가 무너져요. 한 번 총을 쏘는데도 누구에게 총을 쏘냐? 같은 제주도 사람 아니에요? 차마 죽일 수가 없어요. 근데 어떻든 안 쏘게 되면 안 쏜다고 달려와서 차고, 때리고 난리를 치죠. 그러니 우린 이러지도 못하고, 저러지도 못하고.

그뿐이 아니에요. 사라리, 사라마을. 옛날에는 사라리 그쪽에 사람이 없었어요. 공비토벌을 사라리 쪽으로 많이 다녔죠. 폭도토벌. 폭도라고 그랬죠. 그 당시에. 그래가지고 사라리 쪽으로 갔는데 그때 한 경찰관이, 그 사람 참 똑똑했어요. 일제시대 때 대학교를 나왔다고 했어요. 그 사람 경찰관인데 이름은 잘 모르겠어요. 그날은 우리를 그 사람이 인솔했어요. 헌데 당시 보면 서북청년들은 무장이 좋았어요. 옷도 파란 옷을 입었고. 그때 뭔가 하면, 그 마을에 할머니하고 젊은 여자 둘이 있더라고요. 수색하다 보니까. 근데 그 자리에서 서북청년이 쏘아 죽인단 말이에요. 그러니까 그 경찰간부가 "왜 죄 없는 사람을 쏘아 죽이느냐?" 했죠. 그러니까 "넌 뭐야? 너 빨갱이새끼 아니야?" 하면서 그냥 쏘우는데 아이고……. 그러고는 우리가 총을 겨누었죠, 서청한테. 그땐 우리 학생들 숫자가 많았어요. 그 많은 학생들이 다 겨누니까 그놈들 죄다 도망가더라고요. 그래서 우리도 다 도망갔죠. 그 후 난 학교도 안 갔어요. 그냥 집에 와버렸죠. 그때 그런 걸 보고 난 다음부터는 토벌이고 뭐고 아무 생각도 나지 않았어요.

면담자: 그 사라마을에서, 경찰은 어떻게 됐습니까? 살았습니까, 죽었습니까? 학생들을 인솔했던 경찰.
구술자: 그 사람 뭐, 즉사했지. 우린 (그분이) 죽는 거 보고 도망갔으니까. 그리고 자연적으로 총을 서청들에게 겨누게 되더라고요.

그때 서청들 많았어요. 십육 명인가? 뭐, 학생들은 200명 됐고요. 우리가 대대적으로 토벌 가가지고 그런 사건이 일어난 거예요. 그 경찰분이 인솔자였는진 사실 잘 모르겠어요. 그 사람, 인솔하진 않았던 것도 같은데 거기서 나름대로 판단하고 있었는지 나타나더라고요. 근데, 그건 옳은 말이에요. 그건 옳은 일이에요. '왜 죽이느냐?'

그것뿐이 아니에요. 우리가 다닌 덴 그것뿐만이 아니었어요. 저 조천면 어디에도 갔었고, 또 여기 금악, 금악 쪽에서 정물오름으로. 또 저쪽. 아, 거긴 가지를 못했어요. 난 무서워서 가지도 못했어요. 새별오름, 그 밑에까진 갔었죠.

2·7사건

내가 더 잊지 못하는 사건이 있어요. 그게 2월 7일 날인가? 그날로 생각되는데, 48년도. 그때가 아마 남로당에 가입했던 사람들이 4·3사건을 모의했던 걸로 기억돼요. 난 그날, 지서 습격하는 거, 그걸 보았죠.

그 지서 습격이 뭔가 하면 이념대립이에요. 남로당하고 우익. 그땐 찬탁이니 반탁도 넘고, 남로당에서는 경찰을 완전 적으로 생각했어요. 그리고 우익계도 적이고. 2월 7일 날인가 그때는 우익계를 완전히 적성분자로 봤어요. 그래가지고 '까부수자!', '죽이자!' 하는 이야기까지 나왔어요.

그때 난 학교도 휴학했을 무렵이에요. 난 호기심도 많고 해서 그날, 습격들 때 뒤쫓아 갔죠. 겐디 안 되겠더라고요. 그냥 촐싹거리면서 쫓아 갔다가 도망 왔죠. 동네 청년들, 많이 갔어요. 50~60명? 그때 고산이 1구, 2구 해서 4구까지 있을 때였죠. 그날 지서 습격. 그게 4·3 발발 시초예요.

겐디 그날 어떤 줄 알아요? 그때 뭔가, (경찰이) 총을 쏘니까 죄다 도망갔어요. 뭐 어떻게 한번 해보지도 못하고 도망가더라고요. 그게 뭐야, 그게. 할려면 끝까지 해야죠. 총 한 방에 죄다 도망갔으니.

그래도 경찰에선 그 사건으로 사람들을 잡아가거나 하진 않았어요. 그러다가 (4·3이 나고) 5월 3일 날인가, 그때부턴 대대적으로 붙잡으러 돌아다녔어요. 그때 철도경찰이 들어왔잖아요? 군인은 없었고. 그러니 서북청년하고, 철도경찰들이 제주도 출신 경찰을 앞세우고 잡으러 돌아다녔어요. 많이 붙잡아 갔죠.

면담자: 어르신께선 그때 잡혀가거나 하진 않았습니까?
구술자: 나랑 무슨 상관있어?
면담자: 그래도 그날 뒤따라간 거를 누군가가 보기라도 했다면 잡아갔을 거 아닙니까?
구술자: 난 어려서 그런 건 없었어. 그 당시 내 나이가 몇인데?

무고로 잡혀간 고산지서

그러다가 그때가 언제야? 48년도 겨울이에요. 그때 내가 무고로 인해 가지고서 고산지서에 잡혀갔어요. 누가 나를 무고한 거예요. 그러니까 나를 빨갱이라고 해가지고 고산지서에 끌고 간 거예요. 각목으로 해서 세 시간 정도 (때렸어요). 넌 머리가 너무 영리하다고 완전히 묵사발 만들겠다고 했어요. 그때 철도경찰들이에요. 육지 경찰. 나중에 정신 차려서 보니까 피투성이가 되었더라고요.

내가 감옥에 들어가고 그 이틀 후에, 사람들이 총살당했어요. 남로당에 가입했다고. 고산 사람들이에요. 그때 여섯 명이 같이 있었어요. 그 사람들은 내가 석방되던 그날, 논바닥에 가가지고 총살당했어요.[8] 특별히 이름이 기억나는 사람은 없어요. 뭐, 여러분들 조사한 자료에 다 있겠죠?

그때 사살은 2연대 군인들이 했어요. 총살조가 따로 있더라고요. M1 메고 쓰리쿼터 타고 왔는데 한 7, 8명 된 거 같아요.

> 면담자: 저희들 자료에 보면, 이 사건에 대한 다른 분 증언도 2연대 군인들이 총살했다고 증언했습니다. 다시 한번 잘 생각해보십시오. 2연대가 맞습니까? 왜냐하면 9연대와 2연대 교체가 정식적으로는 1948년 12월 29일에 이루어지거든요. 그리고 여러 증언을 종합하면 2연대의 교체 선발대가 들어온 것도 12월

---

8 이 사건은 『제주4·3 유적 I』(제주4·3연구소, 2003: 851)에 잘 정리되어 있다. 1948년 11월 10일, 토벌대는 고산지서에 수감되어 있던 고태봉 등 주민 여섯 명을 고산중학교 동쪽 논에서 학살했다. 이날은 군인들이 동네 사람들을 집합시켜 지난 2·7사건 당시 왓샤 시위를 했다는 혐의로 공개총살을 했다 한다.

초로 보이고요. 그런데 이 사건은 11월 10일이어서 2연대가 그 시기에 들어와 총살했다고 하기에는…….

구술자: 어쨌든 난 2연대라고 들었던 것 같아요.

분명 경찰관이 아니고 군인이 한 건 맞아요. 직접 군인이 했죠. 그건 내가 확인했어요. 왜 그러냐 하면 스리쿼터에서 군인 내리는 걸 봤으니까. 그러고 30분 있으니까 총소리가 났고요. 내가 나중에 석방돼서 가보니까 논바닥에 (사람들이) 쓰러져 있었죠. 그러니 군인이 죽인 거 아니겠어요? 당시 총살은 군인이 전담했어요. 그때는 계엄령 시대니까. 경찰관은 하지 않았어요. 그때 철도경찰은 치안만 담당했어요.

내가 고산지서에는 일주일 있었어요. 그땐 내가 고산지서에 왜 잡혀갔는지도 몰랐죠. 그냥 남로당에 가입한 불순분자라고 하더라고요. 적성분자래요, 적성분자. 그래서 (나중에도) 호적을 보면 적성분자, 사상불순 그게 꼭 들어갔어요. 사실 적성분자라면 빨갱이란 얘기 아니에요?

내가 호적 때문에 육지 있을 때 간간히 파출소 같은 데 불려갔어요. 그때도 취직 안 되는 건 좋은데 파출소 불려가는 건 참 좋지 않더라고요. 특무대라는 것이 있었어요. 그 특무대에도 두 번인가 불려갔었죠. 그 저 영등포, 영등포 특무대, 거기에 불려 갔었어요. 뭐라더라? 제주도에 대해서는 묻지 않고, 묻는 게 그거예요. 다른 사람을 포섭한 일이 없느냐? 내가 이해가 안 되는 게 바로 그거예요. 그리고 내가 또 뭔가 하게 되면, "너 4·3 사건 때, 제주도 있을 때 폭도였지 않느냐?" 하고 괴롭혀요, 참.

빨간선이 그어진 호적등본

내가 특무대로 잡혀간 이 시기에는 뭔가 내 생활이 복잡했어요. 육지

가가지고서 고대에 들어가기 전까지는 깡패 생활도 했어요. 그때 31살 땐가? 32살? 내가 고대 들어갈 때. 상당히 늦게 들어갔어요. 고대 사학과에. 아, 그때가 32살. 9월 달. 그러니까 내가 27살 때 육지를 갔어요. 고산에, 제주도 와보니까 뭐 취직도 할 만한 데가 없어요. 그래서 무작정 올라간 거예요.

아, 그전에 내가 군 입대 얘기부터 해야겠죠? 순서대로. 군대는 6·25 때, 9월 달이에요. 나는 군대에 말뚝 박으려고 53년도에 갑종 간부로 들어갔어요. 갑종간부 59기였죠. 사실 장교 되는 건 내 의사는 아니었어요. 그때 시험을 봤죠. 뭔가 강제로 끌려가다시피 해서 시험을 봤는데 합격이 됐어요. 그러니 이제 6개월, 6개월만 교육받으면 갑종간부가 될 건데…… 제대하고 나와버렸어요. 그럴 수밖에 없었죠. 그때 나오니까 휴전이 되더라고요. 군대 얘기는 더 이상 하고 싶지 않으니 그만합시다.

그때 특무대는 내가 깡패 생활할 때 갔어요. 육지 나와서 대전 역전에 살았죠. 아, 이런 건 그만 적읍시다. 생각해봐요. 세상이 죄다 무너졌어요. 썩었어요. 취직하려니까 그 모양이에요. 호적등본 봐가지고 누가 취직시켜줘요? 그렇지 않아요? 꼭 호적등본을 내라고 했어요. 겐디 빨간 선 딱 그어전 있는데 누가 취직시켜줘요? 그러니까 이리도 저리도 안 되죠, 무술 배웠으니까…… 내 인생은 너무나 삭막해요. 4·3사건 때문에 빨갱이로 몰려가지고서. 학련도 하고, 호국단도 하고, 군대도 가고 다 했는데…… 왜 내가 그렇게 빨갱이로 되어버린 건지 그걸 나도 잘 모르겠어요, 아직도.

학련의 기억 2: 비행장 학살 목격

학련 하면 몇 가지 더 기억나는 게 있어요. 그 보초 섰다는 얘기……

정뜨르? 사실, 그거는 이야기하고 싶지 않은데……. 뭐, 다 합시다.

그 당시에 군인들이 얼마 없었어요. 겐디 그때 농업학교, 오현중학교. 그리고 교원양성소가 있었죠. 이 학교들하고 제주중학교가 합쳐져서 우리 제주중학교에 숙소 비슷하게 잠자리가 마련되었어요. 그게 다 학련들이죠. 그래가지고 사람 총살할 때는 와가지고서 한 200명가량 동원이 됐어요. 그래 거기 갔죠, 걸어서. 근데 지금 생각해보면 그 자리가, 총살시켰던 자리가 지금은 바로 (제주) 비행장으로 변해 있어요.

처음은 눈보라가 쳤죠. 겐디 여러분들, 그 뭐냐 이걸 알아야 돼요. 나무 십자가에 묶언 (총살) 했다는데 그건 잘못 알고 있는 거예요. 그게 아니에요. 이렇게 해가지고 5~6명씩 묶었죠. 새끼로 해가지고 5~6명 씩. 호를 누가 파는지 그건 잘 모르겠어요. 이렇게 세워놓고 했죠. 그때 그 소리가 틀림없이 LMG 기관총 소리예요. 그리고 나중에는 확인 사살을 하는 모양이에요. 그때부터 빵빵 소리 났어요. 그건 확인 사살이 분명하죠. 그런데 그놈들은 절대 우리를 가까이 오지 못하게 했어요. 또 절대 불을 안 피워요. 불을 펴야 총살할 거 같은데 그게 아니더라고요. 멀리서 보니까 기관총이 설치되어 있는데 벌써 조준이 다 되어 있었죠.

그게 1차예요. 처음은 그랬어요. 그날, 차로 한 차 가고, 뒤따라간 사람 하면 한 200명 가까이 되었어요. 총살된 사람들. 차로 가득 실려 가고, 뒤로 쫓아가고. 그땐 그렇게 했어요. 차가 없으니까 어떻게 해요?

그러다 2차는 뭐냐 하면, 달이 없는 날이었어요. 2차는 한……. 내가 생각하기에는 걸어서만 갔는데 묶인 걸로 보니까, 그 길이로만 봐서는 한 150명?

그때가 아마 12월 달이나 정월 초였던 거 같아요. 얼마 없어서 크리스마스가 됐으니까. 그리고 그때 되게 눈보라 쳤거든요. 게니 첫 번째는 12월 달 닮고, 그리고 두 번째는 정월 한 10일 경 될 거예요. 한 2주일쯤 있다가 간 거니까. 근데 그때 우린 사람들의 아우성 소리 같은 건 듣지 못했어요. 날씨가 그래서 바람 몰아치는 소리밖에 들리는 게 없었죠. 그 장소가 비행장 끝 아니에요? 우리는 바람소리에, 그 바닷바람 몰아치는 소리에 사람들 소린 못 들은 거죠.

우리 학련이 그렇게 두 번, 비행장 보초를 나갔죠. 동원돼가지고. 두 번.

그때 보면 남문통 저쪽에 수용소가 설치되어 있었어요. 그리고 동문통에도 설치되어 있었고요. 그러니 뭔가 하면, 빨갱이를 총살시킨다는 거였죠. 겐디 (문제는) 수용소에서 불순불자들을 지역별로 할당시키는 모양이었어요. 덮어놓고 뽑아내는 거죠. 그러니 공비토벌 해가지고 입산자를 가려내는 것이 아니라 수용소에서 뽑아냈던 겁니다. 거기엔 또 고발하는 사람, 무고하는 사람이 있는 모양이었고요.

학련의 기억 3: 토벌대 활동

또 우리가 토벌에도 몇 번 동원됐어요. 토벌은 군인들도 벌벌 떠는데 우리가 어떻게 가겠어요. 우린 사람 죽는 덴 안 간다고 사정사정해서 많이 안 갔죠.

한번은 삼양 쪽으로 갔죠. 거기 무슨 무슨 흘리라고 있죠?

면담자: 와흘? 대흘?

와흘! 맞아 맞아, 와흘. 그쪽으로 해가지고 저쪽 북촌으로 해서 돌아왔죠. 그땐 보통 우리를 군인이 지휘해가지고 몰고 다니는데 그렇지 않으면 서북청년단이 그렇게 했어요. 군인, 2연대 놈들, 정말 나쁜 놈들이었어요.

그래도, 내가 지금 그 2연대 중에 기억나는 사람이 하나 있어요. 그 사람은 저쪽 해남 사람인데 참 사람이 좋았어요. 이름이 뭐냐, 장희룡, 장희룡 상사. 그 사람은 총살할 때 사람을 가려주었어요. 가려서 하더라고요. 그때 우리 보고 하는 소리가 그거였어요. "제주도 사람이 어떻게 제주도 사람을 손가락질해 죽이느냐?" 하여튼 똑똑한 사람이었어요. 보니까 일본에서 대학교를 중퇴했더라고요. 그 사람을 보더라도 사람은 배워야 돼요. 그분에게 제가 한번 "왜 장교가 되지 않았냐?"라고 물었던 적이 있어요. 그랬더니 대뜸 장교 해서 뭐하느냐 그러더라고요. 아주 훌륭한 사람이었죠. 지금도 그 사람이 왜 혼자만 떠났는지 모르겠어요. 하여간 그때 대위하고 트러블이 있었던 모양이에요. 중대장하고. 그래가지고서 아마 강제로 제주도에서 추방되다시피 했는데. 근데 그 사람 당시로 보면 무슨 빨갱이라고 해도 과언이 아닐 것 같았죠. 무슨 말인가 하면 이야기하는 게 제대로 하더란 말이에요. 왜 그 당시에는 제대로 얘기하면 빨갱이였잖아요? 아주 훌륭한 사람이었어요. 그 상사만큼은 정말 좋은 사람이었어요. 그분, 나중에 돌아가셨다는 말을 들었어요. 편지 왕래는 했었으니까. 내가 편지를 해남에 하게 되면 답장이 왔어요. 군대 있을 때도 했었죠.

고려대학교

면담자: 연세가 좀 들어서 고려대학교에 들어가셨죠? 어떻게?

구술자: 아이고, 고대 참…… 그 얘긴 그만합시다. 내가 그 이야기는 하기 싫어요. 내가 정신문화연구원에도 근무를 했어요. 9년 동안. 그리고 교편은 충북대학교에서 전임강사를 했고요. 내 전공은 자네들처럼 사학이에요. 상고사. 고고학에 가깝죠. 사

실 충북대학교가 그런 거, 고고학 발굴 같은 거를 잘해요. 그래서 내가 많이 쫓아다녔죠.

면담자: 그리고, 이거 전에 선생님이 부탁한 책입니다. 정부에서 발간한 「제주4·3사건 진상조사 보고서」.

구술자: 고마워요. 근데 여기 보니까 몇 가지 틀린 점이 있더라고요. 내가 전에 제주대학 가보니까 이게 비치되어 있었어요. 그래 가지고 거기서 훑어봤는데 약간…… 조건이 있어요. 이걸 (수정) 하게 되면 나중에 나에게 보내줘요. 왜 이 부분 잘못됐다 하면 수정해야 하는 거 아니에요? 진상규명은 계속 이루어져야 하는 거니까. 안 그래요? 다시 말하겠는데 잘못된 점이 있는 것은 수정하고, 그리고 보충한 게 있으면 그걸 해가지고서 보내달라는 거예요. 알았죠?

정뜨르 비행장 유해 발굴을 보며

그리고 이건 딴 얘긴데, 한 가지 잘 알아둬야 할 게 있어요. 정뜨르 (비행장) 총살 때, 군인들 와가지고 불 켜지 않았나 하는데 잘못 생각하는 거예요. 절대 불 켜지 않았어요. 밤에 총살하지 절대로 낮엔 없어요. 왜냐하면 그네들도 그게 잘못됐다는 걸 알고 있어요. 군인들한테 "총살해서 마음이 어떻습니까?" 물어보면, "편안할 리가 있나?" 해요. 그 사람들도 마찬가지죠. 자기네 총살이 정당하지 않다는 걸 알고 있는 거예요. 그러니 불 켜놓고 어떻게? 우린 눈으로 봤댔어요. 절대 불 켜지 않았어요.

또 하나, 구덩이. 저도 구덩이 파는 건 봤어요. 미리 본 거죠. 제가 호기심이 많아가지고서 호 팔 때 살짝 본 거예요. 수용소 사람들을 이용하더라고요.

면담자: 아, 구덩이 파러 갔다 왔다는 사람은 저희 연구소에서 찾았습니다. 당시 동네 특공대원들이 갔다 왔답니다. 특공대. 그 민보단 중에…….

그땐 민보단에 가입하지 않으면 되나요? 다 했죠. 젊은 축은 특공대고. 겐디 내가 그때 본 건 수용소 사람들이에요. 수용소에 있는 사람들이 와서 팠죠. 그리고 사람들을 이렇게 구덩이 위에 대각으로 서게 했어요. 총구하고 대각. 그러니 사람들이 총 맞아 죽으면 여기 구덩이로 떨어지게 되는 거예요.

그때 5~6명을 한데 묶고 쭉 세웠어요. 이렇게. 그럼 200명이 쭉 서게 되잖아요? 그런 다음 기관총을 쏘아 떨어뜨리고, 나머지 군인들은 M1 가지고 가서 죽지 않은 사람들을 쏘아요. 그걸 확인사살이라고 하죠.

내가 나중에 군대 가서 지리산 일대에서 사상 불순한 사람들을 총살시키는 부대에 배속된 적 있어요. 경상남북도 계엄령시댄데 국방부 707부대에서 그 지역을 총살하고 돌아다녔어요. 내가 7반이었죠. 그땐 계급도 빨리 올라갔어요. 지금 식으로 하면 하사였죠. 장교는 없었고요. 사상 불상자는 다 죽였어요. M1으로. 근데 그때도 제주도에서 그렇게 하다 군대 갔는데 군대에서도 그렇게 되니까 참, 이거 뭐, 무슨 운명인가 생각이 들더라고요.

그러니까 내가 오히려 성격만 거칠어졌죠. 나중에 깡패 생활한 것도 그 때문인지도 몰라요. 참 거칠어졌어요. 근데 그래도 다행인 건 거기서 오래 있지 않았다는 거예요. 한 1년 반 동안 있다가 보병으로 갔죠. 그 부댄 부대장도 없었어요. 비밀로 결사된 거라서. 완전 비밀이에요. 707이라는 건 국방부에선 기밀로 되어 있어요. 내가 여기서 이야기할 성질의 것이 못 된단 말이에요, 여기서는.

다 비슷했죠, 제주도 토벌하고 지리산이. 판 구덩이만 보더라도 비슷했어요. 근데 잘못했어요. 4·3사건을 (진상) 규명하려면 이전에 제주공항 할 때부터 그쪽은 남겨뒀어야죠. 건드리지 말았어야죠. 이제 그 확인 작업을 어떻게 할 거예요? 죽은 자들을 어떻게 확인할 거예요?

면담자: 그건 전에 70년대에 공항 확장 공사를 하면서 잘못한 겁니다. 학살 장소를 보전하지 않은 건요. 저희들이 들은 바로는 공사하다 시신들이 발견되니 공사장을 폐쇄하고 인부들을 다 해고해버렸답니다. 그러고는 시신들을 다 없애고 다시 공사를 한 거죠.

구술자: 내가 전에 제주에 와서 한 번 가본 적이 있어요, 그 장소에. 대략 (학살 장소를) 짐작은 할 거 아니에요? 근데 가보니 다 아스팔트가 깔렸더라고요. 찾기가 어려웠죠. 그런데 지난번에 나한테 온 사람들 보니까 잘돼서 진상이 규명될 거라고 하긴 했어요.

면담자: 선생님이 목격했던 장소하고 지금 저희 연구소가 파보려는 학살 장소가 혹시 다른 건 아닙니까?

구술자: 아니에요. 대략 비슷해요. 이거 파진 데가 1차거든요, 1차 했던 자리. 그거 어떻게 잘 알아서 발굴했더라고요.

면담자: 우리가 이 1차 발굴은 2007년부터 2008년까지 제주국제공항 남북활주로 북쪽 끝 지점에서 발견한 거거든요. 그때 길쭉한 1자형 구덩이에서 한국전쟁 직후 예비검속됐다 학살된 유해 수십 구를 발굴했습니다. 사실 구덩이가 훼손돼 있어서 완벽한 발굴은 안 되었지만…… 근데 이 구덩이에서 돌아가신 분들은 여름에 학살된 걸로 압니다만……

구술자: 여름? 근데 그 자리가 중복되어 있어요. 아마, 까딱 잘못하게 되면 두 부류의 시체가 겹쳐지게 되어 있어요. 이걸 알아야 돼요. 정뜨르라고 해가지고 따로따로 되어 있는 게 아니에요.

면담자: 게난 죽였던 장소에 가서 또 이중으로 학살했다는 말입니까?

구술자: 3차, 4차, 5차. 그다음은 잘 모르지만 대략 소식은 듣긴 들었단 말이에요. 그리고 경비 섰던 데서 애들이 오게 되면 얘기를 다 했어요. 우리가 토벌 따라 다닐 때도 경비 섰던 학생들은 와서 이야기를 다 했죠.

면담자: 그럼 선생님이 보시는 위치는 바다에서 어느 정도 올라온 곳입니까?

구술자: 바다에서 아마 1키로는 안 됐어요. 그리고 바다는 저쪽 바다란 말이에요. 이쪽 용담 쪽 바다가 아니고, 저쪽 (사수동 방향) 소낭(소나무) 있는 쪽으로. 우리가 그 길 쪽으로 해가지고 거기서 500미터 안쪽에서 보초를 섰어요. 그러니까 훤히 보였죠.

어머니

우리 가족 중에 4·3사건으로 돌아가신 분은 없어요. 깨끗하죠. 아버지는 내가 열 살 때 돌아가셨고, 어머니는 나 때문에 몇 번 불려가셨어요. 내가 호적에 빨간줄이 그어져 있는데 어떻게 해요?

내가 그 특무대에 잡혀갔을 때도 호적에 사상적 적색분자라고 적혀 있었기 때문에 뭐한 거 같아요. 특무대에서 그걸 조회했어요. 근데 말을 잘해줬어요. 여기 경찰서에서 깨끗하다고 해준 거죠. 그래서 그때는 한 열여섯 시간 정도 있다가 나왔어요. 내가 끌려가기는 이때 말고도 몇 번 더 끌려갔죠. 나 고생 참 많이 했어요.

어머니도 두어 번 불려갔던 모양이에요. 본인이 말은 안 하지만 동네 사람들이 얘기하는 걸 보니까 그랬던 것 같아요. 너 때문에 고생 좀 했을 거라고 하더라고요. 내가 고생한 건 참, 재혼에도 실패했어요. 학생 시절부터 계속해온 건 예배당에 나가는 거 하나. 기독교장로회예요. 사실 여기 성이시돌요양원에 지금 내가 지낼 수 있는 건 고향 후배 덕이에요. 후배가 이 요양원 이사예요. 참 고맙죠.

4·3은 이념 대립으로 봐선 안 돼요

내가 「진상조사 보고서」도 읽어봤고, 지금 4·3이 해결되는 과정을 쭉 언론을 통해서 지켜보고 있는데 할 말은 참 많아요. 우선, 죽은 사람이나 피해를 입은 사람에게 상당한 보상이 있어야 해요. 정신적인 보상만으로 안 돼요. 물질적인 보상도 당연히 해줘야죠. 그렇지 않아요? 생각해보세요. 광주도 죄다 보상이 되었잖아요?

제주도에서 처음 뜻은 거창했어요. 그럼에도 불구하고 빛을 못 봤어요. 처음 김달삼이 얘기했던 것은 많은 호응을 받았어요. 외세를 몰아내고, 자주독립하자! 심지어 그 사람은 '제주도만큼은 독립되어야 한다'고까지 했어요. 그래서 감동 받았죠. 제주도가 하나의 국가로 독립할 수 있다.

당시 그렇게까지 말하는 데 젊은 사람이 가만히 있겠어요? 그보다 더 좋은 것이 어디 있었겠어요? 근데 지나면서 그게 아니에요. 지도자들이 잘못한 거예요. 이렇게 말하면 문제가 있는 발언이라 할지 모르겠지만 난 이덕구, 그분만큼은 존경해요. 그 사람은 끝까지 제주도를 지켰잖아요? 그렇지 않아요? 사람이면 누구나 한 번 죽는 거, 제주도 사람으로 목숨을 바쳐 자신이 지킬 건 지켰잖아요. 근데 김달삼이처럼 도망가버리면 그건 아무것도 아니에요. 나는 이덕구 시체가 저기 관덕정 앞에 전시된 것도 봤어요. 다른 사람들은 쓰윽 보고 지나갔지만 난 모자를 벗고 인사했어요. 그때 뭐 나이는 어렸지만.

그에 비해 김달삼은 인간도 아니에요. 사람이 그렇게 했으면 책임지고 자기가 총살을 당하든가 무슨 책임을 져야죠. 이덕구마냥 끝까지. 나는, 이덕구는 그래도 명예회복이 된 줄 알았어요. 안 됐더라고요. 4·3사건 주모자라고 해서 안 되는 거겠죠. 근데 광주에서는 어떻게 했어요? 받아줬죠? 다 억울한 희생자라고 받아줬죠? 논리적으로 완전 위배되잖아요?

그리고 또 하나, 이거 이념 대립이라고 하지만 제주도 4·3사건은 이념 대립으로 봐서는 절대 안 돼요. 그렇지 않아요? 제주도 사람도 뭔가 가슴 피고, 뭔가 활짝 날개를 펴서 살자는 뜻에서 생겨난 사건이지, 이념 논쟁이라고 생각하면 안 돼요, 절대로. 제주도 사람들 생각해봐요. 제주도 역사를 살펴봤어도 그래요. 이건 완전히 뭔가 (중앙에) 지배당하고만 살아왔단 말이에요. 근데 4·3은 우리가 우리 뜻대로 살자고 해서 생긴 주의지, 이념 문제는 아니죠. 아이고, 내가 이야기하다가 별⋯⋯.

별도 인터뷰: ≪아사히신문≫ 기자

아사히: 여러 가지 말씀 잘 들었습니다. 몇 가지 질문을 드리겠습니다. 이렇게 4·3에 대해서 말씀하게 된 게 언제부터입니까? 4·3에 대해서 과거에는 얘기하면 안 되었잖아요?

구술자: 4·3사건에 대해서 공론화된 것을 묻는 거죠? 글쎄, 언젤까? 90년대 들어와서 아닌가? 그전에는 말을 못 했어요.

아사히: 그럼 그전에는 선생님도 아무한테도 말을 하지 않았습니까?

구술자: 개인적으로는 했죠. 공론화되지 못했던 거지.

아사히: 주변 사람들과는 얘기해보셨다는 거죠?

구술자: 뭐, 친한 사람들에게만 그랬다는 거예요. 왜냐하면 그때 4·3사건에 대해서 이야기하면 사찰 대상자로 주목받았거든요.

아사히: 4·3사건이 일어나니까 여기, 제주도에는 있을 수가 없어서 일본으로 건너가신 사람도 많다고 들었습니다. 혹시 일본으로 건너갈 생각은 안 해보셨습니까?

구술자: 나? 난 어려서 그런 생각은 안 했어요. 그리고 조국을 등지는 그런 행위는 하고 싶지 않았지요. 아무리 나이가 어렸어도 그런 생각은 절대 안 했어요. 그래서 6·25사변 때도 나이가 어렸지만 그때 뭔가, 지원하다시피 해서 군대에 갔어요.

아사히: 그때는 어려가지고 그런 사건이 왜 일어났는지 잘 몰랐겠네요?

구술자: 아, 아니에요. 조금은 알았어요.

아사히: 그렇습니까? 그럼, 왜 그런 사건이 일어났다고 생각하십니까?

구술자: 그때 뭔가 하면 다른 것보다도, 찬탁하고 반탁이 있었단 말이에요. 모스크바 삼상 회의 때. 그리고 그전에 제주남로당 도당부가 설치되어 있었고요. 그래서 좌익, 우익이 서로가 으르렁대면서 싸우다시피 하는 과정에 일부 남로당에 가입된 사람들이 48년 4월 3일 날에는 제주도 경찰서를 습격했죠. 나는 그런 일들이 진행되는 걸 보면서 비로소 우리 사회에 공산세력과 민주세력이 존재한다는 걸 알게 되었어요. 지금도 뚜렷한데 나는, 그때 뭔가 하면 '제주섬만은 제발 일본만이 아니고, 미국·소련 같은 외세 다 몰아내고, 우리 스스로 자립·독립해서 잘 살아야 하지 않겠나?' 하는 말에 찬동한 거예요.

아사히: 선생님은 직접 4·3사건을 겪으셨잖아요? 지금 젊은이들에게 4·3사건에 대해서 얘기하고 싶은 게 있다면 한 말씀 해주십시오.

구술자: 예, 나는 이런 말을 해주고 싶어요. 자립정신. 그리고 이 자립정신을 갖추기 전에 먼저 자기 스스로 희생할 줄 아는 사람이 되어라, 나는 이런 걸 강조하고 싶어요. 나는 내 스스로 4·3사건 희생자예요. 그렇지만 난 6·25사변이 일어나자 지원해서 군대에 갔어요.

아사히: 마지막으로 한 가지만 더 여쭐게요. 4·3사건을 떠올릴 때 가장 고통스러운 기억이라고 하면 어떤 것이 있습니까?

구술자: 민간인을 학살했던 거. 다른 것보다 서북청년들이 민간인을 학살한 거. 대표적인 것이 그 죄 없는 할머니와 젊은 여자를 무차별하게 죽인 거예요. 그리고 이어 항의하는 경찰까지 죽였잖아요? 그때, 서북청년단이 다 빨갱이 첩자라고 하면서 그랬어요. 그래서 우리가 더 격분했던 거죠. 아, 정말 그때는 말 그대로 보이는 것이 피바다였어요, 피바다. 시체를 밟고 다닌다 해도 과언이 아니었어요.

진 태 준

진태준은 1925년생으로 한경면 고산리 출신이다. 2005년 채록 당시 우리 나이로 81세였다. 일제시기 고산국민학교 졸업 후 검정으로 한지의사 자격을 따 제주도의 여러 곳에서 의사 생활을 했다. 4·3 당시에는 고산지서 바로 앞에 위치한 삼성의원에 근무했다. 그는 고산 2·7 사건 당시 청년들이 지서를 습격하다 경찰의 발포에 한 청년이 총상을 입었던 일, 고산지서에 치료를 갔다가 고문하는 장면 등을 목격한 일을 생생히 기억했다. 또한 4·3 당일에는 산사람들의 습격으로 죽창에 맞은 저지 사람을 치료하기 위해 원장 선생님과 함께 저지리 수동으로 가, 창자가 배 밖으로 나왔던 사람을 살리기도 했다. 그리고 대한청년단 단원으로 마을에 성을 두르자 밤에 보초를 섰던 일들을 얘기했다. 그는 현재 한의사로 제주시에서 진한의원을 운영하고 있다.

(채록일: 2005.5.2 | 채록 장소: 제주시 삼도1동 자택)

7

고산 삼성의원에서 맞은 4·3

고산 삼성의원에서 맞은 4·3

일제 때 내가 국민학교만 끝내고 나머지는 전부 검정으로 했어요. 의사 명함 아까 드렸죠? 지금까지 의사도 검정, 또 한의사도 검정으로 합격했어요. 사실 일제시대에 고산국민학교를 다녔다는 거뿐 일본 가서 생활한 적도 없습니다. 경허단 그 후에 학술 세미나 있잖아요? 65년도부터는 일본 학술대회에 다녔어요. 그때 배운 일본말로.

해방되니 고산은 어려웠죠. 내가 그때 20대 나이니 더욱 그랬어요. 잘 알겠지만 (1948년 들어) 2·7사건 나고, 4·3사건이 날 때엔 남로당이라던가, 대동청년단[1] 요거 둘밖에 없었어요. 난 대동청년단 잘 몰라요. 전혀 관계가 없었으니. 그러다가 나중에 대한청년단[2]이 생기는데 난, 마을마

---

1 주요 4·3 용어 해설, '대청'을 참조 바람.
2 주요 4·3 용어 해설, '한청'을 참조 바람.

다 성을 쌓아가지고 밤에 가서 지키고 할 때 대한청년단이었어요. 아주 늦게 가입한 거죠. 그때 우리 고산 대한청년단 단장이 이○우, 이○우 씨였어요.

애기 순서가 좀 거꾸로 됐는데 난 25년생이에요. 그러니 해방 때는 스물한 살이었죠. 그때 난 고산에 삼성의원이라고 거기 병원에서 근무하고 있었어요. 겐디 말이오. 내가 당시 징병 2기였어요. 이게 무슨 말이냐 하면, 내가 북국민학교에 와서 3월 31일 날 신체검사를 받고 을종 합격을 했어요, 을종. 그러니 해방 때는 내가 일본군에 가려고 기다리는 중이었다는 거예요. 그때 내가 을축생인데 한 살 선배들은, '묻지 마라, 갑자생!'이란 말 들어봤죠? 이제 갑자생이면 군에 무조건 간다 한 말이 '묻지 마라, 갑자생'인데, 내가 바로 그다음 을축생이었어요. 그러니까 검사를 다 받고 대기 중에 해방이 딱 된 거죠. 우리 을축생도 사실 신체검사에 갑종이 나온 사람들은 다 갔어요. 나는 을종이어서 병원에서 조수로 근무하면서 기다리고 있었죠. 그때 해방됐다고 하니 만세 불렀어요. 만세!

2·7사건의 기억

나는 (4·3 후에도) 계속 삼성의원에 근무하면서 대한청년단 활동을 했어요. 그래도 그땐 병원에 근무하고 있어서 밤에 성 지킬 때나 나를 불러요. 낮에는 병원 근무에 지장이 있으니까 한청에서도 낮에는 근무하라고 부르지 않았던 거죠.

그리고 2·7사건은 4·3 나는 해에 일어났죠? 그전에 말이죠, 전 해에 왜 전 도적으로 큰 사건 하나 있었잖아요? 경찰이 관덕정에서 발포도 해서 사람 죽고 한 사건.

면담자: 아, 3·1사건 말하시는구나, 예?

예예. 그 3·1절 사건이 고산에서는 없었죠. 겐디 고산국민학교 학생에, 다른 학교 아이들까지 다 데리고 선생들이 고산 지서까지 온 거에요. 그때 지서가 우리 삼성의원 바로 앞에 있었거든요. 그래서 내가 다 봤어요. 당시에는 '왓샤, 왓샤!' 그렇게 데모를 했죠. 요새 데모는 어떻게 하더라? (양손을 머리 위로 올리며) 막 뭐렌 외치고 그러죠? 허나 그 당시에는 그냥 '왓샤, 왓샤!'뿐이었어요. 선생이 경찰에게 따지기도 했고요.

내가 삼성병원에는 양의사가 될라고 10년간을 근무했어요. 사실, 일제시대에는 한의사란 말도 없었어요. 해방되고 몇 년 후에야 한의사 제도가 나오고 했지요. 그러니 일제시대 제주도에서 의사를 했던 분들 가운데서 의대 출신은 아주 부잣집 아들 몇 뿐이었어요. 나머지 거의가 검정이었죠. 검정 출신들. 겐디 이젠 그 반대로 검정 출신이 한 사람도 없어요. 검정 출신들은 거의 다 나이가 들어서 돌아가셨다고 봐야죠. 내가 지금 81센데, 나보다 우엣 사람들은 거의 없는 거죠.

내가 그 2·7사건은 다 목격했어요. 그 당시에 남로당하고 한청이 있었죠. 그러니까 내가 그때를 생각해보면, 그 2·7사건 전에 말이에요. 아침에 밝아서 보면 자꾸 담벼락에 삐라가 붙여져 있어요. 삐라 붙이고 한 거는 뻔하잖아요? 어떤 사건을 일으키려고 충동을 주기 위해 하는 거잖아요? 그런 삐라가 밤이면 밤마다 막 붙여져 있어요. 이건 뭐, 내가 다른 마을은 모르겠고, 고산에 한해서 하는 얘깁니다. 그렇게 해가지고 내가 무서워서 집에 가면 방에서 자질 못했어요. 당으로 봐서는 반대당 아닙니까? 한청하고 남로당은? 그래서 그쪽에서 나를 어떻게 할지 몰라가지고 어떤 때는 제주도말로 옛날 굴묵[3]이라고 있잖아요? 그런 디도 숨어봤고, 또 우리 집이 안거리, 밖거리가 있었어요. 밖거리는 두 칸짜리에요.

하나는 소 매는 외양간이고, 다른 칸은 방이 있어서 거기에도 누워보고 했죠. 뭐, 결국 나는 자꾸 피하면서 거의 숨어 잤다 그런 얘기지요.

겐디 2·7사건 나는 날은…… 나는 그런 일이 날지 말지 예측을 할 수 없는 입장이었죠. 사실 그건 남로당에 든 사람들이나 알 수 있는 일 아닙니까? 그래서 내가 병원에서 늦게까지 일하고 퇴근하려고 보니까 '왓샤, 왓샤!' 왓샤부대가 지서 앞에 있는 거예요. 지서 안으로 들어가려고 그러니까 이젠 1대 1로 대항하면서 밀고 들어가요. 그것이 참, 사람 숫자는 잘 모르겠어요. 퇴근 무렵이어서 저녁 어두울 때예요.[4]

그때 사람들이 많이 왔어요. 데모하러 온 거죠. 겐디 지서에서는 이제, 자기네가 어떻게 막을 방법이 없었던 것 같아요. 그러니 총을 쏠 수밖에. 총 이름은 잘 모르겠어요. 여하튼 총을 쐈어요. 그건 우리 병원이 바로 지서 앞에 있어서 직접 본 거예요. 그러니까 총을 쏘고……. 그 사람 지금도 살아 있습니다. 그 사람은 고산 4구 칠전동이라고 그럽니다만 사투리로는 일곱두로라고 하는 데 사람이었어요. 이름이 신○순. 이분이 다리에 총을 맞고 부상당해서 했는데 어디서 치료가 됐는지 나중에 보니 다리를 잘랐어요.

그분은 우리 삼성의원으로 오지 않았어요. 그러니까 그때 당장 어디로 옮겼겠죠. 그 일행들이 수십 명 아닙니까? 그래서 다른 데서 치료를 받고. 큰 수술이에요. 이거(다리) 잘르는 수술은 큰 수술이거든요. 우리 시골에서는 그런 거 자를 정도가 아니었어요. 그분 그렇게 해서 지금도 살아 있을 겁니다. 내가 생각하기로 그 사람이 나보단 몇 살 위예요.

---

3 구들방에 불을 때게 만든 아궁이 및 그 아궁이 바깥 부분. '굴목'이라고도 한다.
4 고산 2·7사건은 다른 지역과 달리 며칠 늦은 1948년 2월 11일 저녁에 발생했다고 고산 마을지가 밝히고 있다.

고문 현장을 목격하다

우리 고산이 특히 좌익세가 강했던 건 아니에요. 뭐, 다른 동네도 다 비슷했다고 봅니다. 그 당시엔. 그 사람들이 어디가 많이 했나 하면, 지서 가까운 쪽이 강했고, 또 윗동네 변두리만 성했어요. 감언이설에 다 넘어간 거죠. 영리한 사람만 뽑아서 남로당에 가입시켰고, 행동했고, 그렇게 했죠.

그 후에 틈틈이, 어떻게 거기(경찰)서 볼 적엔 죄인이지요. 남로당원을 지서에 데려다가 고문할 때, 왜 막 고문을 심히 하니까 죽을 것같이 위험에 처할 수 있잖아요? 그럴 때, 위험하다고 경찰에서 할쯤엔 우리 병원이 앞에 있으니까 오라고 해요. 와서 그 사람을 좀 도와주라고.

구술자: 내가 그래서 거기 가보니까 참, 말로만 듣던 건데……. 여기 왼쪽으로 책상을 놓고(이후 직접 몸으로 행동하며 설명), 오른쪽에도 놓아요. 그리고 중간에 나무를 걸치지. 이런 거 말로는 들어봤겠죠?

면담자: 아니, 못 들어봤습니다.

구술자: 예. 아무튼 나무를 놓고, 이제 발을 거기에 이렇게 걸쳐요. 게민 나무 위로 다리가 올려져 있고, 무릎 밑으로 나무가 끼워지겠죠?

면담자: 무릎 밑에 나무가……? 나무가 있게.

구술자: 양쪽에 책상이 있고, 나무는 이렇게 양 끝에 걸치고.

면담자: 예.

구술자: 이제 걸친 다리를 꽉 하게 묶어요. 움직이지 못하게. 그런 다음 뒤로 머리를 꽉 젖혀요. 그러면 몸은 나무에 묶인 채 머리는 뒤

로 넘어가죠. 그리고는 주전자로 코에 물을 콸콸 이렇게 비우는데 난…… 그걸 보고 나서는 내가 무서워서 참, 다른 일은 못 하겠더라고요. 무서운 기분만 들어서. 그런 다음부터는 지서에서 오라 하면…… 내가 죄인이어서 오라 한 거 아니잖아요? 사람들 좀 어떻게 해주라 해서 가면 나는 그런 것이 다시 보일까 무서워서 빨리 해서 나오고. 내가 지서로 외상(外傷) 치료는 좀 다녔습니다. 외상 치료는 그렇게 다녔고. 겐디 주전자로 코에 물 비우고, 나무때기에 걸치고 하는 그건 그때 한 번 본 것뿐이에요.

4·3 일어난 날, 난 부상자 치료하러 갔어요

다음으로 4·3사건 하면 기억나는 일이 한 가지 더 있어요. 내가 병원에 있었던 일하고 관계가 있는 겁니다. 저기 고산 위 중산간마을 가운데 사투리론 '당ᄆᆞ를'이라고 부르는 동네가 있어요. 지금은 보통 저지리(楮旨里)라고 하죠.

4·3사건 바로 그날이에요. 그날 연락오기를 사람이 급하게…… 그 당시 뭐, 전화가 없고 아무것도 없는 때 아닙니까? 전화로 오라 한 건 아니에요. 저지지서가 불타고 있고, 사람이 죽어가고 있다. 그러니 빨리 와주십시오 해서 갔어요.

당시 원장이 좌용관 선생이었어요. 그 좌선생하고 내가 자전거로 올라갔죠. 상당히 먼 길이에요, 올라가는 길이. 가보니까 지서가 불타면서 무너지기 직전이에요. 이제 곧 불에 가라앉을 것 같았어요. 그 환자 어디 있냐, 물었죠. 하니까 환자는 다른 동네, 저지는 저진데 저 아랫동네 수동에 있다고 그래요.

그래서 우리는 환자가 목적이지, 불타는 거 끄는 게 목적이 아니니까 수동으로 갔어요. 원장하고 나하고 둘이. 수동 가서 물었죠. "환자가 어디 있냐?" 그러니 사투리로 "여기 물방에에 잇수다" 대답하는 거예요. 참, 제주도 사투리로 물방에가 뭡니까? 표준말로 하면?

면담자: 연자마.

연자매? 내가 정확하게 설명은 못 하겠는데, 그 당시에 말을 해가지고 끌어서 이렇게 빙빙 돌면서 보리를 찧고 했어요. 방앗간.

어쨌든 우린 물방에로 들어갔습니다. 그래서 보니까 사람이 누워 있고, 그 위에는 가마스라고 일본말로 가마슨데 우리말로는 거적때기라고 표현할까, 그거를 덮고 있어요. 사실 죽창에 찔렸다는 말은 저지에서 이미 들었어요. 게서 이렇게 열고 보니 배에 창자지요? 사투리로 배설, 그것이 배 일로절로 줄줄이 나와 있어요. 그래도 그 사람은 목숨은 살아 있어서 말은 했죠.

내가 보니까 분명 살아 있어요. 아홉 군데나 찔려서 창자가 그런데도 살아 있는 거예요. 그때 우린 그 정도로 심각할 거라곤 생각을 안 했어요. 응급처치나 간단하게 할 정도로 갔었죠. 그리고 그 당시 시골이 어땠겠어요? 병원이라고 해봤자 뻔했죠. 여기 제주시 병원도 엄중하게 소독하고 뭐하고 안 할 땐데 오죽했겠어요? 우린 그냥 소독 좀 하고, 무슨 꼬매는 거나 가지고 갔단 말이에요. 겐디 가마스를 여니 그 무슨, 배설 같은 것들이 막 나오고…… 난, 가슴이 금착하게 아주 놀랐죠. 그래도 다행인 것은 자세히 보니 배설은 터지질 않았어요. 만일 그게 터졌으면 저기, 변 같은 것들도 막 나와 있을 거 아닙니까? 겐디 다행히 창자는, 장은 터지질 않고 이것만(배를 가리키며) 그런 거예요.

면담자: 뱃가죽만?

예. 복부에 있는 요 뱃살만 전부 터졌더라고요, 하하하. 그러니까 우린 이젠 손을 씻고 (복부 밖으로 삐어져나온 창자를) 이렇게 담고, 저렇게 담고 했죠. 하여튼 그때는 마취주사를 놓고 말고 할 그런 여유가 없었잖아요? 그냥 집어넣으면서 뱃가죽을 한 쪽에서 꼬매가면 그 사람이 "아야!" 아프다고 소리 질러요. 그러면 다른 쪽 꼬매고, "아가!" 소리나고. 하여튼 그렇게 해서 그걸 전부 꼬맸어요. 그 사람은 그때까지도 정신은 온전했죠. 지금 생각해보면 소독도 얼마나 불결했을 거예요. 지금은 몇 번씩 소독을 하고, 하고 해도 불결하다 하는데 그 당시는 그랬어요. 전체적으로 불결했죠.

그래서 우리가 이제 일을 다 끝내고 내려오다 보니까 고산 사람들이 엄청 올라와요. 고산 사람 절반이 저지 쪽으로 올라가고 있는 거예요. 웬일이냐 물었더니, 우리를 걱정해서 다 오는 거래요. 무슨 말인고 하니, 우리가 납치, 산으로 납치됐다고 알려졌다는 겁니다, 하하하. 우린 아무 걱정 없이 무심코 올라가서 치료도 다 하고 했는데 밑에서 고산 사람들은 우리 걱정해서 올라오는 거죠.

우린, 환자를 먼저 우리 병원으로 싣고 가라고 했어요. 그러고 우린 다들 서로 웃고 얘기하며 내려왔죠. 나는 그 후 한 달이나 아파서 자리에 누웠어요. 1개월간을. 나중에 그 사람은 병이 나아 퇴원하게 되자 우리 집에 왔어요. 나에게 고맙다고 인사를 하더라구요. 그 사람 깨끗하게 나았어요. 그 사람 나중에 어떻게 됐냐 하면 군대에 갔어요, 6·25 때. 그러고 다시 부상당한 거예요. 겐디 이건 뭐, 공식적으로 인정하는 부상이니까 상의군인인가, 무슨 용산가 해서 연금이 나오고 있을 겁니다. 그 사람, 나하고 동갑이에요. 이름도 기억해요, 양○호라고. 그분 지금 여기 광양로타리에서 부동산업을 하고 있어요.

그 사람 참, 명이 긴 분이에요. 죽을 고비를 몇 번 넘겼죠. 지금도 어디 쪼끔만 아프면 우리 집에 와서 허리 아프다, 다리 아프다 해서 물리치료 받고 갑니다. 그 사람, 처음은 우리로 해서 살았고, 그 담엔 군인 가서 부상당해도 살았고, 허허 참.

면담자: 그날, 저지에 치료 간 날, 살아 있는 사람이 이 양○호 씨 한 분이 었습니까? 저희들은 그날 습격을 한 서너 명 받은 걸로 알고 있 습니다만?

구술자: 우리가 본 것은 그 사람뿐이었어요. 사실 그때 우리는 그 사람 만 봐달라 해서 간 거였기 때문에 거기 다른 환자가 있었는지, 없었는지는 모르겠어요. 그리고 또 우리한테는 얘길 안 했으 니까 더 몰랐죠..

면담자: 양○호 씨, 지금 정부에서 '4·3 후유장애자 신고'를 받고 있는 데 신고를 했을까요?

구술자: 그거는……. 내가 잘 모르겠어요. 겐디 저 다른 걸로, 상의용 사로 연금은 받고 있을 겁니다. 뭐, 엊그저께도 만났습니다만. 한번 알아봐 주십시오. 명단에 어떻게 올라갔는지. 양○홉니 다. 81세쯤 됐을 거고요.

면담자: 담당자에게 전화해봤더니 아직 신고는 안 됐다고 하네요. 정 말로 그분은 4·3 신고 대상잔데.

고문 부상자 치료

면담자: 선생님이 또 그렇게 진료를 해가지고 생명을 구해주신 분이

더 있습니까?

구술자: 그렇게 딱 지적할 건 더 없고요. 지서에서 취조, 고문받다가 사람들이 어디 외상이 나잖아요? 그러면 와서, 그 당시에는 아까징끼(머큐롬)라고 그러죠? 외상 치료하는 빨간 물약. 그걸 바르고 반창고로 이렇게……. 아니면 꺼스, 요샛말로 가제, 그거를 덮어가지고 이렇게 붙여주고 하는 그런 치료를 많이 했어요. 지금 그때, 그 사람들 이름은 하나도 몰라요.

면담자: 그분네는 석방된 후에 치료를 받으러 오는 겁니까?

구술자: 아니, 거기서 취조받으면서 그랬죠. 지서에서 부르면 가서 상한 데 그렇게 하는 거죠. 지서에서가 좀 배려를 해준 거예요. 그러니 지서에서 다 죽일 때에도 석방시킬 사람은 약간의 부상치료 정도는 해주고 석방시킨 거라고 봐야겠죠.

그리고 그때 고산 그 사람들, 지금은 어떻게 됐는지 잘 모르겠어요. 살아 있는지, 돌아가셨는지……. 고향이라도 그런 건 잘 몰라요. 고산을 떠난 지가 몇십 년이에요. 내가 모슬포서도 한 10년 살았고, 또 안덕 공유로 가서 살았고, 애월 공유로. 내가 여기저기 돌아다녀 버리니까 고향 소식은 정말 잘 모르겠어요.

중산간마을의 4·3

조 철 수

조철수는 1937년생으로 고향은 한경면 조수리이다. 열두 살 어린 나이에
4·3을 맞아 큰 시련을 겪었다. 그는 1948년 11월 22일, 당시 조수국민학
교 교사였던 큰형님이 경찰에게 억울하게 학살되는 장면을 어머니와 함께
목격했다. 강제 동원된 많은 마을 사람들도 함께였다. 다른 희생자 가족
들처럼 당시 학살 주범이었던 저지지서장을 평생의 원수로 가슴에 새기고
살았다. 지서장은 같은 고향 사람이었다. 4·3이 끝나자 더 이상 고향에 살
수 없었던 지서장은 제주시로 떠났다. 지서장이 동향인이었다는 사실에
더 분노했던 조철수는 나중에 복수를 시도하기도 했다. 그러나 그는 한마
디 사과의 말도 듣지 못했다고 회상했다. 그리고 2008년 구술 당시는 이
명박 정부가 막 출범한 즈음이었다. 그래서일까, 그는 60주년 4·3위령제
에 대통령이 참석하지 않았던 일과, 당시 여당이었던 한나라당이 4·3을
홀대하며 정부 4·3위원회를 폐지하겠다고 했던 것에 대해 섭섭한 심정을
격하게 토로하기도 했다.

(채록일: 2008.6.24 | 채록 장소: 제주시 자택 | 부인 동석)

1

가리방으로 기억하는
열두 살 소년의 4·3

큰형님, 조수국민학교에서 학살되다

1948년 11월 며칠? 그 사건 말이라. 우리 형님 조수국민학교서 죽은 사건? 22일? 응, 그 22일 아침이라. 한 9시쯤 뒈시카? 마을 주민 전부 다 학교 운동장으로 집합을 시키는 거야. 그 당시만 허여도 우리 마을이 상당히 컸어. 그래 백 수십 명…… 아니, 한 200명이 모였지. 그때 현장엔 나만 간 게 아니야. 나는 그때 열두 살 어린 때였지만 어머니허고 같이 갔어. 동생은 잘 모르커라. 아마 어려서 안 갔을 거야. 그러고 그때 우리 아버지는 조수에 안 살고 저 고산에 따로 살아서 없었어.

그날 주동자가 누구냐 허믄 김○경이라고, 조수 사름이라. 조수 사름인데 당시 저지지서 주임이라났어. 계급은 경사.

당시 우리 동네는 대동, 중동, 신동이 있었는데 그 사름 동생이 신동에 살았어. 거긴 우리 동네에서 조금 떨어져 있지. 같은 마을이라도. 겐디 그 전날 밤, 그 사름 동생이 살해된 거야. 집은 다 불 타고. 거는, 우리 사 그 사름허고 무슨 원한 관계가 있었는가는 모르는데 산에서덜 완 경 헌 거야.

그때 그 동생이 어디 다녔냐면, 한림면사무소 직원이라. 경허난 토요 일인가, 일요일에 그 집에 왕 자는 거를 산에서 안 거지. 경헨 밤에 완 그 사름을 살해해분 거야. 그러니 그 형이란 사름은 당시 지서주임 아니 라? 겐 그 김ㅇ경이란 주임은 조수 사름을 전부 집합허렌 허니 우리가 마당에 나간 모였던 거지.

겐 우리가 다 모연 있으니 사름덜을 데려와. 저 학교운동장 서쪽으로, 일곱 사름을. 그때 우리 형님이 열아홉 살이라. 초임 선생 발령 받안 완 멧 달 근무도 안 했어. 경헌디 그날 마침 당직을 헌 거야, 우리 형님이. 숙직. 그날, 우리 형님뿐이 아니고 선생 여섯 사름에다 마을 사름 하나 허연 일곱 사름을 서쪽으로 딱 세와. 그런 다음 총살은…… 응원대 같 아, 내가 보기에는. 이제 총살 집행을 허는데 주동자는 그 지서 주임, 조 수 사름.

난리 났지. 사름덜이 살려달라고 막 아우성을 지르는데도 딱 눈 막고 일곱 사름 세와놔. 그리고 또 총살시키는 사름 일곱. 그때만 해도 칼빈 은 아니고, 99식인지 장총같이 긴 총. 그걸로 해서 총살을 시켰어. 그때, 총을 쏘민 사름덜이 다 쓰러질 거 아니라? 겐디 우리 형님은 미리 팍 쓰 러졌다고 해. 그러니까 총을 안 맞은 거지. 난 거기 있었지만 처음엔 그 걸 몰랐어. 건 나도 그때 어리고 허연 잘 몰랐던 거 같아. 겐디 내중에 딴 사름덜이 증언을 해줘. 요번도 그 누가 4·3에 가니까 그 소리를 하더라 고. '우리 형님은 그때 죽질 안 허연 먼저 쓸어졌는데 확인 사살을 허더 라' 이거야. 전부 죽었나, 안 죽었나 허연 안 죽은 사름한테는 또 쐈다는 거지. 그걸 확인 사살이라고 허죠? 그래서, 확인 사살허연 죽으니까 우리 어머니, 나는 어리니까 잘 모르주만 우리 어머니는 난리 날 거 아니라? 앞에서 아들 총살시키니까. 그래 시신을 안고 난리가 난 거야. 굉장했어.

시신은 그 당시 거기서 가족들한테, 그니까 죽연 내부니까 뭐, 다 가족이 있을 거 아니라? 거의 조수 사름. 그 일곱 중 조수 사름 아닌 분이 교장 조카. 그 사름도 선생이야. 대림 사름. 그 외는 전부 조수 사름 선생이라. 게, 거기서 시신 수습은 유족덜이영 동네 사름덜이 전부 해줬지. 우리 어머니는, 뭐 여하튼 막 나뒹굴고, 시신 안고 울고 난리라 낫주.

내가 보건데 이건 완전히 보복이야. 자기 동생 죽였다고 싹 죽인 거라. 그러고, 왜 학교 선생덜을 다 죽였냐 허민, 이건 내가 내중에 들은 말이야. 옛날은 학교에 '가리방'이라고 허는 '등사판'이 있었어, 등사판. 등사판으로 삐라를 만들어 뿌린다고. 그 전날 밤, 산사름덜이 내려와서 불 지르고 그걸 도둑질해 간 모양이야. 우리 형님은 그날 밤 당직이었어. 게니 형님이 그걸 폭도들한테 내줬다 이거지. 그래서 우리 형님을 죽였고, 딴 사름덜, 좀 나이 먹고 헌 사름덜도 뭐, 다른 사상적인 문제가 있었는가는 모르겠는데 싹 다 '등사판을 내 줬다' 그래서 '협조했다' 그거야, 혐의가.

그놈, 완전히 보복헌 건데 내중에 (군대) 나갔다 와서 보니까 (제주시) 서문통 가서 살더구만. 그래 내가 죽이겠다고 허기도 했었는데…… 어쨌든 고향 사름으로서 있을 수가 없는 일이야. 고향 사름이 고향 사름을 더 살려줘야 되는 거 아니야? 겐디 고향 사름을 다 죽여놨으니. 그 사름 나중엔 조수에서 못 살았어. 그길로 전부 떠났지.

면담자: 여기 자료에 그때 공개총살 된 일곱 분 이름 맞수과?
구술자: 어디? 응, 조유겸, 조기완, 김창심, 이성률, 김경욱, 양명식, 조

철남. 조철남이 형님이고, 이 양명식 선생이 당시 교장이던 양명만 선생 6촌 동생이라. 대림 출신. 그리고 선생 아닌 분이 조씬데. 조수 사름…….

무혼굿

내가 후에 또 기억나는 거 하나가 어머니가 형님을 위헨 굿을 헌 거야. 겐디 그때 우리 형님 또래 분이 있었어. 우리 조수에서 조금 떨어진 낙천이란 곳에 사는 분이라. 어, 겐디 그 사름 이름을 잊어부럿네. 형님허고 같이 학교도 뎅기고 헌 분이야. 그분이 막 우리 형님을 뭐, '들렸다'[1]고 해야 허나? 그래서 이제 (굿을) 허는데, 살아 있는 형님같이 말을 해. 그 말은 지금은 잘 기억이 안 나. 누구 이름을 불렀어. 누구, 누구를 데려오라. 친구 데려오라.

일제시기 조수리

내가 일제시대에 조수국민학교를 2학년 올라가니깐 해방이 됐어. 우리 그 죽은 형님이 6학년, 1회였고. 그리고 조수학교가 6년제가 되기 전에는 심상소학교로 있었지. 4년제. 이 학교는 한경면에서 신창 다음으로 두 번째에 생견 유명했어. 여하튼 해안마을 사름덜이 전부 우리 조수 학교에 온 거야. 판포, 저지, 금악, 월림, 산양은 물론이고 심지어는 저 무릉 고바치엔 헌디, 무릉2리, 거기서도 왔어. 조수 학교가 상당히 큰 학교였어.

---

1 빙의(憑依)했다.

그래선가 우리 조수에는 자연히 좀 공부허고 똑똑했던 사름덜이 많았어. 교육자로 교장된 사름덜도 많았고. 겐디 지금은 다 죽었어. 양공옥 선생, 양두옥 선생, 고바치 조용길 선생. 경허고 일제 때 대학허연 살단 나중에 행방불명된 사름덜. 우리 조수가 옛날부터 문촌(文村)이었지. 해안마을도 아니고, 경헷다고 소나 말 기르던 웃드르 마을도 아니고, 딱 중산간, 중산간마을. 저 동으로 가면 납읍허고 같이 옛날부터 훈장들도 많이 나던 문촌이야.

우리 마을이 그 당시 300호, 내중에는 400호가 넘었어. 한양동이란 게, 4·3 사건 때 소까이 갔다 와서 복구될 때 하나 더 생긴 거야. 그때 저지 사름덜 전부 조수에 와서 마을 하나 더 멘들고 산 거야. 그때 우리도 땅을 한 3000평 부친이 내놓기도 했어. 그래서 한양동이란 마을이 생겼지.

또 일제시대에 면에서 공출을 허잖아? 게민 집집마다 할당을 해. 그때만 해도 저 감저뎅가리(고구마) 있잖아. 우리는 먹도 안 했어. 지금도 조수에 가면 감저뎅가리는 안 먹어. 왜 그러냐 허민, 그때만 해도 그걸 아주 뭐 허게 봤거든. 겐디 일본놈들은 그걸로 뭐 헐려고 했는지 말려서 공출받아 갔어. 겐디 공출허민, 우리 고향에선 보리 공출이라. 주로 보리농사를 했으니 너네는 몇 가마니 내라 영 허고, 또 멘네(면화)도 받아 가신가? 아니, 우리 동넨 멘네를 많이 안 했으니 건 안했어.

그러고 일본이 패망헐 무렵이지? 우리 조수국민학교에 일본군 일개 소대가 와서 주둔허영 있었어. 내가 어릴 때난 재미난 보민 소대장 소위가 칼 차고, 말을 몰안 동네를 돌아뎅겨. 경허고 우리 동네서 조끔 올라가민 가마오름이라고 있어. 거기 군인덜 꽤 많았지. 내가 보기로 여단 병력 정도는 됐어. 그때 재미있었던 건 그 군인덜이 행군허영 우리 마을을 지낭 판포로 가는 거라. 반대로 해변에서 우리 마을로 올라오기도 허고. 경허고 이때만 해도 차가 많이 없었잖아? 게민 군인덜이 전부 구루마 끄성 올라와.

지금 가마오름, 평화박물관이지? 사름덜 구경 오는 디? 거기 일본군이 노무자덜 데려단 굴을 팠어. 겐디 나는 그 굴은 어려서 안 보니까 잘 몰라. 그보단 우리 고향 조수에서 한 2~3키로 올라가민 거기서 굴 파는 거는 봤어. 그때 그놈들은 이렇게 옆으로 팡 들어가는 게 아니고, 우에서 알로 수직으로 파더라고. 한 10메타 정도 이렇게 사각형으로 사름 들어갈 수 있게끔 파내려가고, 그런 다음 옆으로. 이제도 그런 굴덜 우리 고향 위에 가면 있어. 그러고 굴 파는 거는 군인덜이 허는 게 아니야. 다 강제징집 된 노무자덜이 팠지.

친일파로 몰린 부친

해방되난 우리 아버지가 친일파로 몰렸어. 왜냐허민 일제시대에 공무원 했으니 무조건 친일파라는 거야. 겐 우리 아버지가 제주시, 당시엔 성안이렌도 허고, 아니면 읍이라고 헤신디 읍에 온 거야. 경헨 경찰에 구금됐지. 이젠 재판을 기다리는데 얼른 되질 않았어. 왜 구속시켜놓고 그다음에 재판하잖아? 그래서 2개월 만에 재판받고 무죄로 나왔어. 헌 게 없었지. 공무원이니까 시키는 대로 했을 거 아냐? 그러고 공무원도 공무원 나름이지, 우리 아버진 고산 우체국 차석을 했어. 우체국에서 무슨 친일 행동을 했을 거야? 겐디 누가 친일파다 해서 찔러분 거지. 그러니 잡아가고 그랬어. 해방됐으니 그런 거라고 이해는 돼. 그래 거 뭐, 지금은 호적에도 다른 건 없어.

난 그 2개월 동안 부친이 무슨 고초를 치렀는가 하는 건 몰라. 난 어렸어. 우리 어머니만 매일 면회 왔다 갔다 했지. 그때 어머니 사촌 오빠가 여기 있었어. 그 사름 옛날 농업학교 허고 뭐, 유지였어. 게니 글로 해서 어머닌 구명운동을 했어. 왜 옛날엔 사름 잡혀가민 '걸음이 반'이엔도 했잖아.

고산 소개(疏開)와 무장대 습격

면담자: 이젠, 다시 4·3 때 일로 돌아가겠습니다. 형님이 돌아간 11월 22 일 지나고, 12월 3일이 되민 군인덜이 왕 3일 내에 소개(疏開)허 렌 허지 않습니까? 그때부터, 소개 갔을 때 이야기덜 해줍서.

우리가 고산으로 소개령 내련 갈 때, 무조건 전부 다 싹 내려갔어. 혹시 자기 집이나 재산이나 그런 거 아까워가지고 헐 상황이 아니라. 군인도 무섭고, 경찰도 무서완에 첨. 게난 그 후젠 군인덜이 마을에 완 싹 동네를 다 불 질러부럿지.

경헨 우리가 고산에 갔는데 우린 고산에 집이 있었어. 아버지 살던 집. 게서 우린 좀 편안헤신디 남의 집 가서 사는 사름덜은 고생 많았어. 친척 있는 사름덜은 친척집 가고. 것도 아니믄 밖거리에. 그때 시국은 경해도 인심은 좋았어. 고산 사름덜도 우리 보고 '저 웃드르 나쁜놈우 새끼덜!' 허고 욕허진 않았어.

내가 고산 살 때 다른 건 어려서 잘 모르겠는데 이건 지금도 기억나. 난 열두 살이고, 열아홉 살 난 사촌 큰누님이 있었어. 이제 나이가 79세!

겐디 옛날엔 열아홉이믄 시집을 다 갔지. 누님도 결혼헌다, 그랬어. 그때 고산은 1리, 2리, 3리, 4리까지 있는 상당히 큰 마을이라. 그래 우리 큰어머니네는 어디 살았냐 허민, 고산 1리에 살았고, 우리는 3리 웃드르. 그러니 꽤 떨어져 있었지.

우린, 그때가 내일 결혼식이니까 오늘은 그듸로 잔치 먹으레 간 거라,

밤에. 왜 옛날엔 전날부터덜 먹을 거 차리믄 동네 사름덜도 오고 했었잖아? 우린 잔치 먹고, 사촌덜이영 놀단 집에 왔어. 그때 우리 작은고모, 큰고모는 우리허고 살고. 셋 고모는 따로 나간 집 빌엉 살았어. 난 잔치 끝나고 거기 셋 고모네 집에 방이 잇언 거기서 잤지.

그날 밤, 습격이 들었어. 셋 고모네 집 옆에 물방에가 있었는데 거기로 폭도덜, 그 산사름덜 있잖아, 습격이 든 거야. 그 옛날엔 "폭도 들엄쩌!" 허멍 지키곡, 마을마다 전부 성도 쌓았어. 고산도 해안마을이주만 성을 쌓아놓고 순찰도 허고, 길 이런 디 문 달고 사름이 지켰어. 보초 선거라.

그때 폭도 들엄쩬 어떵했을 거라? 막 소리 지르고 난리가 났을 거 아니? 겐디도 우린 어린 때라 노니까 아무것도 모르고 그냥 잔 거야. 그날 밤, 우리 큰아버지네 집에서 얼마 안 떨어진 쪽으로 습격이 들언 뭐, 쌀 털어가곡, 우리 누웡 자는 옆이 물방에에선 사름 하나가 죽창에 찔련 죽고. 산에서덜 경 죽여된 가분 거야. 죽은 사름이 누군지도 몰라. 난 다음날 일어난 보니까 어젯밤 사름덜 죽고, 쌀도 가져가 불엇저, 수군수군해.

왜 습격든 거냐 허민, 윗마을, 그 중산간마을덜 다 소탕시컨 불태와부니까 아무것도 없을 거 아니라? 먹을 게 없으니까 이젠 어쩔 수 엇이 해안마을에 왕 아무거나 조달허영 가지 않으민 굶어 죽게 된 거라, 첨. 게니 여기저기 자꾸 습격허영 식량 털레 다닐 수밖에.

나중에, 이건 또 우리가 피난 갔다가 이제 복구해서 올라온 나중 때 일이라. 겐 우리가 성도 쌓고 허연 사는디 조수 바로 위에 가믄 저지마을 수동이란 디가 있어. 딱 성벽으로 붙언 요건 수동, 이건 조순데 그만 마을에 아까 식으로 또 습격이 든 거라. 산에서덜. 산 가까운 쪽 성담을 넘언 들어완 어느 집 하나를 털언 그냥 도망간 거야. 그때는 사름이 죽거나 허진 않았고.

그 당시, 우리가 마을을 복구헨 올라왔을 땐 조수에도 지서가 있었어. 조수엔 지서가 생겨서 경찰덜이 주둔했지만 그, 어디야? 수동이란 데는 그게 아니고 순경 한두 사름 파견 나간 것뿐. 경헨 향사에 파견소가 잇어신디 폭도가 들언 쌀을 도둑질해간다, 허니까 이제 교전이 붙었어. 그날 교전에선 서로가 죽은 사름은 없었지. 산에선 쌀만 털고 도망가분 거라. 그때 습격이 초저녁이랏어. 다행히 그 집엔 그 시간에 사름이 엇언 아무 피해 없이 지나간 거야.

소개지서 학살된 사촌형

또 하나, 내가 소개 갔을 때 일이라. 고산서 우리 고모 아들, 그러니까 고종사촌 형님인데 이름이 양ㅇ경이라고 있었어.[2] 그 형님이 우리 고산 집에 같이 간 살고 있었지.

내가 그 시기는 잘 모르겠어. 그 형님이 고산지서에 잡혀간 거야. 게서 우리 아버지가 지서 사름덜을 다 아니까 구명운동을 헌 거지. 뭐, 우리 아버지도 공무원 아니라? 순경덜도 다 알았던 거야. 겐 지서에 간 사정 이야길 허니 내일은 우리 형님이 나온다고 허는 말을 들은 것 같아. 우리 아버지가 와서 말해줬어, 형님 내일 나온다고. 그때가, 그러니까 49년인지, 48년인지는 난 잘 몰라. 게서 우린 형님이 나올 때를 기다리고 있는데, 차가 오더니만 싹 태워단 그냥 다 죽여분 거라. 어디 간 죽었냐 허민, 그때만 해도 고산엔 성이 쌓아졌 잇어낫어. 그러니 성 밖에, 성 문 밖에 있는 논바닥에 데려단 그냥 총살시켜 뒁 가분 거라. 거기가 지

---

2 조수리 송태하의 구술이며 이 책의 마지막 증언인 '여성들도 죽창 들런 보초를 서다'에 양ㅇ경의 이야기가 나온다.

금은 고산 중학교가 있는 옆에야.

축성

고산에 습격 들었을 때 성이 높이 쌓아졍 있었지. 그러고 성 밖에는 성을 돌아가멍 큰 구덩이를 파. 게믄 그 안에 제주도 말로 굿가시낭(꾸지뽕나무)이렌 헌 가시낭을 짤라다가 가득 메와놔. 경허민 거기로는 사름 덜이 다닐 수가 없지. 가시가 워낙 쎄여노난.

> 부인: 경허고 그 구가시낭 가시를 가져당 이젠, 성담 고망(구멍)을 다 멥기도 했어. 게민 성 밖에서 담을 탕 성을 넘어오진 못헐 거 아니라.

게난, 성 쌓고도 그 가시덜 해다가. 그것만이 아니라. 성담도 아주 높이 쌓았지. 한 2미터 아니라. 그까짓 거, 두 배까지는 아니주만 3미터는 넘었던 거 같아. 그러고 문제는 그걸 주민덜이 다 쌓았다는 거야. 그때 아이덜까지도 다 나왔어. 저 '령'이라고 해서 집마다 한 사름씩 의무적으로 나가는 거라. 만약에 안 나가민 뭐, 벌금 같은 걸 내야 했지. 나도 성 쌓는 디 나갔어. 아무리 어려도 우리 집에서 한 사름 나가야 허니 어쩔 수가 없었어.

그때 첨, 그 높은 성을 사름덜이 다 등짐으로 날란 쌓는 거야. 그러니 사고로 다치는 사름이 많을 수밖에. 또 그게 하루 이틀에 돼? 상당헌 시간이 걸렸는데 그러니 뭐, 다 마을별로 맡겨놓는 거야. "일로부터 요까지는 멧 반! 멧 반!" 허면서. 의무적으로 헐 수밖에 없었지. 그 큰 마을을 빙 둘런 멧 개월 쌓은 거야.

경허고 그 돌덜. 아무리 제주도엔 돌이 많덴 허주만 그땐 밭담이고 뭐고 없어. 다 싹! 밭담이고, 산담이고, 집 울타리고 주위에 있는 건 다 싹! 그때는 무신 자동차가 있어, 뭐가 있어 전부 사름. 어떵허당 구루마 있는 집인 구루마덜 허영.

부인: 우리가 경헌 건 고산서만이 아니라. 건 늠의 성 쌓은 거고, 우린 또 다음 해에 조수 올라왕 살젠 허난 조수에도 쌓은 거야.

우리 조수는 그다음에 우리가 올라오면서 쌓았어. 우리가 성 다 싸놓고 올라왔지! 고산서 낮엔 올라왕 성을 쌓곡, 밤에는 내려가곡. 첨, 고생덜 많이 했지. 그때 밤에 조수서 살젠 해도 어디서 자? 군인덜이 우리가 그 소까이 했을 때 집덜은 다 초토화시켜부난 남은 게 없었어. 뭐, 아무것도. 겐 우리가 성을 다 쌓고, 그다음 와서 이젠 이런 가건물이라도 짓곡 산 거지.

경허고 그때 성도 조수 동네에서는 제일 먼저 대동부터 쌓았어. 큰 동네라고. 겐 살단 얼마 엇이난 이젠 좁다고 허연 신동으로도 쌓아가고. 또 3차로도 쌓고 헷주.[3]

---

3 조수리 축성은 1949년 5월부터 1차 축조가 시작되었다. 이 1차 축성에는 조수국민학교 삼거리를 중심에 놓고 대동, 중동마을 일부를 둘렀다. 그러나 이때 쌓은 성은 저지리의 수동, 조수, 낙천주민들이 함께 살기에는 너무 좁았다. 그래서 그 해 가을에는 1차성 양쪽으로 중동 일부, 신동이 포함되도록 성을 확장했다. 그러다 다음 해인 1950년 봄에는 3차로 성을 늘려 쌓는데 이때에는 현재의 한양동이 포함되면서 한양동이라는 마을이 새로 생겨났다. 현재 조수리에는 1, 2차 때 쌓았던 성의 일부가 남아 있다[제주4·3연구소, 『제주4·3유적 I: 제주시, 북제주군』 (제주4·3연구소, 2003), 870쪽].

함바집 생활

우리가 집덜 다 태와불기 전에는 게도 안거리, 밖거리, 모커리(곁채) 허연 집이 번듯허게 잇어나썩. 겐디 싹 경 되난 이젠 올라와도 살 데가 없어진 거야. 그러니 이젠 저 담 기대고 나뭇가지영 가마니로 움막을 짓엇지. 문도 없고, 뭐, 요새 같으민 천막이라도 싯주만은 그때만 해도 그런 건 없으니. 요런 방이 하나. 아니, 뭐, 방이렌 헐 수도 엇어. 보릿낭 깔고 누웡 자다가 깨면 밥해 먹고. 그땐 형님 죽어부니까 우리 동생덜허고 어머니허연 다섯 식구. 그 다섯 식구가 거기서 살면서.

면담자: 이 조수엔 성 두른 다음 함바집을 죽 잇언 짓어수과? 쭉

아니. 우리 조순 함바집덜 짓지 안했어. 다 자기만썩. 다른 동네선 함바집헷덴 헌 말 들은 적 있주만 우린 아니라. 왜 그때 집은 다 태와불엇주만 자기네 집터가 다 있을 거 아니라? 게민 그 집터에다가 울담, 자기네 집 울담 한쪽에 나무만 걸쳐놓은 거야. 비만 안 새게끔 허영 산 거지. 경허곡 안엔 보릿낭 깔고, 그 우에 멍석을 놓는디 멍석이 있을 리가 없잖아? 집 태울 때 다 타부러실 거난. 게민 어디 강 가마니 줏어당 깔고

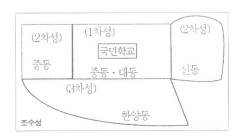

살았지.

> 부인: 게난 또 어떤 일이 생겨시냐 허민 늬(이)영 벼룩덜……. 얼마나
> 더러울 거. 그러니 그걸로 허연 나중엔덜 장티푸스에 다 걸련.
> 그 장티푸스에 걸려난 사름은 살아도 머리가 다 벳겨져불엇어.

우리가 그 전염병이다, 뭐다 사람같이 산 게 아니라. 뭐, 도새기(돼지)
지, 도새기. 사름이 아니랏어. 그 벼룩에 이젠 늬…… 늬는 머리에도 있
지만 빨래덜 안 허영 입으난 옷에덜. 옛날엔 그저 무명으로 짠 내의를
입었어. 무명옷은 잘 안 빨앙 입으민 거기에 늬들이 허옇게 살아. 게민
할망덜은 아이덜 앞혀놓고 멘날 늬를 잡았지. 머리에 있는 거영, 벗어놓
은 옷에 있는 거영…… 이제 생각허민 참.

고산우체국 차석이었던 부친

우리 집은 할아버지네 때부터 워낙 부자였어. 아버진 일제시대부터
공무원으로 해방되연도 좀 허단 4·3 전에 그만뒀어. 어머니가 두 분이난
우린 형제도 많아.

그 후제 아버지는 사업을 헌다고 이것저것 손댔어. 뭐, 그냥 재산을
다 말아먹은 건데 무슨 사업했냐 허민, 공무원은 해났지, 특별히 헐 거
없으니까, 조수2리라고 있어. 거기 가서 기와 공장을 차린 거야. 겐 인부
를 여럿 대고 공장을 막 시작했는데 4·3 사건이 나분 거라. 그러니 어떻
게 됐겠어? 이젠, 막 지어놓은 것덜 전부 망허게 된 거 아니라? 아버진
그러니, 고산 4구, 칠전동(七田洞, 일곱도로)이라고 있어. 글로 다시 공장
을 전부 이동허연 간 큰 밭에 새로 다 지어놨지. 경헌디 이번엔 태풍이

온 거야, 태풍. 옛날 공장은 위에만 덮고, 기와 멘든 거 말리는 디는 아무 것도 없잖아? 태풍이 걸 싹 다 쓸어 가분 거야. 게니 뭐가 남아? 투자헌 거 싹 없어진 거지.

원래 우리 아버지넨 형제였어. 큰아버지네허고 우리. 우리 아버진 일제시대에 신창 가서 심상소학교, 4년제, 걸 다녔어. 그러니 나중엔 우체국에 정식 직원이 된 거지. 정식 임명을 받고 차석을 했으니까. 서기로. 이제도 고산이나 조수에 강 '조서기 아덜' 허민 나이든 사름덜은 다 알아. 게고 조수서는 '기와집' 허민 우리 집이라. 조수엔 기와집이 우리뿐. 망헷주만 옛날 부친이 기와 공장허멍 그걸 다 가져단 지붕에 얹으니까 기와집이 된 거야. 경헨 기와집 아덜.

부인: 부자난 기와집이 아니고, 기와를 얹으니까 기와집.

기와집 아덜. 옛날엔 부자였지. 겐디 아까 말했지만, 우리 집이 한양동에 성 쌓고 마을 만들 때 3000평 땅을 돈 몇 푼 안 받고 다 내놓았어. 또 공무원해난 분이 사업헌다고 이것저것 손대고. 그러니 뭐, 다 그런 식으로 허영 탕진허다 보니 망헌 거야.

그러고 우린 어머니가 두 분. 게서 아이들이 큰어머니에 다섯 성제(형제), 작은어머니에 세 성제. 우리 큰형은 조수국민학교에서 돌아가셨고. 제일 먼저 얘기드렸죠? 둘째 형은 다음 해 소개 갔다 완. 그 뭐야? 토벌대가 아니고, 조수리에서…… 응원대! 지금 식으로 얘기허민 민병대 같은 조직. 응원대라고 했잖아? 지서에서 근무허면서 (순경이) 총을 주면 총도 다루고. 겐디 그 둘째 형이 어떻게 됐냐 허민 오발로 죽은 거라. 다른 대원 누군가 총을 다루단 잘못헌 거야. 오발헨 형을 쏘아분 거. 그 둘째 형이 조철형. 조철남 밑에 이름 있지? 지금 아무것도 없어. 경찰에서 죽어도 연금 같은 거 하나 없어. 완전히 뭐, 개죽음이야.

해병대 입대

우리가 조수 올라완 참 어렵게 살았지. 경허단 내가 57년도에 군인 갔어. 그러고 60년도, 60년 4월 24일 날 제대헨 왔는데, 9월 1일 자로 전매청에 나가기 시작했어, 공무원으로. 지금도 그렇지만 그래도 공무원은 닮은 몇 푼이라도 월급 받잖아? 뭐, 잘 먹진 못 헷주만 그때 취직허고, 12월 달에 저 사름이영 결혼허고.

군인 간 제대헨 오란 취직, 결혼, 그해에(60년도) 다 했지.

그때 난 군대엔 지원헨 갔어, 해병대. 내가 해병대 70기야. 57년도 6월 1일 자로 들어가신디 제주도에서만 지원병 동기가 280명. 그때만 해도 해병대엔 제주도 군인덜 판이었어. 4·3 때 나간 3, 4기 생덜, 그 농업학교 출신 학도병덜이 보믄 장교로도 있고, 선임하사로도 있고. 하여간 전부 제주도 사름덜. 경허니 어디 가도 나 제주도렌 허믄 그분덜이 "그래?" 허멍 다 잘 봐줬지.

이런 건 나중에 들은 말이지만 왜 육군 같은 디 간 사름덜은 뭐, "제주도 똥돼지!"라고, 육지 군인덜한티 내무림 잘도 당했다고 허드라고, 허허. 우린 경은 안 헷주만, 우리도 해병대에서 혼난 건 있어. 그 당시 해병대 군기가 얼마나 세. 우리 제주 출신 해병 3, 4기생덜, 사실은 해병대 최고 기수야. 1, 2기생덜은 해군에서 넘어온 사름덜이나 해병대라고 허기엔 좀. 그 때문일 거라. 우리 70기를 가르쳤던 교관들이 36기생인데 우리한테 보복허는 거야. 3, 4기생들한테 자기네가 무지허게 맞았다 이거지. 겐 고생헌 일이 있지만 그래도 해병대는 제주도 사름덜 알아줬어.

면담자: 나중에 제대허고 한 번 김○경 지서주임 찾아가셨다고 했지, 예? 어떻게 찾아가게 된 겁니까?

구술자: 아, 거…… 그 사름 용담에 집이 있고, 나도 용담 사니까 알고 있었지. 보니까 쌀장사 허고 있드라고. 게서 내가 술 먹고 한 번 찾아간 거야.

면담자: 따귀라도 한 번 때렸습니까?

구술자: 때리진 않았어. 나이 차이가 워낙…….

면담자: 형님 일, 잘못했다고 사과라도?

구술자: 내가 사과 한마디도 못 받았어.

휴……. 나도 사실 그런 말은 많이 들었어. 6·25가 터졌잖아? 조수에서도 징집이 되연 군대로 사름덜이 막 나갔어. 겐 죽다 남은 사름덜이라. 그런 사름덜이 휴가를 와. 그땐 휴가를 와도 완전 무장허고 해서. 총 다 메곡 왔지. 경 안 허민 나중에 귀대헐 때 자기 부대 어디 이동헌 데 찾아가더라도 총이 없는 거라. 지금처럼 부대가 한곳에 있는 게 아니랐던 거지.

겡 총 들고 온 군인덜은 경찰덜을 호되게 패주고 했다고 해. 경찰을 보민 막 죽이기도 했다곤 허는데……. 우리 마을엔 누가 휴가 올려면 그때 버스가 없잖아? 판포까지 걸엉 오는 거야. 그러곤 총 딱 메곡 우리 마을 성문에 오지. 그럼 정문에 보초 서던 사름이 "나, 누게다, 휴가 왔다!" 허민 문 열어줄 거고, 그 사름은 들어와. 그다음은 막바로 지서에 가는 거야. 가서 이놈들 다 나오라 해놓고 순경덜 두들겨패는 거지. 경덜, 그때 군인덜은 막 보복했다고 해. 그런 일 많았어. 입장이 바뀐 거 아니야?

공무원 생활과 연좌제

난, 제대허고 공무원 되면서 시험 치르진 않았어. 요즘이야 정당허게 채용 시험을 치러도 온갖 부정이여, 뭐여 난린데 그때만 해도 기관장은 자기 직원들은 자기 마음대로 채용헐 수가 있었어. 티오(TO)만 있으면 막 채용했지.

내가 9월 1일에 발령을 받았어. 그러고 며칠 없어 요새 같으민 임시직으로 일하게 됐어. 그때만 해도 전매청에 뭐가 있었냐면 감시·단속 근무 허는 사복경찰이 있었어. 전매청이 뭘 단속허냐면 그 당시 전매품인 담배허고 소금. 사름덜이 담배를 밀경작해. 그러고는 따로 말려서 피우기도 허고, 이제 야매(뒷거래)도 허지. 겐디 그때 보민 부산 같은 데선 야매가 심했어. 그게 제주도에도 들어왔던 거야. 게믄 그 단속 권한을 가진게 전매청이라. 사복 경찰관덜.

그때 난 사복 경찰관은 아니야. 거기 계장이나 정규 직원들은 다 사복 경찰관이지. 게민 그 사름덜은 검사장 지휘를 받아서 위반헌 사름을 잡아다 조사허고, 구속도 헐 수가 있었지. 겐디 난 그 밑에 보조, 함께 단속 다니는 보조원이었던 거라. 내가 보조원으로 3개월을 일했어. 임시직이라고 일당으로 주더라고. 하루라도 안 나오면 그만큼 떼고. 아무튼 그때 하루에 80원도 못 받았을 거야.

내가 그러면서 당시 젤 기억나는 일이 소금, 소금 단속했던 일. 당시만 해도 우리가 육지 나갈려면 목포로 해서 나갔잖아? 가야호나 평택호 타고. 단속 땐 반대로 목포서 오는 그 배덜을 감시허게 돼. 그땐 소금도 배급을 줬어. 게니 야매로 목포서 소금을 들여오기만 허민 여기서 배 이상을 받아먹게 돼.

우린, 무조건 압수야. 다 뺏아가지고 차로 실어다가 나중엔 경매하지.

우리만 보면 다 도망가. 겐디 어쩔 거야? 우리사 단속이 의무니깐 그걸 압수헐 수밖에 없고. 경허단 그때 재수가 좋았어. 내 앞에 근무허던 사름이 군대를 간 거야. 자리가 비었지. 난 제대했으니 그 자리에 정식발령 바로 났어. 운이 좋았지.

그 후 내가 공무원 생활 쭉 허면서 별 다른 건 없었어. 형님 일 때문에 뭐, 연좌제로 피해 보거나 헌 것도 없고. 왜냐, (형님 일은) 기록에 없어. 당시 재판을 받았거나, 뭘 했으면 모르지만 계엄령이니까 무조건 잡아다가 총살시켜버린 거 아니야? 증거는 아무것도 없어. 형님이 어떻게 죽었다 기록된 게 없는 거지. 아무리 연좌제라도 말로만 허는 연좌제는 필요 없잖아. 그리고 우리가 형님이 4·3 사건 때 죽었다고 일절 입덜을 안 열었어.

내가 근무헐 때 보면 신원특이자로 고통받는 사름덜이 많았어. 왜 일본 교포들 중에 조총련계로 간 사름덜 있잖아? 우리 근무헐 때만 해도 일 년에 한 번씩 중앙정보부에서 각 관청을 보안 감사 왔어. 일 년에 한 번 의무적으로 감사했지. 그럼 신원특이자라고 해서 나와. 조총련계에 누구 친척이라도 있으면. 이런 사름덜은 공무원이라도 신원특이자라 해서 따로 관리했지.

겐 이런 식으로 정부에서 신원 관리를 쭉 허다 그게 언제 없어졌나? 연좌제가 없어진 게? 김영삼 때쯤? 그때쯤일 거 같아.

내가 연좌제 하나 실례를 들지. 조수리 가까운 데 살던 사람 이야기라. 그 아덜이 공군사관학교 시험에 합격했어. 나는 야이가 당연히 사관학교에 들어간 줄 알았지. 겐디 신원조회 허니까 아까 말했듯이 연좌제…… 게니까 그 아이네 아방, 내 친구가 조수니까, 당시 뭐 어디 가입허라고 허니 도장 하나 찍은 게 있었던 모양이라. 상당히 순헌 분이야. 학교도 국민학교 겨우 나완 농사만 짓는 사람이고. 옛날 그 4·3 때, 그랬을 거 아니? 어디, 산에서라도 와서 무슨 일이다 허영 도장 찍어가민 그게 서류로 남는 거 아니야? 그분이야 도장인지, 손도장인지 찍으면서도 그게 뭔지도 몰랐겠지. 나중에 그분은 군인도 다 가왔어. 징집되연 군대 생활 다 헌 거지. 겐디 문제는 그게 호적에 있었던 모양이라, 연좌제. 그 아들 공군 사관학교도 합격 취소되고, 지금 어디 공무원 시험 봔 인천인가, 세관에 있는 모양이라.

아무튼 연좌제가 없어진 게 90년대 와서일 거야. 김영삼이 때. 군사정권 때는 첨, 연좌제로 허연 뭐 하나 추진을 못 했어. 어디 좋은 직장 찾을 생각을 못 했어.

4·3위원회

면담자: 이제 좋은 얘기 많이 듣고 마무리허쿠다만은 지금, 이명박 대통령이 취임허연 얼마 안 지났잖아마씨? 겐디 이명박 대통령이 60주년 4·3위령제에도 안 오시고, 이제 뭐, 4·3 일 여러 가지 중앙에서 처리허는 4·3위원회도 한나라당에선 없에젠 헴저허는 등 뒷얘기덜이 참 많아마씨. 어떵헤시민 좋쿠과? 4·3위원회를 폐지허는 게 옳다고 보염수과?

지금 나는, 상당히 걱정이 돼요. 4·3위원회를 폐지허고……. 이건 한나라당을 지지허느냐, 마느냐 얘기가 아니에요. 내가 알기로 4·3재단을 만든다고 허는데 그것도 잘 안 되고 있다고 허드라고. 겐디 이런 판에 우리 억울헌 희생자 결정해주고, 유족들 치료비 몇 푼 도와주도록 허는 4·3위원회까지 폐지헌덴 허민 이건…….

내가, 유족회에 나가고 허는 사름도 아닌데 요전에 관덕정에 모일 땐

갔다 왔어. 한나라당은 '4·3위원회를 폐지허지 말라!' 허는 반대 대회? 그거였지? 당연히 내가 우리 고향 사름 다 데리고 나갔어. 우리같이 퇴직헌 사름덜이라도 더 참석허영 도와야지 허연. 우리가 작은 땅에 살단 보난 밀리긴 해도 정부가 영 허영은 안 돼. 어떤 일이 있어도 4·3위원회 폐지는 막아야 돼.

강창진

강창진은 1933년생으로 한경면 저지리 출신이다. 2008년 채록 당시 우리 나이로 75세였다. 그는 일제시기 일본군이 저지리에 들어와 가마오름에 굴을 팠던 일, 고산리로 소개할 즈음 큰형이 학살되고 시신을 수습해 가 매장했던 일, 고산 소개지에서 고생했던 일들을 차근차근 떠올렸다. 그리고 한번은, 고산에서 학련 학생들에게 끌려가 거의 죽을 뻔했었다며 진저리를 쳤다. 그 후 그는 어린 나이에 한국전쟁에 참전해 오래 군 생활을 했다. 지금은 고산 소개 후 부모님이 새로 이주한 산양리, 4·3으로 고향마저 바뀐 산양리에서 노년을 보내고 있다.

(채록일: 2008.9.18 | 채록 장소: 한경면 산양리 자택)

2

고향도 바꿔버린 4·3

우리 집 희생자는 형님

내가 33년생이라. 그러니 이제 칠십육. 내 본적은 저지. 지금 산양리에 살주만 4·3은 저지에서 다 겪었지. 여기로 이사 온건 4·3이 멧 년 지난 다음이난 언제라?.

지금 우리 가족 피해는 나 우에 형, 강창숙.[1] 그때 형님 나이가 열여덟 살이랏어. 생각해봐. 열여덟 살 난 놈이 무시 걸 알아? 그냥 마을에 다념시난 순경덜이 오란 끌고간 죽여버린 거야, 이유도 없이.

그때가 48년도. 우리가 소개헐 때라. 이 저지, 청수 산간마을덜이 고산더레 다 소개헌 날. 그날이 음력으로는 알아지겠는데, 음력으로는 11월 4일 날.

---

1 1932년 7월 18일생. 저지리 출신으로 희생자로 신고 되었다.

면담자: 아, 그해(1948년)는 양력, 음력이 그냥 달만 다릅니다. 게난 음력 11월 4일이믄 양력으론 12월 4일마씀.

구술자: 아, 그렇구나. 우린 그때 얘길허젠 허민 다 음력밧게 몰라.

형님은 우리가 내려가는 날, 그날 아침에 총살당헌 거야, 저지 잡초밭에서. 게서 (고산으로 소개) 내려가멍 우리 부모님네허고 나허고 멧 사름만 가가지고 시체를 그 현장에다 묻어두곡 피난을 갔지.

그때 우린 형님이 어떵허연 잡혀가신지 그런 건 아무것도 몰라. 어디로 가당 잡힌 건지, 어디서 놀당 잡힌 건지 원, 아무것도 모르겠어. 어떻든 우린 형님 걱정만 허고 있는데 나중에 지서에서 연락이 온 거야. 지서에 잡현 있덴. 그러고 난 지금도 그때 형님이 어느 지서에 잡현 잇어신지도 몰라. 어머니, 아버지가 어디라고 나한티는 잘 얘기를 안 해줬지. 하여튼 어머니, 아버지는 연락을 받고 이제 형님을 빼볼라고 자꾸 지서에 왔다 갔다 허고 있었어.

형님은 이런 중간에 죽게 된 거 같아. 소개 명령이 떨어지난 경찰관덜이 그냥 쏘아두고 내려간 거지. 지네도 내려가야 허난. 겐 지금 이런 걸 생각허여 보민 우리 형님은 저지지서에 있었다 싶어. 왜냐? 당시 한경 중산간마을마다 순경덜이 멧씩 배치뒌 있었거든. 그러니 그 순경덜이 무신 이유에선지 형님을 잡안 간 이 주변엔 저지지서밖엔 없으니 당연히 거기 가두었겠지.

우리 형님은 뭐, 공부를 더 헌 것도 엇어. 조수에서 국민학교 나오난 농사 지으멍 산 것뿐. 한림에 중학교가 셔도 못 갔어. 갈 수가 없었지. 게니 집에 있을 수밖에. 경허단 일을 당헌 거야. 이제 형님 제사는 11월 4일로 해, 음력 11월 4일.

일제시기

우리 집이 원래 4형제야. 형이 경 죽고, 그다음, 막내가 월남 갔다완 죽어불고, 둘이 살안 있지. 나도 공부는 저지서 국민학교 가까스로 나왔어.

내가 학교 다닌 게 일제 때야. 그때 보민, 선생덜이 일본 사름덜토 잇어낫주만 여기 사름으로 요 마을에 가민 고태화라는 분이 잇어낫어. 우린 그분한테 공부를 했지. 고태화, 그분, 지금은 돌아가셨어.

우리가 그때 순 일본글로 배왓어. 한국말은 배울 수가 엇엇지. 못 허게 허니까. 우리나라 말은 집에 오민 어머니 아버지허고 얘기를 허는 거. 겐디 학교엔 가민 한국말은 못 했어. 왜냐면 이제 자꾸 감시허고 경 했으니까.

우리가 그때 저지에서도 학곤 많이 뎅겼던 걸로 알아. 이 동네, 저 동네, 저 명이동2까지 여러 마을에서 왔어. 여자애덜도 있었고. 경허고 우리가 그때 학교를 가젠 허민 나이를 많이 줄었어. 왜냐? 나이는 다덜 많이 먹고 학골 가젠 헌 거야. 그러니 나이가 너무 먹으민 학교에 못 가니까 이젠 나이를 줄이는 거지. 우리 또래덜 보민 전부 두 살, 세 살 다 원나이보다 어려. 어리게 호적에 올려졌지. 나도 35년생으로 두 살 줄여져있어. 원칙으로는 33년생인데.

내가 볼 땐 선생님덜이 잘 가르쳐줬어. 겐디 무조건 학곤 가민 일본말을 해야 허난 힘들었지. 학교에 가민 이제 조회부터 일본말로 해. 첨, 그당시에는 우리 국민학생덜토 아침에 일찍 조회라고 해가지고 마을에

---

2 저지리는 한경면의 15개 행정리 중 청수리와 함께 가장 중산간 지역에 속하는 마을이다. 그중 명이동(저지 2구)은 저지리의 5개 자연마을 중 하나로 한경-안덕 곶자왈과 바로 인접해 있어 4·3 당시 피해가 아주 컸다. 현재 70세 이상 연령층이 거의 없을 정도로 인명 피해는 극심했다.

나가서 저 동쪽을 향해가지고 신사참배 허고, 그다음에 마을 청소허고. 허허허.

그때 일본놈덜이 이것저것 가져오렌 허였어. 공출. 겐디 우린 선생님이 동네 분이난 많이 봐줬어. 이 동네 선생님이니깐 그랬겠지. 만약 다른, 일본선생이거나 헤시믄 그게 용납이 안 됐을런지도 몰랐주.

그러고 내가 해방 전에 또 기억나는 건, 일본군덜. 그때 일본군덜이 많이 제주도에 들어왔어. 저지에도 왔는디 우리 집에서도 살았어. 우리가 저지에 살 땐 집이 하나, 둘, 셋, 그러니 안거리, 밧거리, 모커리 허연 세 채 있었거든. 집이 좀 너른 편이라. 게니 일본군이 들어와 가지고 내 나라 허연 살았어. 한 일곱 사름 정도 산 걸로 알아. 그때 우리 집만 경 헌 게 아니고 조금 뭐 헌 집은 다 강제로 들어완 살았어.

또 동네 집에 들어가지 못헌 일본군덜은 소낭밧 같은 디 천막 치고 살고. 겐디 경 살멍 일본군덜이 매일 허는 일은 뭐냐? 땅굴 파는 거라. 그 땅굴은 이 동네에도 요기 새신오름이나 저쪽 가마오름에 가민 잇인디 그땐 매일 땅굴 파는 게 일이라. 동네에서 일 험직헌 사름덜은 다 잡아갔어. 경허당도 전도적으로 동원도 시키고.

가마오름 땅굴 가봤지? 요즘엔 평화박물관이다 허연 멘들어가지고 견학시키고 있잖아? 겐디 거기가, 뭐, 지금 내가 커가지고 군대 생활도 다 해보고 허니깐 허는 얘긴데 작전상 일본놈덜이 굴 위치를 잘 선정허고 판 거야. 무신 말이냐? 그러니까 저 아래 모슬포에 비행기를 왔다 갔다 내리고 올리는 비행장이 있단 말이야. 게니 경 생각해보민 가마오름 굴덜이 다 거기허고 연결된 거라는 걸 알 수 있어. 관계가 있는 거지.

가마오름 굴덜…… 오름 여기저기 막 팠어. 그러고 판 굴은 오름 이쪽으로 들어가민 저쪽으로 나와. 위로도 나오고, 멧 층 아래로도 나오고. 이건 뭐, 동쪽으로 들어가민 다 서쪽으로 나오는 식이라. 겐디 그 큰 굴도 해방되니까 한국 사름덜이 가서 많이 메와부럿지. 나도 얼마 전에 거기 가봐신디 잘해났더라고.

경허단 나중엔 일본군은 다 패전허잖아? 게니 청년덜이 그 가마오름이고 어디고, 일본 군인덜 있던디 다 몰려가 가지고 장작으로 때려부시는 거야. 그러다가 당시에는 집 지을 재목이 귀허난 창고 떼여가곡, 굴에 받친 통나무덜 가져가고 많이 했어. 그때 우린 창고문 열엉 쌀이고, 건빵이고, 간쓰메(통조림)고 힘 센 사름덜이 밖으로 내쳐주민 '와와와!' 허멍 하나씩 가져다가 먹고 살았어. 나도 뭐, 간쓰메통 같은 거 멧 개 가져당 먹었던 기억이 나.

해방과 무정부 상태

해방되고, 이제 일본군덜이 떠나고 나니 어떤 일이 벌어진 줄 알아? 그 일제시대에 일본군이나 일본 경찰덜허고 친허게 지냈던 사름, 이 사름덜이 친일파로 몰려가지고 청년덜한티 당허는 거야. 어떤 사름덜이냐면 마을 구장, 반장덜. 이런 사름덜은 어떵 보민 어쩔 수 엇이 공출로 쌀 가져오라 허민 명령에 복종헌 것도 있지. 겐디 그중에서도 악질적인 구장, 이건 일본 사름 이상으로 헌 사름이 있었다고. 그런 사름은 동네 사름이 모다들엉…… 명이동서 한 사름은 죽기도 했어. 때려 맞아가지고. 당시 이런 얘기덜은 이 동네, 저 동네서 많이 들려왓주만 청년덜이 경 막 무지허게 때려죽이지는 않았지.

여하튼 그땐 이런저런 일덜을 겪으멍 조직덜이 막 생겨났지. 남로당은 남로당덜대로 조직을 해나가곡, 또 이쪽은 경찰이민 경찰, 서북청년단, 대한청년단 허멍 단체덜을 결성했지. 겐디 그전에, 해방이 금방 되니 이건 다 우와좌왕, 우와좌왕 무정부 상태야. 이젠 사름덜이 다 무정부 상태로 살아가는 거지. 게니 어땠겠어? 먹을 건 없고, 주먹 센 놈이 이기는 거라. 경허단 이젠 48년도가 되여가난 정부도 생겨가고, 선거도 허고. 이런 판에 제주도에서가 4·3사건이 난 거 아니야?

겐디 왜 그때 제주도에서 사름이 많이 죽었나 허민, 그 이승만 대통령이 잘못했어. 뭐, 사실은 이승만 대통령보담도 그 밑에서 일허는 것덜이 보고허기를, "제주도는 전부 빨갱이물이 들어부렀습니다" 헌 거야. 겐 함병선이라고, 모슬포 9연대장이 잇어신디 이제 그 사름이 지휘허연 각 마을에서 남로당 운동허는 놈덜을 다 잡아들였지. 그러고는 집단적으로 어디다 세워낭 빵빵 쏘와버린 거야. 그게 지금 제주 비행장에서 유해 발굴허고 있는 거잖아. 어떵 보민 다 계엄령 때문이라. 그게 잇이난 그 사름덜을 경 다 죽인 거지.

고산 소개

내가 이제 아이고! 분위기가 심상치 않구나. 위험허구나 허고 딱 몸으로 느껴진 게 그 소개 때야. 소개 명령 허자마자 토벌대덜이 와가지고 집에 방화를 허고. 하여튼 불을 싹 붙여부렀어. 게니 이젠 우리가 살 곳이 없는 거라. 먹을 것도 다 타버리고.

그래서 고산으로 간 거야. 그때 보민 사름덜마다 자기 인연 따랑 고산 가는 사름도 잇고, 모슬포 가는 사름도 잇고, 제주시 가는 사름도 잇고 다 뿔뿔이 나간 거지. 그때 첨, 올라가당 죽고, 내려가당 죽고.

여기서, 여기 우리 마을서 산에 올라갈라면은 한 2키로쯤 가면 막 좋은 풀숲이 셔. 요즘 말로 곶자왈이지. 그듸 강 다 숨어 있는 거라. 게민 이제 틈만 나민 토벌대가 올라와. 아무라도 걸리믄 죽는 거야. 그뿐이 아니라. 내려가민 다 살아? 아니라. 내려가당도 재수 엇이 봐지민 쏘아부니까 이건 뭐. 이유 여하를 막론허고, 뭐렌 물어보지도 않아. 보민 벌써 죽이고 보는 거라.

나도 딱 한 번 곱으레 뎅겨봤어(숨으러 다녀봤어). 할아버지허고. 저기 명이동에 가민, 거기가 우리 집에서 한 500메다(미터) 정도 거린데, 곶자왈 옆에 소낭밧이 잇어. 내가 그 소낭밧디 간 숨은 건데, 그때 아버지, 어머니는 다 어디사 가부러신지 모르고 할아버지허고 같이 있었지. 겐 그날은 그 소낭밧디서 날을 새고, 이제 희끄름허게 밝아 갈 때야. 총소리가 들려. 멀리서. 그것이 우리 형 죽는 총소리랐어. 난 뭣도 모르고 할아버지가, '아이고! 오늘도 멧 목숨 감구나!' 허는 얘기만 건성으로 들어신디 그날 아침에 간보니까, 형이 죽언 있는 거라.

경헨 우리가, 아버지 어머니허고 같이 시신을 수습허는데, 그때 네 사름이 죽언 있드라고, 현장에. 한 분은 이 동네 사름인데, 여기 손목, 발목 다 묶연 있었고. 보니, 경 묶어놓고 엄청 두드린 거 같아. 매질헌 거야. 여기 손목살이 다 헤여져가지고 뼈가 하얗게 보이더라고. 그 사름은 앞에서 총을 쏘은 것 같았고, 우리 형은 묶지도 안 허고 그냥 엎어젼 죽언 있어. 옷도 뭐, 벨 다른 옷이 아니고 그냥 집에서 입고 나간 거 그대로야. 한 눈에 알아지겠더라고. 겐디 우리 형은 뒤에서 쏘았어. 앞으로 너르게 (총)구멍이 난 있었지.

우린, 큰형님이잖아? 우리가 형제가 넷이렌 허주만 큰형님 일 당허니 상심은 말로 못 했지. 게도 어쩔 거야? 마음 아픈 건 아픈 거고, 아버지 어머님허고 고산으로 갔지.

그때 우리가 고산 친척집을 찾아갔어. 겐디 거기서도 안 받아줘. 너무 많이 내려간 거야. 수용헐 수가 없었던 거지. 그 후 멧 번을 다른 집 빌고 나가고, 빌고 나가고 허멍 남의 집 밖거리 외양간을 빌언 살았어. 한쪽엔 소 메고, 한쪽엔 우리가 영 누원 자고. 다섯 식구가 첨……

당시 문제는 그것만이 아니라. 먹을 거, 식량허고 또 입을 거. 겐디 멧 번은 집주인이 갖다 주더라고. 첨, 그 주인 이름 지금도 잊어불지 안 허는데 임평관. 할아버진디 그때도 막 늙은 영감이랏어. 지금은 그 영감네 다 죽고 헤신디, 고생헌다고 밥도 갖다주고……. 그것만이 아니라. 어떵 허든 일을 헤사 먹고 살 거 아니라? 그러민 주인 영감네가 날이 밝으민 일을 줘. 이웃집 일도 나가게 해주고. 정말 그 힘든 때 도와주는 사름이 셨다는 것만도 우린 고마웠지.

고산에 살멍도 일은 참 많았어. 습격 들언 사름 죽었저 허는 것부터 성담도 쌓으레 다닌 거영. 또 보초덜도 샀지. 난 어리덴 안 샀주만 어른 덜은 밤마다 보초 사고, 이제 순찰도 다니고.

그러고, 이건 정말, 내가 죽다가 살아난 적이 있어. 우리가 그때 살았던 곳이 고산에 칠전동이렌 헌 동네라. 웃동네. 호수가 오륙십 호 됐지. 마을 한복판에 집이 하나 잇인디 그 집에다가 이제 요즘 말로 방범 사무소, 게니 당시엔 뭐라? 민……?

면담자: 민보단?

응, 응. 민보단 사무실. 거기로 어떤 땐 산사름덜도 잡아간다, 어쩐다 허는데 하루는 난데 엇이 나를 데리고 가는 거야, 허허. 그날, 내가 자는데 누가 나오라고 해. 보니까 순경도 아니야. 무신 학생단이더러고. 검은 옷, 교복이지. 또 모자도 써신디 모자는 보니까 학교 뺏지가 보여. 나갔지. 그 사름덜 전부 죽창을 가젼 있어. 섬뜩했어.

한밤중이라. 밤에 자당 나가시난 정확한 시간도 잘 모르커라. 하여튼 어딜로 날 데려가. 보니 거긴 한가운데 난로불 피와가지고 불이 활활 타고 있어. 정신 똑바로 차리곡 보니 민보단 사무실 앞이라. 그때 참, 주변엔 사름덜이 '우와, 우와!' 허고 있고, 나가는 사름에 들어오는 사름 참 복잡해. 겐디 지금도 기억이 나는 게 내가 그 와중에도 여기저기 다 살펴본 거라. 무서완 그런 거 같아. 어린 땐데 경 밤중에 잡현가시난 어쩔 거라?

내가 올레 쪽을 봤지. 보초 산 사름덜이 보여. 겐 좀 잇이난 보초 산 사름 중 한 분이 나한티로 와. 보난 동네 사름이라. 잘 아는 사름이랏어. 그 사름이 이젠 날 안으로 데려가는 거야. 그러곤 마루에 날 꿇어 앉혀. 그때 거기서 방 안이 보이더라고. 경찰관이 한 사름 있어. 잊어버리지도 안 해. 월림 사름이야. 현○봉이.

좀 있으니 그놈이 나 있는 디로 나와. 그러고는 뭐, 무신 말도 들어보지 않고 그냥 뺨을 때리더라고. 내가 그때 요만헌 꼬마 때고 허연 따귀를 치니 맞을 수밖에. 대꾸 흔마디 헐 수가 잇어? 내가 맞으면서 울고, 울면서 맞고 했지. 하여튼 그래서 그놈이 한참을 그러더니, "이 새끼! 데리고 나가서 없애버려!" 명령해. 그러곤 방으로 들어가 버려.

그러니 바로 학생덜이 날 데리고 나가는 거야. 나갈 때 보난 아는 사름덜토 많아. 보초병도 누게, 누게 허멍 아는 사름도 잇어. 그날은 겨울이난 눈도 살살 오는 날이었어. 날 밖으로 데련 나간게 마을 앞 소낭밧으로 가. 그때 동네 앞이는 전부 소나무 밭이랏어. 지금사 뭐, 다 그거 비여두고 개간헨 밭으로 벌고 있지.

세 놈이 이제, 날 그 소낭밧에 데련 갔어. 그러고는 곧 두 놈이 죽일 자세를 딱 취해. 한 놈만 뭐라고 허면 죽일 태세야. (죽창으로) 찌르는 거지.

그런 순간 안 되겠어. 이젠 내가 무조건 빌어야 헌다는 생각이 퍼뜩 들더라고. 난 아무런 죄도 없다고, 살려달라고 막 빌었지. 어린 아이가 무신 죽을 잘못을 허느냐고. 막 빌었어. 게니 그 한 사름이, "에이! 그냥 버려두고 가자!" 허는 거야. 그 말이 끝나자마자 다른 두 사름도 그냥 날 쳐다보지도 안 허영 가부는 거라.

다 죽다 살아난 거야. 갑자기 나 혼자 잇게 되난 거기가 어딘지도 모르겠더라고. 그날 어떵 집에 와신지도 몰라. 이건 뭐, 완전히 다 죽단 살아난 거지. 그때 내버려 두고 가자 헌 사름, 누군지 내가 알아. 지금도 난 그 사름 알주만 그 사름은 날 몰람실 꺼라. 이름도 내가 알주만 말헐 수가 엇이난 경털 알아.

한림 학생덜이라. 그때가 학생덜토 그, 학도호국단이라고 해가지고 뎅길 때야. 아니, 지금 내가 그게 학교 의용대여신지, 호국단인진 잘 모르겠네.

면담자: 그 시기민 학련3 학생덜일 거우다.

응, 학련? 하여튼 난 그건 잘 모르겠고. 이제 집에 가니 난리가 났지. 우리 어머니허고 아버지는 밤새도록 내가 안 돌아오니까 죽은 걸로 알고 있는 거야. 생각해봐. 우리 아버지네 얼마나 나를 찾앙 나서고 싶었을 거야? 겐디도 그때는 아덜이 죽는 줄 알면서도 찾으레 나갈 수가 없었어. 가서 뭐라고 해봐야 아버지도 잡현 죽으민 죽었지 다른 방도가 있을 수가 없었던 거지.

고산공민학교 입학

그 후 난 4·3을 넘기멍 그날그날 살아가는디 이젠 공부 못 헌 설움이 생기기 시작허드라고. 안 되커라. 공부를 해야겠다고 결심했지. 경헨 내가 어떵허민 공부를 헤질 건고 계속 기회를 보고 있었어. 그렇게 1년도

---

3 주요 4·3 용어 해설, '학련'을 참조 바람.

더 지나고 한참 지났지. 어느 날, 고산에 공민학교가 설립된다는 거라. 경헨 동네 사름덜이 거기 입학털 허고 다니는 거야. 내가 유심히 봤어. 뭐, 관심 잇이난 그랬을 테주만 내가 보기에 중학생이나 마찬가지로 보여. 옷 입은 것도 그렇고, 모자영 다. 뭐, 배우는 것도 찾안 봤지. 중학교 책이라. 영어책도 다 싯고. 이젠 무조건 들어간다 결심헨 그다음 해에 내가 고산공민학교[4]에 들어갔어. 그때는 얘기만 허민 시험도 안 보고 그냥 다니게 허드라고.

게니까 공민학교라는 게, 중학교 인가를 받지 못 허니까 그 대신이야. 나중에 중학교 인가 받으민 정식 중학교가 되는 거지.

내가 2회 입학생이야. 학생 수도 많았어. 그때가 50년도 닮아. 6·25전쟁 허는디 입학을 했어. 그러다가 그다음 51년도에 군인을 나갔지. 51년도 2월 달. 당시 나이가 18살, 호적 나이로는 16살. 너무 어렸지.

군 입대, 그리고 그 후

당시 대통령 명령이 17세 이상 30세까지는 무조건 군대에 가라는 거야. 그래서 그걸 누구네가 관리했느냐 허민 국민방위군이란 게 있어서 했지. 어떵 다 소집을 허엿는지는 몰라도 엄청 많았어.

그때 내가 군인 간 거는, 학교에 가도 공부를 못 해. 왜냐? 메날 군사훈련만 허고, 밤에는 이제 학도호국단이다 뭐다 허영 야간에 순찰 돌고, 보초 서고 그런 것만 했지. 그러니까 내가 생각허엿던 대로 공부를 헐 수가 없는 거야. 게서 허는디, 우리 선배덜이지. 1회로 학교를 다녔던 사

---

4 미 군정기 이후 공민학교는 지역사회의 문맹퇴치와 성인교육을 위해 읍·면장이 설립했다. 고산공민학교는 1950년 3월 10일 인가를 받았고, 당시 소년과와 성년과가 설치되어 1950년대 중반까지 운영되었다.

름덜은 해병대로 가서 많이 죽었어. 3분의 2는 죽었을 거야. 내가 아는 사름덜 중에도 살아 있는 사름이 멧 없어.

경허고 이제 나허고 같이 군인 간 사름덜은 그때 아무런 해당이 없던 사름덜이라. 의무적으로 군대엔 안 가도 될 사름덜이라는 말이라. 겐디 그 사름덜이 그냥 공부가 안 되니까, '에이! 이럴 바에는 군대나 가자!' 허연 일곱 놈이 나허고 같은 생각을 가지게 된 거야. 겐 우리 일곱 놈이 이젠 무조건 간다 허연 귀덕국민학교에 갔지. 그때 귀덕학교엔 게난 17세 이상 30세까지 제1국민병이 소집됐어. 제1국민병.

우리가 간 보니까 천막덜 치고, 학교 안에선 방위장콘가 헌 무궁화짜리 계급장이 신체검사를 허고 있어. 우리가 유리창 밖에서 숨언 보민, 신체검사 받던 사름이, 어디 아픕니다 허면은 너 나와 허영 그자 두들겨 패는 거야. 어떵 군인 안 갈라고 핑계댄다고. 게 이젠 우리가 훔쳐보단 서로 '가까 마까, 가까 마까' 의논했지. 난, 에이, 가겠다고, 죽어도 나강 죽어불지 남아선 뭐 허겠느냐 했어.

우린 이젠, 교실 안에서 허는 신체검사가 끝나민 저 대장한티 강 군인 가켄 한번 얘기헌다고 결정 봤지. 경허연 우리 일곱 놈이 신체검사 끝나기를 기다렸어. 해가, 산 넘어가더라고. 일곱 명이 딱 들어갔지. 그러고는, "우리 군인 갈라고 왔습니다" 헌 거야. 대장이 막 웃기부터 해. "어! 이 새끼들 봐라. 왜 군인 갈래?" "그냥 가고 싶어서 가겠습니다." "그러면 일로 와봐!" 허더니 대장이 가슴을 영 벌렸다, 오무렸다 숨을 쉬어보라고 해. 우린 다 따라 했지. 그걸로 끝이야, 하하하. "너희 일곱 놈 이제부터 저 사름덜을 따라간다." 명령해. 그걸로 우린 같이 걸어서 모슬포 제1훈련소로 간 거지.

우리가 모슬포에서 1개월 동안 훈련을 받았어. 그러고 곧 부산으로 나가서 진해 포병학교엘 갔지. 겐 거기서 1개월 더 공부를 허는데 포 쏘는 거, 포 쏘는 공부만 한 달 동안 한 거야. 그러고 이제 출동해서 서울 아현동으로 가. 그때는 뭐, 낙동강 전쟁도 끝나불고, 인천상륙작전도 다 지난 후야. 그래서 우린 철원으로 금화로, 중부 전선만 왔다 갔다 허면서 전쟁을 3년 동안 치렀어.

그동안 내가 파편에 맞아가지고 입원도 해났어. 뭐, 전쟁터니 총이나 포탄이 막 떨어지지. 겐디 다른 사름덜은 죽고, 크게 다치고 해도 나는 크게 안 다치더라고. 한번은, 내가 약간 준준헌 것덜을 맞은 모양이라. 여기저기 피가 나더라고. 겐 얼마 입원헨 있으니 좋아지더라고. 다시 전쟁터에 나갔어. 죽을 고비야, 차 탕 가당도 떨어지곡, 총알이영 포탄도 이래저래 떨어지곡. 뭐, 그것덜이 다 죽을 것들이지, 죽을 고비지. 게니까 그것덜이…… 전쟁터에서 3년 동안 죽지 안 허영 살안 잇엇덴 허민 그건 바로 영웅이라. 사는 놈 엇이 거의 다 죽었어. 나허고 같이 옆이서 싸우던 사름덜토 다 죽어부렀거든.

하여튼 난 운이 좋았어. 몸 성허게 제대를 헌 거야. 햇수로 3년, 만으로는 2년 6개월이었지. 사실 이 날짜는 실제 전쟁헌 일수야. 후방에서 하루라도 뭐 헌 날이 아니고.

면담자: 그럼, 결혼은 제대허셔가지고 헌 거마씨?
구술자: 아니야. 군대허면서 했어.

엉터리로 헌 거지. 하도 집에서 아버지네가 장게 가야 된다고 허니까, 장게가 뭐인지도 모르고, 허허허, 헌 거지. 겐 그때도 결혼허고 뒷날은 군인 가부렀어.

난 그러고 나서 집에서 어떵 사는지도 모르고 허다가 안 되겠더라고. 고향에서 근무헐 수 잇이믄 그러고 싶어진 거야. 게서 제주도로 와서 병무청에서 근무를 시작했지. 그 당시에는 병무청이 병무사무 사령부라고 헤신디 그 사무실이 지금 비행장 자리에 잇어낫어. 거기에서 내가 오래 근무했어. 출납 공무원으로 출퇴근허면서 근무헌 거야. 그러다가 나중엔 모슬포 경비사령부에도 좀 있어났고.

면담자: 고향은 여기가 아닌디 어떵허연 산양엔 살게 된 거마씨?

구술자: 왜 우리가 고산 소개 갔었잖아? 겐 나중에 마을을 재건덜 허영 올라오는디 우리 아버지네가 고향 동네로 안 가고 여기 산양리로 온 거야, 재건헐 때. 겐디 난 그때쯤엔 군대 간 잇어부난 그 일은 잘 몰라. 나중에 제대헨 완 보난 사는 동네가 산양으로 바뀐 거야. 4·3이 고향도 바꽈부런.

현성진

현성진은 1940년생으로 한경면 저지 2구 명이동 출신이다. '명이동의 4·3
이야기'는 4·3을 거치면서 명이동 주민들이 많이 희생되어 현재 증언해줄
사람이 거의 없다. 현성진은 4·3 당시 아홉 살이어서 많은 사실을 알진
못했다. 그런데 몇 가지, 실제 목격한 사실을 구술해주었다. 그의 이야기
를 듣고 있으면, 우리 인간이 어디까지 악해질 수 있는가를 보여주기라도
하는 듯, 처절하다 못해 몸서리치게 된다. 지금 태평양화학이 조성한 녹차
단지가 있는 바로 그곳이 명이동 주민들이 갈아먹던 농토가 있던 곳이다.
이곳을 방문하는 사람 중 명이동의 아픈 4·3의 역사를 기억하는 이가 몇이
나 될까? 이 구술이 중요한 이유가 거기에 있다. 현성진은 현재 제주시
오라동에서 살고 있다.

(채록일: 2006.6.27 ┃ 채록 장소: 제주시 오라3동 자택)

3

그런 야만족이 따로 없었어

명이동

나는 원래 한경면 저지 명이동이 고향이야. 명이동 알아? 저지 2구. 명이동엔 나같이 현칩이 많아.

원래 저지가 수동, 중동, 남동, 명이동, 성전동 해서 다섯 개 자연마을로 갈라진 곳이지. 우리 명이동엘 혹시 가봐서 알지 모르겠는데 지금은 태평양화학 녹차단지로 아스팔트가 쫙 되어 있어. 4·3사건 당시까지만 해도 그 지역엔 뚫려 있는 도로가 별로 없었지. 일본놈덜이 와가지고 우리 동네로 해서 지금 저 평화박물관 쪽으로 도로를 만든 거뿐. 게니까 한라산 쪽으로는 전부 곶자왈이랏어.

지금 태평양화학이 허는 녹차단지, 그 농장이 상당히 넓어. 거기가 서광허고 가까운데, 그 농장 99%를 우리 명이동 사름덜이 만들었어.

옛날에는 도로가 없어가지고 이런 곶자왈 길로 소 하나 그자 짐을 실어가지고 가는 정도였어. 그냥, 가시덤불 영 우거진 디가 도로라. 겐디 그 4·3사건이렌 허는 악명 높은 사건이 딱 터지니까…….

내가 4·3 때 아홉 살이야. 게니까 우리 지역밖에 잘 모르지. 아니, 어쩌면 우리 지역도 어려서 잘 모른다고 해야 헐 거야.

면담자: 겐디, 어르신이라도 고향 얘기를 좀 해줘사 헙니다. 우리가 아멩 찾아도 명이동 출신으로 4·3 때 이야기를 해줄 분이 엇어마씨. 다 딜 씨멸족 뒌 나이든 분이 엇던 헙디다.

구술자: 우리 동네 출신 중에 내가 알기로는 우리보다 나이 많은 분이 거의 없어. 다 돌아가셨지. 게민 내가 아는 선에서만 말헐 거난 잘 새경들어.

우리 그 명이동이 4·3사건 직전까지만 해도 굉장히 번창해가지고 사름덜이, 특히 청년덜이 엄청 많았어. 뭐, 수적으로 많았다기보단 힘이 좀 셌다는 거지. 겐디 명이동 사름덜이 망허게 된 데에는 이유가 있어.

명이동 희생자 78명

우리 친족 중에 일본 군대를 갔다 온 분이 한 분 있어. 일제 때에. 그분이 순수허게 향사, 지금 같으면 마을회관이지. 그 향사를 짓기 위해 땅을 내논 거야. 게서 마을 사름덜이 이제 향사를 지어가지고 얼마 엇언 4·3사건이 딱 나기도 했지만, 거기 마을 사름덜이 모여서 한글을 배우게 됐어. 왜냐? 그 직전까지도 일본 교육만 받단 이제 해방이 딱 되니까 한글 교육을 사름덜이 얼마나 받고 싶었겠어? 그러니 마을 청년덜이 그 회관에 사름덜을 모아놓고 이제 우리말을 가르치는 거지.

게서, 이렇게 활동덜을 허다 보니까 단체가 굉장히 좋아진 거야. 내가 왜 단체 얘기를 허냐 허민 일제시대에 일본에 가가지고 유도, 왜 일본말로 주도라고 허잖아? 그 주도를 배운 사름이 있었어. 그 사름이 이제 향사에 청년덜을 모아가지고 주도를 가르친 거야, 4·3사건 전에. 그러니까 뭐, 청년덜이 그때 한창 나이, 한 열일곱에서부터 스물다섯까지가 많아신디 이 청년덜이 주도를 막 배와노니까 힘이 굉장히 강했어. 해방된 얼마 엇인 그때사 상당히 문란했고, 법이 없는 때였잖아? 게니 이 청년덜이 사기가 투철해가지고 저지 큰 동네 사름덜이건 뭐건 힘으로 좀, 뭐, 완력으로 산 거야.

경허단 어느 날 4·3사건이 딱 터지잖아? 4·3사건이 터지니까 이젠 딴 동네 사름덜이 명이동놈덜은 전부 다 폭도라는 거야. 우리가 폭도 취급을 받았어. 그래서 이젠, '다 죽여불라!' 이거지. 뭐, 잘 알겠주만 그 당시에는 누구라도 그저, '저거 폭도다!' 허민, 그거는 여지없이 다 죽였어. 그래서 우리 명이동 사름덜이 다 죽게 된 건데 ……. 이제 내가 죽은 사름덜을 조사해보니까 정확허지는 않지만 한 78명 되더라고. 그러니까 한 150가구 정도 살던 마을에서 80명 가까운 인명이 돌아가신 거야.

우리 집 희생자만도 열 명 이상

우린 식구가 참 많았어. 4·3 당시 다 명이동에 살았지. 우리가 4·3을 지내멍 총으로 죽은 사름이 우리 아버지네 삼형제허고 두 번째 고모야. 내가 이 네 분을 희생자로 4·3에 신청도 허고 그랬어. 그리고 또 우리가 3 남맨데 누이동생이 둘 있었어. 그게 구억리라는 곳에 숨젠 갔을 때라. 거기 우리 큰할아버지가 살아서 간 거지. 겐디 그 당시에 누이 둘이 감기 걸린 걸 그냥 놔두니까 다 죽어불더라고.

나중에 우린 고산 소개 갔다가 저지에 올라완 살았어. 하루는 옆집에서 불이 났어. 그때사 소개 갔단 막 올라완 남의 동네에 얹현 살 때난 집도 그냥 돌담에 낭덜 몇 개 걸치고 바람만 막안 살았지. 그날, 옆집에서부터 내(연기)가 줄줄이 나기 시작해가지고 동네에서 40호가 불에 타는데 할아버지허고, 작은고모가 그 불에 죽었어. 불에서 나오지 못헌 거야.

경허고, 우리 셋 아버지는 일본에 갔다가 결혼허라고, 들어왔다 가라고 해서 온 거야. 가을 들어가지고 결혼헐라고 날도 나신디, 죽었어. 작은아버지는 결혼해가지고 아들 하나 낳안 세 살 때야. 4·3사건 나니까 그 아이까지 다 죽었어. 참, 내가 열 식구 이상이 4·3에 다 죽고 나 혼자 딱 남았어. 지금 살아남은 게 큰고모, 셋 고모 두 분에, 우리 모친허고, 할머니뿐· 싹 다 전멸해버렸어.

그것만이 아니야. 우리 일가 친족덜은 싹 다 전멸했다고 해야 할 거야. 한번은 저 4·3사건 (희생자) 위패덜 모신 디 가보니까, 우리 집안 현씨가, 여자 할머니나 여자 삼촌네 말고도 딱 스무 명이 올랐더라고. 사실 내가 거의 다 올린 거지만 이건 참. 그 사름덜 전부 우리 십촌 미만 친척덜이야.

겐 나중에 내가 나이 들고 주변을 보니까 부모 없지, 가난허지, 그러니 세상 살맛이 나질 않더라고. 참, 막막했어. 이거, 젊은 사름덜한테 이야기허민 안 될 거주만. 스무 살 넘기 시작허니까 내가 딱, 내 손으로 열 놈은 죽여야 세상에 복수가 될 거라고 생각헌 적이 있어. 첨, 무슨 운명인지. 우리 부모 형제가 무슨 죄가 있었겠어? 옛날 시골에서 가난허게 산 것뿐· 서당은 물론이고, 국민학교도 못 다녀봤어. 겐디 이런 사름덜을 그냥 다 무차별로 죽인 거야. 내가 분을 참지 못해가지고 정말, 악당이나 망나니가 되었으면 허고 바란 거야. 겐디 악당도 아무나 되는 게 아니고, 사름 죽이는 것도 아무나 허는 게 아니더라고, 휴우.

그런 야만족이 따로 없었어

지금 내가 4·3에서 가장 비참허게 느끼는 건, 우리가 고산 소개 갔다가 저지 올라와 가지고 살 때라. 그땐 집덜이 다 초가집이야, 초가집. 그러니 초가집 지붕을 일젠[1] 허민 새(띠풀)가 필요허잖아? 한번은 우리가 경찰관덜 허고 새를 비레 간 거라. 어딜 갔냐면, 아까 말헌 태평양화학 녹차단지 만든 거기. 거기가 실은 우리 명이동 사름덜이 농사짓는 농토였어. 겐디 4·3이 나면서 몇 년 농사를 안 지어버리니까 새 있잖아, 초가집 지붕 이는 새, 그것덜이 이만큼 자란 거야. 그땐 새 값이 아주 좋았어. 게니까 거기를 무릉이나 저 신도 사름덜이 와가지고 그냥 막 비어가는 거라. 뭐, 밭 임자덜이 가서 지켜봐도 별수 엇어.

하루는 우리가 거기 간 한창 일을 허고 있는데 호루라기 소리가 쐭쐭 나는 거야. 또 총소리도 몇 방 '빠방, 빠방!' 나고. 그 후젠 경찰이 호루라기를 그냥 막 불멍 다덜 모이라고 허더니 이젠 빨리 내려간다는 거야. 그때 난 어릴 때야. 빨리 걷지를 못했지. 뭐, 도로도 둘이 나란히 사서는 걷지 못허게 좁았어. 게니 사름덜토 외줄로 쫙 열지고 내려가고, 난 맨 뒤에서 따라갔지. 게서 우리가 명이동 위에 '안수로기물'이라고 사름덜이 먹는 물통이 있어. 거길 오니까 사름덜이 전부 모연 있더라고. 난 무슨 일인가 허연 뒤에서 막 사름덜 틈으로 들어간 봤지.

겐디 그게 금악 여자라고 허더라고. 금악리 처년데 태평양화학, 그 밭 부근에서 뎅겸시난 경찰관이 총을 빵 쏘니까 엉덩이를 맞은 모양이야. 키는 자그만허고, 얼굴은 이쁘장헌 처년데 그 처녀를 이제 사름덜이 양 어깨에 메연 거기까지 끌고 온 모양이야. 우린 뒤에서 외줄로 선 오니까

---

1 일다: 지붕 위를 띠 풀로 덮다.

몰랐던 거지.

내가 지금 그 사름 기억을 전혀 못 해가지고 한이 되는데, 참 고마운 사름이 있었어. 그때 처녀는 총에 엉덩이를 맞으니까 피가 막 나는데 사름덜이 (아무 조치도 안 허고) 거기까지 끌어다 놓으니까 피가 막 빠져서 물이 엄청 당긴 모양이라. 물, 물! 허는데 누구 한 사름 물을 떠다 주지 않더라고. 겐디 누가 마지막 가는 여자한테 물을 떠단 멕여준 거야. 물통도 좀 멀었어. 겐디 그 사름은 자기가 신었던 고무신을 벗언 물을 떠왔어. 참 고마운 사름인데 내가 지금 한이 된다고 허는 건 그 사람이 누군지 모른다는 거야. 이름도, 어디 사름인지도.

경헨 이젠, 처녀가 물을 먹어가지고 조금 있으니까 누가 끌고 가. 모가지를 끊어오라고 헌 모양이야. 이건 내가 그 사람이 누군지 알면서도 얘기헐 수가 없는 일이야. 그때 도로 옆에 촐(꼴) 비는, 촐밭이 있었어. (명령받은) 그 사름이 그 아래로 끌고 가더니 돌멩이로 그 처녀를 때려죽이고 호미(낫)로 (목을) 끊었는지…… . 아니라, 아니라. 돌멩이로 때려죽이민 머리도 다 박살나실 건디 그건 아니고, 호미로, 호밀 가져가지고 어쨌든 살아 있는 거를 끊어 온 것 같아. 정말 어릴 때였지만 잊을 수가 없어. 그걸 이젠 머리빡을 짤라다가, 머리칼을 이렇게 딱 묶어가지고 (머리 묶는 시늉) 죽창에 매달아.

우리가 그때는 저지에 성담을 높게 쌓아가지고 그 안에 살고 있었어. 겐 어쨌든, 사름덜은 성 안에 왔어. 그러고는 그 머리를 나무에 허연, 싸이렌 부는 높은 디가 있어. 그 높은 디에 이제 약 한 달 동안 걸어놓은 거라, 견본으로. 경헌 다음엔 걸 어디 가서 묻어버렸는지 나도 몰라.

아, 이걸 세상이라고. 이런 야만인 족속들이 우리 한국에, 아니 제주도에 있었다니. 뭐, 옛날 조선시대도 아니고 이건. 지금도 내가 등골이 오싹해. 내가 그놈 소식을 들었어요. 저 어디 가서 살다가 죽을 때는 아주 비참허게 죽었다고 허드라고. 사름을, 그냥 총으로 빵 쏘아가지고 죽였으면 그 사름은 아픈 줄도 모르고 정신을 싹 잃었다가 그걸로 끝날 거잖아? 겐디 뭐야? 아무리 시대가 경허엿뗀 허주만 사름 죽이는 게…… 다 죽어가는 사름을 데려다가 모가지를 잘라가지고…… 이건 뭐, 인간, 인간 허지만 그런 야만족이 따로 없었어.

4·3의 비극

우리 부친은 소개를 안 갔어. 성격도 워낙 순진허셔가지고 남한테도 무슨 말 못 허는 사름이었지. 게서 우리가 고산 소개 갈 때에도, '고산 소개 가도 죽을 거, 나는 소갤 안 강 죽어도 여기서 죽겠다. 고향에서 죽겠다' 헨 안 갔어. 그러고는 명이동 집에서 곶자왈이 아주 가까우니까 거기 간 숨언 살고, 소개는 우리만 음력으로 스무하룻날 갔지.

겐 나중에 부친이 어떻게 죽었나 허민…… 아, 그전에 우리 고모 한 분이 처녀 때부터 고산 가서 살았어. 지금도 이 고모가 살아계시는데 고산에 좌○○라고 청년단장을 잘 알았어. 게서 우리가 소개 갔을 때도 이 청년단장이 고산 3구에 집을 빌려줘서 살았지. 게서 그 집에 우리 할아버지, 할머니, 고모 둘, 우리 모친, 나 이렇게 여섯 식구가 살았어.

하루는, 이 청년단장이 명이동에 토벌을 간 거야. 이건 나중에 들은 얘긴데 그니까 그때, 우리 동네 사름덜토 한 서너댓 명 같이 갔고, 고산에서도 고산 사름 몇이고? 한 열두 명 정도 간 모양이야.

거기 곶자왈이, 명이동에서 우리가 살던 집허고 한 200메타 정도 떨어진 곳이야. 그날 눈이 조금 왔어. 눈 묻고, 춥고 그러니까 (사름덜이) 거기서 불을 좀 피웠던 모양이라. 연기가 났지. 곧 토벌대에게 발각됐어. 겐 토벌대가 거길 찾아간 보니까 다 도망가고 우리 아버지허고 우리 친족 애긴데 네 살짜리만 남아 있는 거야. 거기엔 우리 할아버지뻘 되는 친족이 둘, 또 우리 친족으로 그 네 살 난 아이 아버지, 어머니 허니 다섯, 그리고 우리 아버지허고 이렇게 있었던 모양이라. 그때 우리 아버진 다른 사름덜이 다 도망가도 자신은 죽어도 거기서 죽겠다 해가지고 네 살 난 아이허고 둘이만 있었다고 해.

청년단장이 우리 부친에게 물었어. '당신 누구냐? 당신 가족들은 다 어디 갔냐?' 허니까, 부친이 고모 이름허고 할아버지 이름덜 다 말헌 거야. 그러니 곧 단장은 부친을 알아봤어. 겐디 그땐, 아무리 단장이 잡은 사름을 살려주젠 해도 단원들이 '이놈, 죽여불자!' 허민 어떻게 마음대로 권력을 쓰지 못했다고 해. 단장은 가능허민 데령와볼려고 노력허는데…… 지금 서울서 사는데, 부친이 죽창에 탁 찔련 쓰러지니 이젠 어쩔 수 없다 허연 데려오지 못했다고 해.

우리가 겐 나중에, 그다음 해에 소개 갔다 저지 올라완 부친 죽은 디를 갔지. 그 죽일 때 봤던 고향 사름덜이 장소는 가르쳐준 거야. 게서 가보니까, (시신을) 자갈 위에 놓고 멍석으로 덮어가지고 돌맹이로 막 눌러놨더라고. 그게 뭐 짐승이 뼈다귀 물어가지 못 허게 헌 것뿐. 내가 우리 모친허고 아는 동네 사름 한 분 빌어서 간 건데 멍석을 걷으니 살이 그냥 민작민작 허더라고. 걸 보니 그때 그 사건 나고 얼마 엇언 그 토벌에 갔던 사름덜이 했던 말이 생각나는 거야. 토벌 갔던 놈덜은 그냥 농담 삼아가지고 얘기해. '그놈이 새끼, 그거!' 허면서. 아무리 내가 '이건 생각허지 말자, 말자!' 해도 안 돼.

그 우리 친족 네 살 난 애기를 어떤 식으로 죽였나? 그땐 눈도 오고 추우니까 나무를 해가지고 불을 피워놓고 있었다고 아까 했지? 그놈덜이 우리 아버지를 죽인 다음, 그 네 살 난 놈을 이런 디 심어가지고 (목뒤를 잡음) 불 있는 디로 던졌다 뺐다 헌 거야. 아, 이건 아무리 애기주만 뜨거

울 거 아니? 울멍 막 뜨겁다고 발버둥치지. 게민 이놈도 발로 팍 차고, 저놈도 팍 차고 허멍 불에 구웡 죽였다는 거야.

그래서 나중에 내가 아버지 시체를 찾으러 갔을 때 잘 살펴봤어. 보니까, 우리 아버지는 멍석을 이렇게 덮어 놔두니까 살이 다 처지질 않았어. 겐디 그 애기는 불 살라난 디, 뼈다귀가 이만큼씩밖에 없더라고. (검지손가락을 보임) 다 뽀사져불고, (짐승덜이) 물어가불고…….

이게 내가 목격헌 4·3의 비극이고, 진실이야. 솔직헌 말로 뭐, 다 좋은데 우리 제주사름덜이 한때는 이렇게 다 야만족으로 살았던 때가 있었다는 걸 이젠 젊은 사름덜토 알아야 돼. 인간이 아니야, 야만족이지. 이런 얘기를, 내가 경험한 이런 일을 꼭 후세에 남겨두고 싶었어. 나는 지금 4·3을 경험한 사름치고는 나이도 그리 많지 않아. 67이야. 내가 참, 자다 깼다 허멍 하루에 한 번 4·3 때 겪은 이 일을 생각 안 해본 날이 없어. 때로는 악도 써봤어. 이 생각, 저 생각허다 내가 한창 피가 팔팔 끓을 때는 참지를 못해서, 참을 수가 없어서, 어쨌든 하나라도 내가 살아 있을 때 이 원수를 갚아야 헌다! 생각도 해봤어. 게도 결과적으론 '야, 그래도 그 악한 감정을 버린 것이 내가 오늘까지도 이렇게, 이 정도라도 살게 된 이유가 아니냐? 그 악한 감정을 그대로 썼으면 넌 그 당시에 그걸로 끝났을 거야!' 허기도 해. 게서 살다 보니 어느새 한평생 다 저물어가네…….

면담자: 그 당시 아버님처럼, 무장대가 아니라, 무장대를 도와주젠 헌 것이 아니라, 소개허영 해안마을로 내려가더라도 꼭 목숨을 건진다는 보장이 없었기 때문에 마을 주변에 남았던 사름덜이 많지 않았습니까? 그런 사름덜을 어떻게 봐야 헙니까?

그니까 산에 간 사름덜, 아니 소개 안 헌 사름덜에 대해 나는 그렇게 생각해. 인간이라는 거는, 인간이 제일 비참헌 거는 어떤 죄를 지어가지고 도망 다니는 거. 죄를 지어서, 잘못을 저질러가지고 너 잘못했으니까 너 죽여버리겠다고 허면은 도망 갈 수 있지. 겐디 잘못이 뭔지, 뭐가 잘못인지도 모르고 그저 배고파가지고 밭에 가서 일허면서 먹고 사는 거에만 신경 쓰던 사름덜이 뭘 알아? 당시 그런 사름덜이 총소리 빵빵 나고 그러니 무슨 죄가 있는 게 아니고, 있든 없든 도망 다닌 거. 또 도망 갈 곳이, 그 곶자왈 옆 동네니까, 마을이니까 도망 갈 디가 거기밖에 없는 거. 뭐, 곶자왈에 강 숨어버리면 사름덜이 찾질 못허니까, 그래서 거기로 도망 간 숨은 거야. 그게 이제 폭도가 된 거지. 세상은 그런 거야. 뭐, 제주도 뺑 돌아가면서 전부가 다 그렇게 된 거야. 지금에야 사름덜이, 예를 들어가지고 사상을 알고 이게 공산주의다 뭐다, 민주주의 뭐다, 이런 거 책을 보든가 누구한테 들어서 알 거 아니라? 그 당시 제주 사름덜은 아무것도 몰랐어. 외지 학교도 다니고 허였던 사름덜은 그럴 수도 있지만 우리 같은 산간벽지 사름덜이야 기껏 봐봤자 서당 강 한문이나 공부허고 했지. 사실 무슨 역사책이나 한번 봐봤겠어? 무슨 사상에 대허연 누가 설명해준 사름이나 있어? 자기 목숨 살려고 도망간 것이 폭도가 된 거야.

실화(失火)

면담자: 아까 잠깐 얘기했지만 저지리에 복구허고. 아니, 마을을 복구 헨 돌아온 건 아니주만 소개갔다 저지리에 돌아완 살 때 큰 불이 나서 식구덜토 죽고, 동네 사름덜토 많이 죽었다 했잖아요? 그때 얘기 좀 해줍서?

구술자: 우리 할아버지허고 작은고모가 불에 탄 돌아가실 때, 그때 거

기에 할머니허고 다른 고모 한 분도 같이 있었지. 그때 같이 있던 그 고모는 여기 어깨 쪽에 요만큼(엄지와 검지 손가락으로 원을 만듦) 화상 흔적이 남았주만 살았고, 우리 할머니는 이렇게 엎어져가지고 …… 그때 초가집이라고 해봐야 말만 초가집이지, 새를 얇게 덮은 척헌 것뿐이니까 불이 싹 지나갈 거 아니? 게니 우리 할머니는 등이 이렇게 넓적허게 불에 탄 거야. 겐 할머니도 그 당시 바로 치료허였으면 괜찮아실 건디 그냥 내불었어. 그러니 나중엔 등에 벌거지(벌레)가 일어서 기어다니고…… 경허민 이젠 고모가 나무때기로 해가지고 벌거지를 잡고, 참. 우리 할머닌 게도 그 후제 오래 살다가 73세가 되연 돌아갔어.

면담자: 이때 불은 산에서 습격 들어와 가지고 낸 겁니까?

구술자: 아니, 아니. 옆집 사람이 실수로 내분 거. 실화였어. 산에서 왕헌 게 아니야. 당시 40호가 불에 탔어, 40호. 집을 그냥 뭐, 요만큼 얇게 해가지고 쫙 지으니까 따닥따닥. 방이고 뭐고 없어. 아무것도 없었지. 밑바닥에는 보리 짚이나 깔고, 문도 그저 집 하나에 한 군데 내서 사름 하나 이렇게 나다닐 수 있게 만들어가지고. 또 거적문이라고 보리짚으로 이렇게 짜가지고 달고. 그자 바람이나 들어오지 안 허게 사방을 막은 척허고 산 거야.

그때가 9월이었어. 우리 할아버지 제사를 9월, 음력으로 초여드렛날 허는데, 불은 한 9월 5일 날쯤에 났을 거야. 9월 5일. 옆집에서 곡식해다가 허고…… 밤에, 게난 아무것도 엇이 검질(잡초)털 깔앙 자는디 가운뎃집에서 불…… 그땐 9월 달인디도 추웠던 모양이라. 불 살란 뭐 허단에 그냥 옆으로 싹 번져부난.

고산 소개지 학살

우리가 고산 소개 가니까 거기 고산국민학교 집엔 들어갈 틈이 없는 거야. 게니 (우린) 학교 뒤뜰 밖에덜 쭉 앉았지. 그때, 우리가 고산 소개 가는 날이 음력으로 동짓달 초 닷샛날이랐어. 겐디 그날부터 멧 사름을 잡아단 뭐 두드리고 난리치곡 해. 경허단 이틀 후라. 그날 우리 명이동에 제사가 여덟 군데 있어, 제사가.[2]

그러니까 뭐인고 허민, 우리는 소개 간 그 학곳집 뒤뜰에덜 앉안 있었던 건데, 시간이 한 저녁 7시쯤인가, 8시쯤인가? 총소리가 빠다닥 나더라고. 보니까 우리 친족도 한 셋, 세 사름. 그니까, 우리 명이동 사름만 여덟이로구나. 달보렌 헌 사름까지. 경헨 그 사름덜을 저 고산에 천주교(고산성당) 이제 있는가, 없는가 몰라. 옛날 오일장 곁에, 천주교 바로 맞은편에 보니까 논밭이 좀 있어. 겐 그 논밭에 데려당 무조건 갈겨분 거라.

그러니까 이거 뭐, 무슨 이유가 잇언 헌 것도 아니야. 소개를, 게니까 소개를 가도 죽여버리고, 안 간 사름도 죽여버리고. 다 그렇게 죽인 거지. 그 사름덜이 무슨 죄가 있어? 중산간에 산 게 죄라? 소개 간 게 죄라면 죈데. 어쨌든, 그날 경헨 허니 동짓달 초엿샛날은 다 제사라.

---

2 명이동 주민들이 처음 지서가 있는 저지1구로 소개한 것은 1948년 11월 23일이었다. 그러나 곧 이어 12월 5일 저지1구에도 소개령이 내려져 저지 모든 주민들은 고산 등지로 다시 소개했다. 그 후 고산에 소개한 중산간 각 마을 주민들에 대한 고산지서의 학살이 12월 한 달에 여러 차례 있었다. 이 사건에 대해서는 제주4·3연구소의 『제주4·3유적 I, 고산리와 저지리 편』(제주4·3연구소, 2003)을 참조하기 바란다.

5·10선거와 피난

그때, 아주 초창기야. 내가 누이 둘 허고 구억리로 갔어. 세 살허고, 다섯 살짜리 누이 둘허고. 구억에 우리 큰할아버지가 살았던 거지. 게니까 총소리가 빵빵 나고 허니까 이제는 도망간다고 간 거야. 우리 명이동에서 구억리가 멀지 않아. 요만허게 좁은 길이 쭉 잇어 낳어. 누이동생 둘은 거기 간 얼마 엇언 다 죽었어. 그냥 뭐, 일주일 사이에 그렇게 죽더라고. 그자 감기 걸린 거 그냥 내버려 두니까 그걸로 죽어신지, 배고판사 죽어신지 뭐.

면담자: 초창기렌 허민 4·3 일어난 초기를 말씀허는 거지예?

구술자: 응, 아주 초기. 그때 9연대덜이 와가지고 막 허니까 우린, 큰할아버지네 구억리 집에 가고, 그렇지 않은 사름덜은 전부 곶자왈에 간 숨언 살았어. 겐 나는 누이덜 묻어두고 명이동 오다가 아버지를 만났어. 그때 아버지가 나를 업어주더라고. 내가 그 등 냄새…… 아버지 등 냄새가 지금도 뭐 헌데, 그날 저녁 나를 업어가지고 그 한수기곶이렌 허는 큰 곶자왈에 갔어. 우리 동네 사름덜 있는 디로. 게서 뒷날 날이 밝으니까 다덜 내려왔지, 집으로.

면담자: 혹시 그 초창기라는 때가 어느 시절인지, 봄인지, 여름인지 기억 잘 안 남수과?

구술자: 어쨌든 그때 내가 명이동에 와보니까 사름덜이 전부 다 피해서 아무도 없어. 뭐 남자, 여자 어린애 헐 것 엇이 아무도 없는 거라. 겐 거기 한수기곶으로 간 거지. 거기 전부 피행덜 간 모양이라 생각허연. 거기서 아버질 만나고, 동네 사름덜토. 아,

경헨 우리가 내려온 게 보리 익어갈 때. 보리 해야 헌다고덜 허연 내려왔어.

면담자: 아, 게민 그때 한수기곳으로 간 건 5·10선거 때 닮은 디, 선거 얘기 들어본 기억은 엇수광?.

구술자: 아! 보리 빌 때민 5월이난 그 처음 한수기곳에 간 숨은 건 그 선거 때 맞아, 선거.

또 내가 하나 더 기억나는 건……. 어쨌든 뭐, 9연대가 그냥 사름만 보민 총으로 다 갈겨가니까 우린 도망간 건데 그 9연대 군인덜이…… 우리 친족에 현○선이라고 허는 사름이 있어. 그 사름이 곳자왈 가운데를 숨어뎅기단 궤[3]를 발견헌 모양이라. 겐 글로 도망가서 숨으니까 군인들이 알고 나오라고 헌 거야. 그 사름이 나올 리가 없지. 나가민 죽을 거난 그냥 있는디 군인덜이 총으로 그냥 막 갈견 죽인 거야. 그 당시, 초창기에 죽었지. 우리가 내려오니까 그 사름, 그 당시 스물하나 둘쯤 났을 건디 거기서 죽었다고 하드라고. 이제 그 집이 완전 전멸돼버렸어. ○선이라는 사름이 원래 삼형제였는데 다 멸족허연 후대가 하나도 없어.

저지 1·2구, 해방정국의 축소판

면담자: 정말 묻고 싶은 게 하나 잇인디, 이건 60~70대, 특히 70대 이상 명이동 출신 어르신덜이 거의 살아계시지 않으난 드리는 질문이우다만, 저희들이 조사허고 허연 알고 있는 사실 중에 당시 저지 1구는 지서가 있고 허연 우익 마을이고, 2구는 한수기곳에 가까우난 경헌지 모

---

3 조그만 동굴.

르쿠다만은 무장대허고 가까운 좌익 마을이다 허는 게 있습니다. 게난 저지 마을이 우리 해방 정국의 축소판 같았다는 말인데 그런 말 들은 적 있지예?

이거, 나사 그때 겨우 아홉 살밖에 안 먹을 때난 뭘 알겠나. 안다면 단지 그때 어린 눈이주만 조금 다니멍 봤던 거, 나중에 들은 거 이런 것덜 뿐이야. 그러니 맨 처음 내 얘기를 시작헐 때도 그런 점을 잘 감안허영 들으라고 했지.

해방 직후 우리 명이동에서 향사 짓언 마을 사름덜에게 한글 가르치고, 유도를 배우게 허고 헌 이 모든 게 나중에 아랫 동네허고 갈등허게 된 원인인지, 아닌지 그런 건 난 잘 몰라. 그렇주만 그때 그 유식헌 동네 청년덜이 한글 가르치곡 헌 게 다 빨갱이 활동은 아니라는 것만은 확실해. 경찰에 주목받안 그 청년덜 다 죽었주만 우리 명이동은 정말 힘 있고, 좋은 동네로 만든 것도 다 그 청년덜이랐어.

해방 후 마을에 한글을 가르치기 시작헌 사름이 현칩, 현 누게라. 이제 그 양반 때문에 그 집안은 멸족이 됐어. 내가 알기로 그분, 일제 때 군대 가가지고, 아 그전에 서귀포 농업고등학교를 다녔을 거야. 명이동에서, 공부헌 몇 안 되는 사름 중에 한 분이지. 그런 분, 서넛이나 뒈였나?

그분이 이제 해방되니까 향사에서 한글을 가르치더라고. 우리 집허고 향사가 멀지 않아. 집 밖을 내다보민 바로 보여. 나도 첨, 그 당시 배운 한글뿐 그 후젠 뭐, 다른 건 배와보지도 못했어. 어쨌든 그분이 맨 처음 동네 사름들을 모아놓고 한글을 가르쳐줬어. 우린 일본말만 배우다가 그렇게 했으니 기분이 그렇게 좋을 수가 없었지.

그리고 고○평이라는 분. 이분은 일본에서 유도를 배와가지고 와서 청년덜에게 가르쳤지. 게니까 이건, 한글 공부에 유도까지 배우니 청년덜 전부 사기가 충천했지, 뭐. 그 옛날 무법천지나 다름없던 산간벽지 촌에서, 청년덜이 유도를 배우고, 한글을 알게 돼시난 이건, 힘이. 겐디 나중에 보민 경 힘덜을 기른 게 죄가 됐어. 그게, 솔직히 말해서 다 죽어야 되는 죄가 거기서 탄생해버린 거야.

그분, 한글 가르쳐난 사름 이름이 현○희! 그분을 두고 지금은 역적이다, 폭도다 허지만 솔직헌 말로 그분은 초창기에 죽었어. 내가 알기론. 정말로 동네 사름덜을 위해가지고 한글을 가르친 솔선수범헌 분은 그분밖에 없었어. 요즘도 남을 위해가지고 희생허는 사람이 있지만은 그 시절, 그분한테 누가 보리쌀 한 되 주지 않았어. 겐디도 묵묵허게 한글을 가르치고 했으니 내가 볼 땐 정말 충신인데, 역적이 된 거야. 폭도대장이 된 거야.

또 그분은 활동헌 내용도 하나 엇어. 겐디도 '현○희'라는 분을 현칩에서는 폭도대장이라고 허는 것은 단지 서귀포 농업학교를 나와 알만큼 안다는 그거. 그게 죄라는 것뿐. 그분은 소문에 의하면 초창기에 명이동에서 제주시에 오다가 저 항파두리 근방 어디 와서 죽었다고 해.

그러고 또 소문인데, 그분을 삼양국민학교 선생님으로 모셔 갈려고 했나봐. 4·3사건 전에. 게난 그분은, 내가 거기 가기 전에 해야 헐 게 있다고, 우리 고향에 가가지고 고향 사름덜에게 먼저 한글이라도 가르쳐야 헌다고, 일본놈덜 글만 읽다가 지금 아무것도 모르는 이런 문맹헌 고향에 가서 먼저 깨우치는 게 중요허다 해서 가지 않았다고 해.

또 한 가지. 내가 그분 이름은 몰라. 서광 분인데 유명헌 사람이야. 우리 마을 그 현○희허고 친구분. 그분이 우리 명이동에 장가를 든 분인데, 서광 분.

면담자: 김, 김○봉마씸?

구술자: 어?

면담자: 김○봉?

구술자: 맞아, 맞아. 김○봉, 그분. 그분이 우리 명이동에 처가를 둔 분이라. 이건 우리가 들은 말이주만, 그 ○봉이란 분이 와가지고 현○희를 충동시켜서 그렇게 했다고 해. 내가 들은 말로는. ○봉이란 분은 사상에 물이 들어있었던 모양이라. 명이동허고 서광이 원래 가까웠어. 거리상으로도 그렇고. 지금 그 태평양 화학 녹차단지, 거기서 2킬로도 채 안 돼. 그만큼 가깝지.

내가 4·3 얘기허여 가난 한 가지 일이 기억나네. 얼마 전이라. 고산, 우리 소개해난 디 일 잇언 갔어. 내가 어릴 때주만 우리 살아난 집주인이 참 좋은 사람이었어. 겐 오다 보니까 할머니덜이 앉안 놀고 있더라고. 게서 물었지. "여기 이만저만헌 사름네 사느냐?" 내가 기억허기로 그 당시에 아들도 없고, 딸만 삼형제였어. 대답이, 그 할망 하르방은 다 돌아가고, 지금 딸 하나가 판포에 시집간 살고 있다고 해. 그래서 내가 그 할망 덜한티, "혹시 만나지거든 4·3사건 당시에 당신네 요런 밖거리에 살던, 그 당시 남자 아이새끼 하나가 목숨 붙어가지고 지금은 제 밥은 찾아먹으니까 한번 연락주시면 찾아뵙겠다"고 연락해달라고 부탁허고 왔어.

홍남일

홍남일은 1929년생으로 한경면 청수리 출신이다. 2006년 채록 당시 우리 나이로 78세였다. 그는 4·3 시기 고향에서 민애청 소년단의 모임에 몇 번 참석했던 기억을 갖고 있다. 그 일 때문인가, 그는 경찰에 붙잡혀 두모지서에서 모진 고문을 받기도 하는 등 많은 고역을 치르다 1948년 6월 집행유예로 석방되었다. 그 후 그는 "내가 알아야 먹든 말든 허지, 내가 모르고 허는 건 내가 헐 짓이 아니다"라고 결심하고, 고향에 돌아가지 않았다. 그러고는 제주읍에 거주하며 한청 생활을 하기도 했으나 여러 차례 경찰 등의 기관에 끌려가 고충을 치렀다. 그는 한국전쟁이 발발하자 입대해 많은 전투를 경험했고, 지리산에서는 빨치산 토벌작전에 참여하기도 했다. 현재 한림읍 금악리에 살고 있다.

(채록일: 2006.10.31 | 채록 장소: 한림읍 금악리 자택)

4

집 행 유 예 선 고 를 받 다

원죄, 민애청 소년단 모임에 참석하다

내가 지금 나이가 78세. 여기 금악에 살주만 원래 고향은 월림이고, 4·3 때는 청수에 살았어. 내가 여기저기 많이 옮겨 살았지. 4·3 때는 내가 멧 살이야? 열여덟, 아니 열아홉이로구나. 막 어린 땐 아니었고, 농사를 짓고 살았어. 당시에 시골에서 농사 아니믄 뭐 헐 게 엇었지. 그러고 부모님은 일찍 돌아가션 두 분 다 안 계셨어.

그때, 4·3 초기에, 내가 소년단이라고 해가지고 소년단 활동을 했어. 민애청[1] 소년단. 당시엔 다른 동네에서도 다 경 했어. 게서 이제 활동은, 우리 소년덜이 멧 명 모이면 한림에서 교육시키레 와. 우리 제주도는 감저(고구마)가 잘된다. 그러니 감저만 잘 가꿔 나라에 바쳐도 나라에선 곤쏠(흰쌀, 白米)을 배급 준다. 참, 곤쏠이렌 허는 말 알아? 곤쏠? 이제,

---

1 주요 4·3 용어 해설, '민애청'을 참조 바람.

우리는 감저만 잘 심어도 곤밥(흰쌀밥)을 먹을 수 있다. 그런 교육을 받고 했지.

겐디 경헨 시간이 좀 지나가니깐 아무리 생각해봐도 내가 무신 생각을 허는 거냐? 내가 무신 고등학교나 대학교를 나온 것도 아니고, 뭐, 사실 배운 것도 하나 엇인디, 내가 민주주의가 뭔지, 공산주의가 뭔지 알아봤자 뭘 헐 거냐? 이건 도저히 내가 갈 길은 아니다. 내가 헐 일은 아니다. 생각허게 되었어.

게서 일단 제주시²로 갔어. 시에는 그때 공부허러 온 고향 친구들이 있었지. 나는 그 친구덜을 만나가지고 여기저기 돌아다니멍 놀고 허다가 보니 섣달 그믐날이 된 거야. 그때는 다 양력으로 정월 멩질(명절)을 했어. 이젠 집에 돌아가야 되겠더라고.

제주 차부로 갔지. 그땐 버스 탈라고 허민 거기로 가야 돼. 버스 탈 데가 제주 차부 하나밖에 없었지. 겐 가보니 버스를 탈 수가 없어. 사름이 너무 많은 거야. 이젠 에이! 걸어간다고 아침부터 걸었지. 하루 종일 걸었어. 한밤중이 돼야 청수에 들어갔지.

내가 집엔 도착헨 보니까 안거리에서는 멩질 준비덜 허느라고 바빠. 나는 발도 아프고, 모든 일이 다 귀찮아가지고 밖거리에 있는 내 방으로 왔지. 그러고는 신도 안 벗고 드러누웠어. 그때는 집에 달린 문덜이 다 열었다, 닫았다 허는 문이야. 난 창문도 활짝 열어가지고 누워 있는데 아이덜이 데리러 왔어.

내일이 멩질이니까 네가 가서 이제 빠라를…… 참, 그때 삐라, 삐라라 해가지고 써서 붙일 거니까 빨리 가자고 허는 거야. 난 안 되겠다고 했지. 오널은 너네만 강 붙이라. 난 도저히 이거, 성안서 걸어와 가지고. 그땐

<hr>

2 당시는 제주읍이었다.

제주시를 성안이라고 했어, 성안. 내가 이제 막 성안서 들어와 가지고 도저히 움직이질 못허겠다. 그래서 이제 못 간 아니, 안 갔지. 안 갔어.

겐 뒷날 아침엔 보니까 담벼락에 여기저기 삐라를 막 써서 붙여놓았더라고. 하도 오래돼서 뭐라고 썼는가 허는 건 기억이 안 나주만. 난 이제 그 붙인 걸 보고 우리 고향이 월림이니까 월림으로 멩질 보레 갔어.

그러고 얼마나 지났나? 이젠, 멩질이 끝나니까 그 삐라 쓴 아이덜을 잡아다가 족치는 거야. 난, 경허지 않아도 이건 아니다, 이건 아니다 허고 그 아이덜 활동을 비판적으로 보기 시작헐 땐디, 하루는 집에 들어와 있었어. 그때가 멩질 넘고 한 3일이나 지났나? 어쨌든 순경덜이 들이닥쳐게 자는 사람을 깨우고, 궤를 열어가지고 아무거나 막 꺼내. 사진 같은 거, 무슨 뭐, 뭐…… 경허더니 그것덜 다 가지고, 이젠 또 나를 끌고 밖으로 나가는 거야.

그때 나만이 아니라. 보니까 어른, 아이 헐 것 엇이 그냥 손목을 줄줄이 메여가지고 저 신창, 신창지서로 끌고 가는 거라.

지서에선 한 사람씩 불러다 취조를 해. 겐디 이건 뭐, 취조라는 것이 무조건 허고 바른말 허라고 두들겨 패는 거야. 사람을 거꾸로 매달아. 그러고는 방망이로 발창(발바닥)을 막 때려. 거, 발창이 두껍다 허지만은 무지허게 아파. 경 거꿀로 매달아 낭 막 발창을 때리고, 또, 내가 지금도 여기 상처가 있는데 방망이로 머릴 무데뽀[3]로 때리는 거야. 내가 머리가 터져가지고 피가 막 흐르고 허는 디도 사정엇어. 게민 난 그런 땐, '예, 바른말 허겠습니다, 허겠습니다' 허지. 겐디 내일이믄 또 헐 말이 없는 거야. 헐 말이 잇어사 허는디 엇어. 내가 이제 아까 말헌 대로 시에 가가지고, 영 말해가민, '그 말 말고. 그 말 말고', '뭐, 산에 연락했다, 어쨌다'

---

3 '막무가내'의 뜻을 가진 일본어.

그런 걸 말허라고 또 두드려 패는 거야. 게니까 이건 뭐, 두드려 팰 적에는 뭐, 바른말 허겠습니다, 허겠습니다 허고, 또 내일 되민 내가 산에 강 헌 일이 없으니까 또 두드려 맞고. 경허단 이제 그냥 제주경찰서로 후송을 허드라고. 겐 나중에 경찰서에서 좀 힘을 써신지 어떤지 허연 나완.[4]

취조, 은인을 만나다

내가 이젠 경찰서에서 나오니, 고향이란 게 갈 곳이 못 된다는 생각이 들더라고. 그냥 제주시에 주저앉았지. 그때 내가 운이 좋았는가, 어땠는간 몰라도 청수 어른인데 이제 다 고인이 됐어. 고○구라고, 우체국 운전수도 했었고 헌 분인데, 그분이 발동기 5만 원짜리 하나 놓고 조그만 정미소를 허고 있었어. 이젠, 그분이 너 우리 집에 와서 일해 허는 거야. 참, 그땐 내가 어디 줌(잠) 잘 디도 엇지, 먹을 디도 엇지. 먹고 자게만 해 준다면 그보다 더 헌 게 없을 때야. 게서 그듸 가서 일을 허기로 했지.

경헨 일을 허는데 좀 있으니 기계가 안 돌아가는 거야. 그 당시엔 그런 일이 많았어. 기계가 요즘처럼 좋은 게 아니니 뭐, 당연헌 일인지도 모르주만. 그때 정미소에선 초하루 허고 보름에 제를 지내고 있었어. 기계 잘 돌아가고, 돈 잘 벌게 해달라고. 뭐, 공장 같은 거 운영허는 사름덜이 한 달에 두 번 초하루허고 보름에 간단히 제를 지내는 거야.

겐 하루는 제를 지내고, 공장 문을 열고 밖에 앉안 있었어. 좀 있으니 나만큼 헌 아이가 와가지고 저기서 누가 부른다는 거야. 따라갔지. 그

---

4 구술자가 이렇게 여러 번 경찰이나 특무대에 끌려가 취조를 받게 된 것은 1948년 6월 2일 자의 제주지방법원 판결 때문인 듯하다. 그는 이날, 태평양 미육군총사령부 포고 제2호 위반 등의 혐의로 징역 6월, 집행유예 1년의 형을 언도받았다. 이 판결에 대한 구술자의 생각은 구술 뒷부분에 나온다.

아이가 어딜 갔냐믄, 전에 서문통에 있던 삼미 빵집 알아? 저 병문천, 관덕정 가는 길 옆에 이층집 삼미 빵집이 있었어. 그 이층에 특무대가 있는데 거길로 데려가는 거야.

거기서도, 가자마자 그냥 두드려 패는디…… 촌에서 와가지고 지금 뭘 허는지 바른말 허라고, 두드려 패는 거야. 아, 이거! 사름이 미칠 지경이야. 겐 내가 취조받고 있는디, 내가 일허는 집 고ㅇ구란 분의 장모 할머니가 온 거야. 와가지고, '죽일 사름도 밥을 멕영 죽인다고, 밥도 아니 먹은 아일 데려다가 이거 뭐허는 일이냐'고, 막 문을 두드린 거야. 문을 잠가놓고 헌 모양이라. 게니 참, 거기서 문을 열어가지고 이제 강 밥 멕이고 오라고.

이제, 거기선 나를 데려간 아이를 붙여가지고 보내더라고. 겐디 집엔 오니 하도 두드려 맞아가지고 밥이 넘어가질 안 허는 거야. 그 먹음직헌 밥을 해놔도. 난 게도 좀 먹어야 헌다고, 국에 밥을 몰아가지고 한 숟가락, 두 숟가락 먹었지. 그때 밖엔 날 데려가려고 문 앞에 그 아이가 그냥 서 있고…… 그런 차에, 은인을 만난 거야. 그분을 이제 내가 찾으려고 해도 찾질 못해. 돌아가셨는지…… 나이가 많아. 저 동촌 분인데, 정ㅇ일이란 분, 정ㅇ일.

면담자: 경찰마씨?

구술자: 응, 경찰. 경산디…… 알아? 살아 있다고? 아, 내가 뭐, 적극적으로 찾아다닌 건 아니주만 전화번호부도 뒤져보고, 여기저기…… 그분에게 은혜를 못 갚고 있어서 그런 거야.

당시 그분이 내가 사는 옆방에 살았어. 그날도 아침밥 먹으레 왔다가 못 보던 아일 보니까 나한티, "야이, 누구냐?"고 물은 거라. 난, 이때다 허연, "그 아이는 나를 데령 거기 특무대에 갈려고 온 겁니다" 허니까, 그분이 아이한티, "내가 데리고 갈 거니까 너는 가거라" 허는 거야. 게니 그 아이는, "나 혼자 가민 욕먹습니다" 허면서 안 가. 두 번을 해도 안 가. 이젠 그분이 큰소리로, "이놈! 내가 데리고 간다는데도 말 안 들어?" 욕을 했더니 그때사 가는 거야. 내가, 그때, 그분 때문에 살았어. 그때 가시믄 죽었을 거야. 게서 그 후젠 다시 안 가고 한 번 특무대에서 두들겨 맞기만 헌 거. 그분 덕을 본 거지.

또 한 번은 공장문 열어가지고 앉아 있으니까 어떤 아주머니가 물 질레 왔어. 그땐 허벅을 등에 지고 물 질러 다닐 때라. 수돗물이 없을 때니까. 게서 여기 우물 어딧수과? 묻는 거야. 게서 요렇게 돌아가면 물 있습니다 허니까, 순경이 섯다가 손짓허는 거라. 갔지. 여기 서 있으라고 해. 겐 거기 있었지. 좀 있으니 뭐, 멩텡이(망태기) 짊어진 하르방, 또시 젊은이 헐 거 엇이 쓰리쿼터 하나 듬뿍 실러 가지고 와. 그러곤 나보고 그 차에 타라는 거야. 경찰서로 들어가더라고.

그때 경찰서엔 아는 순경덜이 몇 명 있었어. 게서 그 한 분한테 "내가 공장에 있으니까 오렌허연 왔습니다. 어쩐 일입니까?" 물었지. 게니, 가만있어! 이건 뭐, 큰소리만 치멍 본 척도 안 해. 이젠 어쩔 수 엇이 그냥 앉안 있었지.

그때 또 그 정경사, 그분이 와가지고 "집에서 일이나 허지 뭐허레 왔어?" 허고는 그냥 나가버려. 게니 그 조사계 사무실에 있던 분이 "저 사름 아냐" 물어. "예, 우리 옆방에 삽니다" 대답했지. 게니 그냥 가라고. 세 번이나 경찰서에 끌려가고, 특무대에 끌려가고……. 그때마다 그분에 의해 살았지. 또 그 주민등록, 아니, 그땐 주민등록이 아니고 양민증이야, 양민증 헐 때. 양민증을 해야 허는데 반장이 도장을 찍어줘야 해. 겐디 내가 촌에서 왔다고 동네 반장이 도장을 안 찍어줘. 그때 제주 향교, 거기서 업무를 헐 땐디, 다섯 시가 마감이야. 이젠, 직장증명서허영 오라고 해. 겐디 그것도 잘 안 된 허는디 그 정경사가 온 거야. 내가 사정 얘길했지. 게니 그분이 날 데리고 가가지고 "내가 책임질 테니까 야이 도장 찍어주라" 헌 거야. 그때사 뭐, 순경이렌 허민…… 순경보다 더 높은 사름은 없어. 게서 거기서 도장 찍어줘 가지고 양민증도 만들고.

한청 시절

우리가 한청[5] 헐 때라. 그때 민보단이라고 허연 좀 나이든 분덜이 보초 사는 단체가 따로 있었고, 우리는 이제 한청이라고 했지. 그때 동척회사라고 허연 주정공장이 저 부두 위에 잇어신디, 거기엔 귀순자덜이 수감된 있었어. 게서 우리 한청은 귀순자 감시허고, 또 토벌 다니고. 내가 낮에는 저 명도암에서 산천단까지 토벌 다니고, 밤에는 보초 사고 헌 거야. 한번은 봉개(토벌) 가서 일주일 만에 교대를 허기도 했어.

그때 경찰 중에 감시 책임자가 있었어. 저 육지 어디 놈인데, 그놈은 사름을 반 죽여놓는 게 일이라. 보초 잘못 샀다고 반 죽이고, 뭐 잘못허였다고 반 죽이고. 나도 한번은 그 틈에 끼게 됐어. 게도 재수가 좋안 맞진 안 허여신디 그때가 마지막 교대허는 날이야. 봉개에 가민 산덜이 이치록 삼양 쪽으로 쭉 이어져. 겐디 우린 거기 호를 파가지고, 호주머니엔 콩을 볶아가지고 놔두고 보득보득 먹으멍, 이제 밑엔 멍석을 깔고 엎더졌 있었어. 대창덜 다 가지고. 겐디 참, 뭐헌 건 밑에서는 쉿바람 소리가 윙윙윙 나. 여기저기서 산사름덜이 서로 연락허는 모양이라. 게니까 일로도 쉿, 절로도 쉿 굉장했어. 그때 우린 한 5메타에서 10메타 사이로

---

5 주요 4·3 용어 해설, '한청'을 참조 바람.

쭉 배치뒌 있었거든.

겐디 잠깐 잠이 들었던 모양이라. 누가 왕 살짝 허는 거 같아신디, 창을 확 뺏는 거야. 난 화닥닥 일어났지. 그러곤 그냥 도망가는 사름을 뒤쫓았어. 나무에 걸련 옷이 다 찢어져도 악착같이 따라간 대창을 빼앗았지. 만약 그걸 뺏겨시민 내가 죽는 거야, 내가.

게서 뒷날 아침엔, 어젯밤 보초 산 사름 중 어떵, 어떵 헌 사름 나오라고 해. 이제 난 죽었구나 했지. 겐디 마침 그때 명도암에 토벌 나간다고 즉시 집합허라는 거야. 살았구나 했지. 경허연 그때 내가 매를 안 맞고 넘어가고. 운이 좋았던 것 같아.

또 그때가 언젠지, 정확히는 기억나지 않아. 한창 제주도 전체가 통틀어가지고 산으로 (토벌허레) 밀고 올라간 시기가 있었어. 그때는 내가 자취허고 이럴 땐디, 아, 하루는 우리 반 책임자가 빨리빨리 나오라고 해. 겐디 난 어떵허단 보니까 늦어가지고 전부 다 가버린 다음에야 간 거야. 이젠, 어떵헐까 걱정허는디 너는 사무실에 가서 숙직이나 허라고 해. 좋다고 했지. 산에 올라가지 안 허고 숙직허는 건데…… . 겐디 얼마 엇언 또 연락이 왔어. 빨리덜 올라오라고. 경헨 이젠 어쩔 수 엇이 서문파출소에서 순경 둘허고, 우리 한청 둘허고 허연 연미로 간 거야. 그때 연미는 마을 밑으로 성을 쫙 쌓았거든. 겐디 가보니까 사름덜 소리가 욱작욱작허고, 돌로 성을 맞히고 난리라.

그땐 농업학교에 군인덜이 주둔허고 있었어. 게니까 순경 하나는 군인덜한티 연락을 허자 그러고, 다른 순경은 그게 무슨 필요가 있느냐고 해. 겐 허는디, 달이 훤허게 밝았어. 우린 대밭에 있었지, 엎드련. 그때 할머니 한 분이 달랑달랑 오다가 우리를 봐신지 아이고, 허멍 확 돌아서는 거라. 게니 순경 한 사름이 그냥 총을 팍 쏘더라고. 할머닌 곧 어디 맞아신지 그 자리에 쓰러져.

총소리 나니까 와와와 허다가 삽시간에 조용해졌어. 우리 뒤에 있던 한청 사름덜이 다 달려왔지. 겐 이제 좀 잇이난 나보고 할머니를 지키라고 허는 거야. 그 할머니가 처음엔 "그냥 나 죽여줍써, 죽여줍써!" 허멍 몸부림치는데 날보고 지키라는 거야. 난 그때 얼핏 떠오르는 생각에도 그 할머니 지키고 있당 어떤 놈이 와가지고 나를 콱 쑤셔불민 어떻허나 허는 것 때문에 밧줄로 할머니를 묶어두고 사름덜 있는 디로 갔지. 경헨 그 할머닌 나중에 마을 공격 왔던 사름덜이 믄딱 도망가부난 서문파출소로 데려왔고.

게니까 그때 이 제주시에서도 젤 위험헌 디가 동문통이랏던 거 같아. 동문통은 돈 잇인 사름덜은 돈 주고 보초를 사가지고 세울 정도. 또 서문통은, 우리가 향교 동산에 살았는데 이제 서문파출소 조금 지나면 먹돌생이로도 가고, 비행장으로 가는 세 갈래길, 거기다가 돌맹이로 차 다니지 못허게 차단 시켜놓기도 했고. 그건 내가 봤고. 저 백개(이호동)에도 불이 나는 거 여러 번 봤어. 향교 동산 상(서서) 보민 백개에 불이 확 나는 거 다 보였어. 거기 사름덜 고생 많이 했어. 게니 4·3엔 촌사름덜만 고생헌 거 아니라. 제주시도 꼭 마찬가지.

군 입대

게서 그 후에도 난 대청 활동을 계속허는디 그게 이제 방위대로 개편이 됐어. 그때 보민 방위대는 국가에서 나오는 군복이 아니고 여기서 만든 민간 복장 비슷헌 걸 입었어. 난 그걸 입고 용담에서 합숙허고, 비행장에서 기초훈련을 받고 허는디 6·25 사변 탁 터졌지.

이제 6·25 터지니 군인덜을 뽑기 시작허더라고. 그리고 당시 오현중학교에서 신체검사를 해. 난, 이건 내가 군인으로 나갈 진짜 기회다 허연 거길 갔지. 오현중에 간 이젠 여기저기 둘러보는디 한경면에서 훈련 책임자로 계시던 분이 보이는 거야. 그분이 그때 방위 장교로 있어. 내가 참, 그 형님 혜택을 많이 봤어.

그 형님이 물어. "너 왜 그 훈련소에서 입대헌다더니만 여길 왔어?" 대답했지. "아니, 나는 여기서 정식으로 입대허겠습니다." 게서 바로 입대식 허고, 농업학교에 가가지고 일주일 교육받았지. 그때 거기선 총 쏘는 것만 일주일 교육허드라고. 겐 나는 바로 군인 나가부럿지. 지금도 그렇주만 당시에도 내가 생각허기로 신용, 신용이 최고다. 그래서 여러 은인덜 덕으로 내가 지금까지도 살아 있는 거다, 생각했지.

사실 그때 보민, 뭐, 경찰서에도 좌익사상이 있었고, 공무원에도 좌익 사상 가진 사름이 있었거든. 게니깐 욕심 많은 경찰덜은 성과를 올리려고 죄 없는 사름도 죄를 만들어야 허는디 …… 경허젠 허난 죄 엇인 사름덜 두들겨 패가지고 죄를 더 만든 거 아니냐, 그런 생각이 들어.

요즘 같으민 거짓말 탐지기도 허고, 구타에 대해서도 검찰이나 경찰에서 매에 못 이겨가지고 헌 것도 판사한티 가민 사실대로 발언헐 수 잇주만은 그 당시에사 그런 게 아니었지. 그냥 뭐, 저놈 허민 쏴 죽여도 아무런 …… 어떤 사람이 원수가 진 놈을 순경 앞이서 저놈 나쁜 놈이다! 손가락질허민 그 순경은 그 자리서 총살해불어도 아무런 제제가 없었지. 게니까 그 당시에는 제주시에만 해도 좌익사상 가진 사름덜이 도청에 있었단 말도 있고, 경찰서에서 있었단 말도 있고 허주만, 나는 그때 이런저런 생각헐 여지도 없었어. 그때그때 내 앞에 당면헌 거, 그런 것만 뭐 허는 것도 어렸웠어.

하여튼 내가 그런 복잡헌 생각에 바로 입대헌 건데, 스물두 살에 군인 나가가지고 스물일곱에 들어완 결혼도 허고 그랬어.

내가 알아야 먹든 말든 허지, 내가 모르고 허는 건 내가 헐 짓이 아니다

이제 형님 얘기 좀 해야겠네. 내가 동생이 있고, 형이 또 있어. 형은 좌익에 가담을 했어. 게도 우리 형은 우리 보고 이렇다, 저렇다 헌 말 일절 안 했지. 당신만 뭐, 헌 거야. 그때 우리 형이 스물일곱 됐을 때야. 내가 군인 강 소식을 들어보니까, 좌익에 물들었다가 나와가지고 양민증도 다 허고 헤신디 나중에 매 맞은 걸로 돌아갔다고 해. 내가, 거, 뭔가? 4·3사건 신고하는 거. 내가 그 신고는 했어.

면담자: 형님 성함이 뭐마씨?

구술자: ○하. 홍○하.[6] 내가 뭐, 아무것도, 언제 돌아가신 거며, 모든 걸 몰라. 총각 때니까 후손도 없고. 지금 내가 제사를 지내.

내가 참, 고생도 많이 허고, 죽을 고비도 여러 번 넘경 영 살안 잇인디 우리 벗덜은 다 죽었어, 다 죽언. 산 사람이 하나도 엇어. 우리 그때 같이 모연 그 좌익사상 교육받았던 가이덜. 겐디 내가 지금 생각해보민 아무리 어린 때랏주만 어째서 그런 생각을 해졌던가…… 그것이 그러니까 시에 가가지고 그 정 경사님 그분 만난 것도 운이랏고, 또 이제 방에공장 허는 그분 만난 것도 내가 운이 좋아서 그런 것 같은디 어렸을 땐…… 사실 그때 난 그 상황이 이거 내가 있을 자리가 못 된다 해가지고 그냥 시에 가부럿던 거야.

면담자: 그때 그 소년단 활동헐 때, 교육허레 온 사름은 한림에서 온

---

6 저리지 출신으로 1921년 12월 16일생이다. 2006년 3월 희생자로 인정을 받았다.

분마씨?

구술자: 몰라, 어느 동네 산디. 내가 그 자리에 한 너댓 번이나 참석허
　　　여졌는가 몰라. 게니 한림에서사 와신지, 시에서사 와신지.

게서 내가 생각헌 게, 민주주의가 뭔지, 공산주의가 뭔지 알아사 이걸
먹으나, 저걸 먹으나 헌다. 겐디 나는 아무것도 모른다. 아무것도 모르
고 이걸 허는 건 내가 헐 짓이 아니다. 영 생각허게 뒈신디 결정적으로
그때 안 허게 된 이유가 하나 더 있어. 그때 내 몫으로 도새기(돼지)를 한
마리 키웠어. 겐디 그 도새기가 마비가 뒈여신지 움직이지를 안 허는 거
야. 허니까 아, 이거 운동을 잘 못 시켰는가 허연 마당에 내놔서 운동을
시켜도 안 돼. 게니 동네 사름덜이, "우리 그거 잡아먹자, 잡아먹자!" 해.
이젠 어쩔 수 엇이 그놈을 팔았지.

난 이제 돈도 있겠다 허니, 그 돈 가지고 시로 갔지. 어쩌면 도망간 거
야. 그러고는 친구덜한티 가가지고 이 집에서 하룻밤 자고, 저 집에 가
서 하룻밤 했지. 좀 지나니 돈도 다 떨어졌어. 이젠 멩질 핑계로 집에 와
야겠다 허연 설달그뭄 날 집에 온 거야.

겐 그날 밤 삐라 뿌리고 헌 얘기는 했지? 뒷날 난리가 나고 아이덜을
잡아갓주만 나는 가담 안 했으니까 그것엔 상관이 없었지. 아 참, 이 말
은 아까 안 했구나. 그때는 뭐냐? 아이덜을 심어간(잡아간) 게 순경이 아
니고, 동네에서 유지되는 분덜이랏어. 임ㅇ익 씨라고 헌 분이영, 동네
유지 몇몇 분이 아이덜 심어놔가지고 순경덜이 몽둥이로 두드려패는
수준으론 안 허고 호통하는 식으로만 했지.

"이축허민 너네 큰일난다!" 식으로, 미리 기합을 준 거야. 겐디 내가
군인 갔다와보니까 결국에는 가이덜토 다 죽엉 엇어. 나도 시에 강 ……
그 정 경사 아니라시믄 이 세상 사름이 아니랏을 거야.

그땐 시에 가도 저 웃드르(웃동네) 청수리 청년이렌 허민 의심을 더 받았어. 겐디 난 아는 순경이 잇언. 서문통에, 서문파출소에 내가 아는 순경이 셔낫어. 게니까 그게 뭐 (도움)된 건 아닌가, 직접적으로야 모르주만 내 생각으로는 그런 생각이 들어.

게니까 내가 좌익 활동헌 거는, 좌익 활동을 내가 헌 것은 아니지. 그냥 교육을 와서 자꾸 시키니까……. 나는 이게 아니다 허고 머릿속에서는 생각허면서도. 사실 그 자리에 참석은 했지만, '너는 뭣을 해라', '너는 이걸 해라' 허는 활동에는 일체 내가 참여를 안 했어.

게니까 그게, 거기 청수에서 제일 우두머리가 이ㅇ배라고 허는 분, 그리고 문ㅇ수. 문ㅇ수는 일본 군인 출신인디 긴 칼, 일본도 그걸 차고 와가지고 선전을 허고, 어쩌고 했단 말이 있긴 해. 나는 시에 가부니까 나중에 들은 말이주만.

이런 분덜이 있어도 우리사 그땐 아이덜 아니라? 게니 뭘 허였다기보단 그냥. 우리가 그때 다섯인가, 여섯 사름이라났어. 겐디 지금 다 죽고 엇어. 나도 남아 잇어시민 죽었겠지. 죽고 이 자리에도 없었을 거야.

이쪽도 무섭고, 저쪽도 무섭고

경허고, 내가 여기서 이런 말을 허민 어떤 사름덜은 달갑지 않게 들리겠지만, 그 당시에는 누게가 잘했다, 못했다 이런 말을 떠나서 국운(國運)이었다, 게니 과거에 영 해가지고 영 했으니까 억울허고, 칭원허다, 이젠 이런 생각덜은 다 버리자.

내가 사실 이런 말은 안 허는데, 내가 어떤 사름 뺨을 한 번 딱 쳤다고 생각해보자. 게민 그 사름도 내 뺨을 딱 치게 될 거다. 그러곤 곧 서로 치고 박고 허는 악순환이 이어지게 된다. 이런 식으로 생각해보민, 첫째는 산사름덜이 나쁘다. 왜냐, 그 사름덜은 사름을 죽여도 잔인허게 죽여부렸다. 그리고 젤 처음에 집에 불 붙인 것도 산사름덜이다. 게니까 예를들면, 누가 내 집에 불을 붙이민 자연히 화가 나게 될 것이고, 게믄 이 새끼 죽여버린다고 상대방은 화가 나니까 복수허려고 나오게 된다. 이것덜이 악순환 뒈가지고 자꾸 커져서 나중엔…….

그때 육지에선 절대 경 안 했어. 우리가 공비토벌도 가봤주만 여기허곤 달랐지. 거기선 산사름덜을 산손님, 산손님했어. 우린 어쨌나? 폭도, 폭도렌 불렀지. 그 차이는, 거기선 산손님이라고 해서 딱 마을에 와서 다녀도 큰 문제가 없었어. 게니까 마을 습격을 와서 막 불태우거나 경허질 않았다는 거야.

우리가 저 남원, 구례 이런 디서 공비토벌을 헤신디, 거기서 보민 산사름덜허고 지역 주민덜이 같이 농사를 지어, 농사를. 그것도 어떻게 짓냐면은, 우리 제주돈 저 높은 동산에 가민 돌이 많으니까 농사를 못 허잖아? 겐디 거기는 돌이 엇이난 대나무로 울타리를 엮어가지고 얼마든지 함께 농사를 지었어.

또 그땐, 불을 잘 커질 못했어. 왜냐, 불을 싸민(켜면) 산사름덜이 와가지고 뭣을 달라고 허거나, 뭘 내놓으라고 헐 때라. 게니 불을 싸민 높은 동산에서 이렇게 보초 사서 보다가 저 집에 산사름 내려왔저, 해가지고 포위해서 잡는 거야. 그리고, 산사름덜이 뭣을 달라고 허민 줘야 허거든. 안 주민 목숨이 뭣허니까 줘야허는데, 게니까 거기선 준 것도 죄가 아니야. 그 사름덜 수시로 와가지고 막 돌아다니고, 선전허는데 어쩔 거야.

한번은 내가 토벌 다닐 적에 어느 집에 뭘 매껴둔 적이 있어. 겐디 내가 남원에 있다가 구례로 이동을 허였는데 편지가 왔어. 물건 좀 가져가라고. 산손님덜 오민 군인 물품 보관해 있는 거 걸리믄 곤란허니 가져가라 이거야.

게니 거기 사름덜은 산손님이렌 허멍 무슨 물건이나 식량을 줘도 죄가 안 되는디 우리는 그게 아니야. 우리는 어느 집에 산사름이 왔다 허민, '너, 무슨 연락을 했나? 뭘 주었나?' 난리가 나지. 안 주민 죽게 되니 산사름 요구대로 헌 건데 나중엔 경찰에서 죽인다, 살린다 허고. 게니까 이쪽도 무섭고, 저쪽도 무섭고 그랬지.

더 예를 들어볼까? 만약 우리 형이 이제 좌익사상에 물들어가지고 거기 가담했다 그러면, 나를 심어다 죽이는 거야, 나를. 게니 마을에도 못 살고 산에 올라가게 되지. 게니까 쉽게 말허민, 흑백을 가리되 정확하게 가리지 못허고 그냥 몰아치기만 해서 반란사건이 더 커지게 된 게 아니냐, 그런 생각이야.

그러고 더 우스운 건 토벌대 순경덜, 산에서 습격들 땐 무서왕 안 가. 산사름덜이 가버린 다음에야 가가지고 죄 없는 주민덜만 못살게 굴어. 게서 주민덜이 이레도 붙으지 못허고, 저레도 붙으지 못허연 더 혼란이 되었던 거야.

집행유예 판결을 받다

요즘 사름덜은 참 복 받은 세상에서 살고 있어. 우리가 젤로 좋지 못한 세상에 나와가지고 대동아전쟁 딱 끝나자마자 48년에 4·3사건 터졌지, 50년에 6·25 터졌지, 계속 난리 속에서만 살아온 거야. 겐디도 지금 우리한틴 국가 혜택이 하나도 없어. 게니까 이거 뭐, 어디 강 원망헐 수도 엇고 참, 살기가 힘들어.

내가 50년 9월 1일 날 입대허연 5사단에 근무했어. 그동안 여러 전투에 참전했지. 53년쯤에는 지리산 토벌을 다녔고, 뭐, 고생이란 고생은 다 헌 거야. 겐디도 우리한티는 아무것도 없어. 우리 위에 상사로부터 장교

덜까지, 그리고 우리보다 나중에 제대헌 사름덜토 다 퇴직금을 타서 나왔어. 우리만 없는 건디…… 사실 우리가 젤 처음 제대헐 때는 퇴직금이란 게 없었어. 게서 못 받은 면도 있어서 전후가 이러이러허다 허연, 이번에 국방부에 퇴직금을 신청헤신디 그것마저 소식이 없는 거야. 국방부에 서류 낸 지 열 달이 넘었어. 이것도 허멩이가 뒈여가는 모양이야.

> 면담자: 아, 국방부에선 아무 반응도 엇고? 그리고 4·3 때 지서에 가서 고문당했던 후유증은 엇수과?
> 구술자: 후유증인지 뭐인지. 내가 지난 3월 달에 서울에 가가지고 척추수술을 했어. 지금은 지팡이 아니믄 화장실 출입도 안 돼.

내가 젊었을 때도 그 뭐냐? 좌쪽 다리 감각이 내 다리 같지 않았지. 피도 잘 안 통허고. 이게 뭐, 남들은 군대 가서 매 맞안 생긴 거렌도 헐 수 있지만 난 군대에서 매 한 번 안 맞아봤어. 사회에서, 그 4·3사건 때 엄청나게 맞았던 (후유증일) 거라.

그때 내가 청수에서 잡혀가지고 두모지서로 갔지. 거기서, 그 매 얻어맞고 이제 본서로 간 거야. 겐 본서에서도 좀 맞았주만 이제 재판을 받고 해결이 뒈연 석방이 됐어. 그때 난, 재판 끝나고 딱 나오난 그런 생각밖에 안 들더라고. 여긴, 이제 다시 올 디가 아니다. 경헌 고향에 다신 걸음을 안 했지.

> 면담자: 그때 죄목이 뭐라낫수과? 뭣 때문에?
> 구술자: 그땐, 뭣 때문이란 게 엇어. 잡아간 무조건 허고 바른말 허라, 바른말 허라! 두들겨 팬 것뿐. 게니 죄명을 뭘로사 씌웠는지? 나도 무신 말을 어떵 헤신지 아무 생각도 안 나. 게니 조서를

어떵 꾸며신지 헌 거는 더 모르지. 요즘 같으민 조서 꾸며가지고, "너 이거 봐라! 이게 맞느냐?" 허멍 확인이라도 헐 테주만, 그때사 뭐, 아무것도 엇엇지. 무조건 허고, 그냥 뭐, 조서를 제멋대로 꾸며가지고 올렸지. 게니까 요즘에는 공소장이라고 해가지고 본인이 사실을 인정허게끔 허는데 그때는 그런 게 없었던 거야. 내가 그때 집행유예 판결을 받았을 거야. 집행유예.

면담자: 예, 징역 6월에 집행유예 1년. 그리고 판결 날짜는 48년 6월 2일.

구술자: 경 뒈실 거라. 그때는 뭐, 아닌 밤중에 돌연히 젭혀가니까 (동네에서) 누구 누구 간 것도 기억이 안 나. 송아지덜 줄 매고 줄줄이 끌고 가듯이 헤시난 뭐, 어떵사 뒈신지.

면담자: 그날, 청수에서 여럿이 잡혀가신디 기억나는 분 엇수과?

구술자: 잘 몰라. 게니까, 내가 그런 것도 형 덕분이라고 생각해. 형이 그쪽에 뭣 했으니까. 아마 우리 형이 이렇다, 저렇다 나한티 말헌 건 엇엇주만 결국 그 문제로 타격이 온 게 아닌가 생각해. 경찰에선 형을 주목해가지고 나허고 무슨 연관이 있지나 않은가 헌게 나한티도 죄가 돌아온 거 닮아. 그때 잡혔을 때도 형허고의 관계를 많이 물었어. 형, 어디 갔나? 언제 만났나? 그런 식으로. 나는 모른덴 했지. 사실 아무것도 몰랐어.

면담자: 혹시 무슨 명단이 지서에 들어간 건 아니우과? 어디 조직 명단이나 그런 거. 다 20대 청년덜만 그날은 잡혀가서, 예?

구술자: 건 몰라. 내가 그전에 한 번 저지지서에 붙잡혀 가가지고 하룻밤 살았던 적이 있어. 그땐 청수에서 유지되시는 분, 임○익이라는 분이 책임지겠다고 허연 내쳐줬어. 동네에서는 나를 신임해줬던 거지. 겐디도 나중에 그런 악형을 당허게 되니까 형의 영향이 아니었느냐(추측허는 거지).

면담자: 이제까지 살아오시면서 참, 고생도 많이 허셨는데 여러 가지로 고맙습니다. 이제 마지막으로, 요즘 4·3이 좋은 쪽으로 많이 진상규명되고 있지 않수과? 올해 위령제엔 대통령도 와나고. 어르신께선 앞으로 이 4·3이 어떵 해결되어야 헐 거 닮수과?

구술자: 게난 거, 대통령도 오란 사과허고 헤신디 나는 이렇게 생각해. 우리가 과거 진상을 규명허고 허는 것도, 누구를 탓허기보단 돌아가신 분덜의 영혼을 위로허는 차원에서 뭣을 해야 된다. 게니 절대 감정적으로 나오거나 이렇게 허여서는 안 된다. 이젠 후손덜토 누가 잘못했다, 누가 잘했다 평가허기 전에 당시 일은 국운이라고 생각덜 허고 위령제는 돌아가신 영혼덜에게 조금이라도 더 위안되게 허는 차원에서 해사 헌다 생각해, 나는.

여성이 겪은 4·3

고병규

고병규는 한경면 용당리 출신이다. 1928년생으로 2008년 채록 당시 우리 나이로 81세였다. 그녀는 열아홉에 신창리 성굴왓에 시집 와서 지금까지 살고 있다. 남편은 두 살 아래로 딸이 세 살 나던 1949년 음력 정월 그믐 날 학살됐다. 남편은 그날, 보초를 서고 와서 아침을 먹으며 두모지서에 서 회의가 있다고 했다. 그런 후 집 올레에서 "아빠! 아빠!" 하는 딸을 안 고 서서 회의에 같이 갈 동네 사람들을 기다리다 경찰의 총에 맞아 죽었 다. 경찰은 나무에 앉은 까마귀를 쏘다가 남편과 또 한 여성을 쏘아 부상 을 입혔다. 그때 고병규는 아들을 임신하고 있었다. 그 아들이 이제 환갑 이 되었다. 그녀는 지금 귀가 잘 안 들리고 몸 여기저기가 아프다고 했 다. 남편이 그렇게 죽은 게 너무 억울한데 이제 약값이나 좀 줬으면 했 다. 그녀는 비 오는 날, 당시 학살 현장 부근에서 20분 정도 짧게 남편의 죽음을 구술했다.

(채록일: 2008.6.19 | 채록 장소: 한경면 신창리 신흥동 성굴 앞)

1

우리 애기 아방, "아빠!, 아빠!" 허는 딸
안은 채 경찰 총에 맞안 죽언

우리 애기 아방, "아빠!, 아빠!" 허는 딸 안은 채 경찰 총에 맞안 죽언

내가 올해 83세. 이름은 고병규. 본적은 용당. 용수리 옆이 용당이라. 요 신작로 밑에.

내가 (시집 완) 이디 살 때. 스물 둘에라. 난 구들(방)에 싯고, (애기 아방은) 밤에 강 숙직¹ 허영 오란 이젠 조반 먹언 출령 나갔어. 우리 딸이 그때 세 살에, "아빠! 아빠!" 허멍 아방을 찾고 홀 때라.

겐디 그날따라 동네에서 회의 보레 갈 사름덜이 잘 모여지지 않은 모양이라. 난 이제 집에서, 옛날에 미녕(무명) 프롱프롱 (소리내멍) 짤 때난 그걸 짜고 있어. 좀 잇이난 아방은 애기가 "아빠! 아빠!" 허는 게 생각 나신지 다시 집이 들어완게 애기를 안앙 나가. 회의 보레 갈 사름덜이

---

1 구술자의 구술 내용 전후로 보아 '야간에 보초 서러 나갔다 온 것'을 말한다.

재기덜(빨리) 모여지지 않는다고 허여. 겐 이제 얼마나 지났나? 아방이 애기 데련 나간 한 시간이나 뒈여시카? "팡!" 허더니 "아이고!" 허는 소리덜이 나.

그때 내가 일허멍 들은 건 그 소리뿐. 이젠 무신 일인가 허연 귀 기울연 바깥 소리를 듣는디 동네 사름 하나가 애기 아방을 안고 헐떡거리멍 들어와. 보난 우리 아방인디 입고 나간 옷이 벌겅해.

누게가 말해주지도 안 했어. 본 사름이나 이듸 회의 보레 나오랏던 사름덜 중에서도 무신 말을 나한틴 하나도 안 해주는 거라. 지금껏 나만 억울허고, 칭원허영 못 사는 거주. 내가 그때 스물넷에 홀어멍 들엉 이제 팔십 셋. 얼마 전이 쓰러지고 나난 이젠 귀도 막아불고, 눈도 어둡고, 다 왁왁.

그때 회의 보레 저 모슬포서도 사름덜이 두모지서에 올 거렌 했어. 겐디도 사름덜이 모여지진 않고 허니 우리 아방은 사름덜 기다리멍 애기 안앙 집 올레를 왔다 갔다 헌 거 닮아. 우리 아방 바로 직통으로 이듸 가슴 맞았어. 한복 입엉 나갔당 그자 허연 옷에 벌겅헌 피가 줄줄. 사름덜이 이제 방에 들러당 눴으니 나중엔 집안도 전부 다 벌겅허게 묻어부렀지. 나 우리 아들 밴 때라. 우리 아들이 이제 예순. 게난 60년 전, 내가 스물넷, 아기 아방은 스물둘.

면담자: 그때 안고 나간 딸은 어떵 안 헌마씨?

구술자: 아방이 탁 허연 먼저 넘어져부난 살아나신지 우리 세 살난 똘은 딴 사름이 안앙 오라서.

면담자: 딸은 어떵 안 했구나, 예?

구술자: 똘은 어떵 안 허고. 그때 총 맞은 다른 여자는 여기 옆에(옆구리) 맞아도 살안. 이제 시집도 가고, 아기도 낳고 허영 살단 죽

건 디가 몇 해 아니 돼서. 게난 우리 애기 아방만 직통으로 맞아분 거라.

죽인 사름은 보난, 순경질 허명 저 산촌에 강 숙직허영 내려오단 사름이라. 술도 안 먹었어. 그냥 우리 아방을 (총으로) 맞춰분 거. 그땐 내 곁에 아무도 엇어낫어. 우리 시어멍 시아방도 늙고 허연 날 도울 사름도 엇고. 일이 날 때 뭘 본 사름도 나오질 안 허여. 동네 사름덜도 순경덜 눈치만 보는 거라. 게도 어떵헐 거라. 내가 궨당덜한티 다 알렸주, 그땐 영 성담 쌓안 살 때난 사름덜이 갔다 왔다도 잘 못 헐 때라. 저기, 이 거리 바깟디 임시로 묻었주.

나사 뭘 알아? 그때 숙직 간덴 허난 숙직 감구나 헷주. 나야 어디 간 (보초) 사신지, 누구영 사신지 들어봐서? 밤이 되민 그자 늘 숙직만 헐 때라. 겐 그날도 숙직허연 오란 또 나가젠 헌 게 경 죽었주.

난 공부도 아무것도 아니 헌 사름이라. 가갸거겨도 모르는 사름. 우리 아방도 공부산지 뭔지, 했는지 말았는지도 몰라. 이제추룩 우리가 바라지게 연애나 해봐서? 우리 아방은 열일곱에 장가가고, 난 열아홉에 오난 그자 아기 배고, 낳고 헌 거뿐이지, 원. 아무것도 몰랐주.

여긴 경찰이나 군인덜이 들어와나거나 헌 적 엇어. 저 한원리엔 헌 딘 들어오란 했주만. 그날, 그 순경은 이듸 사름이라. 숙직허연 오단 일로 지나가는디 그치록 맞춰분 거주.

동네 사름덜은 모슬포 굴에 강 죽언

그 후로 내가 더 고초 겪은 건 엇어. 겐디 그 후제 살아온 것사 내가 말로 어떵 다 허여? 너네덜도 시집강 봐. 그때사 이 할망이 헌 말이 역사구나 알 거라.

우리가 그때 살던 집은 바로 여기라났어. 이 성굴 앞이. 겐디 저 새마을 사업에 동네 전부가 스레트 올리멍 헐 때, 이듸 거 다 뜯어단 저쪽에 짓언. 저듸 땅이 우리 건디 더 넓어. 게난 그듸로 간 집 올련 지금껏 살멘.

이 동네는 내가 알기로 4·3 때문에 더 피해 본 건 엇어. 돌아가신 분이 더 신디, 이젠 그듸 할망도 죽어불고. 아덜은 싯구나. 그 사름은 모슬포 강 죽언. 모슬포 굴에 간. ○순이. 그듼 이레 붙으라, 저레 붙으라 헐 때 그듸 간 붙었젠. 이름 돌아졌덴, 심어당 모슬포 굴에서 죽여부렀주게. 여러 명 죽였어. 용당, 용수 사름덜 하영(많이) 그 굴에 간 죽언. 그때 용수에서가 많이 돌아갔지. 용당은 몇 안 돼. 전쟁 나난 끌려간. 왜 문서에 이름 올라갔젠 다 끌어단 경헌 거라.[2]

까마귀 앉은 거 추젠 허단

내가 이젠 귀 막고, 눈 어둡고 걷지도 잘 못 허여. 게도 이제 시에 약 타레(받으러) 한라의료원에 갔다 와야 돼. 버스 탕 갈 거. 나가 이제 혼자 살아노난 모든 것이 혼자. 아덜, 딸은 지 살기에 바빤 잘 못 봐. 이제 예순 난 아덜은 어릴 때 아판 다리 한쪽이 엇어. 절단시컨. 열일곱에 고등학교 다니단 아픈 거라. 게난, 이젠 밭이고 뭐고 다 폴안 다리 한쪽 절단시컨 살려냈주.

---

2 한국전쟁 후 예비검속 당시, 모슬포의 섯알오름 탄약고터에 많은 제주도민이 끌려가 학살당한 사건을 말한다(주요 4·3 용어 해설, '예비검속 사건' 참조). 구술자는 이때 학살당한 사람들이 원래는 4·3 당시 어떤 이유로 무장대 편에 이름이 올랐기 때문에 끌려가 죽은 것으로 구술하고 있다. 구술자의 이런 인식은 4·3이 진상규명 되기 이전에 4·3 경험자들이 많이 갖고 있던 일반적인 인식의 형태로 볼 수 있다.

면담자: 아덜은 아버지 어떵 돌아가신 거 알아마씨?

구술자: 어떵 알아?

면담자: 할머니가 얘기 안 해줘수과?

구술자: 내가 얘기허민 그자 그 건가만 헴주게. 아방 죽은 디가 바로 이듸. 이듸주게…… 죽은 디가. 이 집 짓어진 디. 이 집, 이 거 이제사 짓엇주만……. 그날 아방은 이듸 보름(바람) 의지허연 뜨신(따뜻한) 디옌 삿단 경 된 거라. 동네 낭에 까마귀 앉안 잇이난 그걸 맞추젠 했젠 허난 원. 까마귀 앉은 거 맞추단 어떵 사름을 쏘앙 죽여? 억울허게 죽은 사름은 아무 말도 못 허고.

면담자: 이 앞이 이거, 굴이지예?

구술자: 응, 그거 굴, 성굴이엔 허여. 깊기는 깊은 굴이라. 영 굽어사 들어가기도 허고. 4·3 때 사름딜 들어강 숨거나 헌 일은 엇어. 이 동네에선 숨을 일이 엇어시난 경 헐 거 아니? 또 이 폭낭(팽나무), 이건 내가 시집 오란 보난 컴선게 지금은 많이 자란. 게난 이거 70년이나 80년은 뒈실 거라.

마지막으로 부탁 하나 허커라. 영 조사헨 감시난 대통령한티 약값이나 좀 주렌 허여. 난 너미 억울허여. 군에라도 강 죽어시믄 돈이나 타 먹으멍 살 거 아니? 이건 멀쩡허게 죽고 원. 알아들언?

송태하

송태하는 1929년생으로 한경면 조수리 출신 여성이다. 2005년 채록 당시 우리 나이로 81세였다. 일제시기 거의 그렇듯 고향에서 자라면서 국민학교 문턱 한번 못 가봤다. 그러나 노래에는 소질이 있어 젊은 시절 배웠던 일본 노래, 해방 후 한청 부녀대에서 활동하며 불렀던 노래들을 맛깔스럽게 부른다. 그녀는 4·3 당시 친정식구들을 따라 조수에서 한원리로 소개했다. 한원리에서 부녀대원이 되어 밤마다 보초를 섰다. 그녀는 '등에는 물허벅을 지고, 손에는 죽창을 들고 근무했다'라는 다른 마을과는 다른 독특한 증언을 했다. 그리고 남송악 방면으로 토벌 갔을 때는 곶자왈에 숨어 있던 한 할망과 하르방을 붙잡아 벌로 발가벗기고 한원리로 끌고 왔던 기억을 구술했다. 그녀는 조수리에서 혼자 살고 있다.

(채록일: 2005.8.3 | 채록 장소: 한경면 조수리 자택)

2

여성들도 물허벅에 죽창 들런 보초를 서다

여기가 조수리 대동

내가 지금 일흔일곱 살·

이젠 이빨도 다 털어져불곡 허연 틀니 박안 살멘. 겐 말도 잘 못 해. 요새는 농사도 안 허메. 밭도 엇곡 허난. 경허당 작업이나 오렌 허민 강 그자 용돈이나 벌엉 오지. 난 동기간도 엇어. 첨, 그러민 시아주방이라도 하나 셔야 허는디 우리 아기네 큰아방 하나 싯단 죽어부난 이젠 펀쩍 나 혼자.

원래 우리 친정은 조수리[1] 한양동이라, 시댁은 대동이고. 한양동이 사실은 저지리 수동허고 아주 가까. 겐디 수동은 저지에 속허고 우린 조수레 붙었지. 4·3 때 우리 한양동이 7개 반이라나신디, 한 반이 한 열 호 되었나? 그보단 좀 더 뒈나신가? 겐디 지금 봐. 여기나 그 한양동이나

---

1 조수리는 중동, 대동, 신동의 3개 자연마을로 이루어졌다. 중동은 초등학교도 위치한 말 그대로 조수리의 중심마을이고, 잃어버린 마을 하동은 중동에 속한다. 그리고 한양동은 대동 동쪽의 작은 마을을 가리킨다.

젊은 사름덜 다 떠나가부난 텅텅 비연. 이젠 아무나 들락날락 그자, 이 사름 저 사름 쪼끔 살당 나가.

공출

옛날 우리가 조수리 살멍 보리 공출을 그냥 해났어.

> 면담자: 그냥 허였다는 건, 보리값을 받지 안 허영 강제로 그냥 바쳤다는 거지예?
> 구술자: 응. 거, 무신 제국시대엔 허는가?
> 면담자: 일본한테 나라 뺏긴 때?
> 구술자: 하여튼 그때, 우리가 보리 공출허영 돈을 아니 받을 때가 그쩍이라낫주게.

사실, 이제도 보리공출은 더러 허지. 아니, 공출은 아니다. 이젠 조합으로 폴앙 돈 받는 거난 공출은 아니지. 그 옛날 시절에사 목화고 뭐고 경 갖다 바치난 돈을 줘서게, 아니 줬어. 그냥 공출이라, 공출.

내가 그 목화 공출을, 첨. 멧 근씩 바치라 허메. 게민 그 양을 다 채와사 허여. 그걸 못 채우민 과(태)료 내고. 이 동네 밭디덜 목화를 많이 갈았어. 경헹 공출허당 남은 건 미녕(무명) 허영 집에서도 썼지.

그러고 보리도 공출을 허엿어. 우리가 밭디 보리 갈민 첨…… 옛날이사 다 손으로 허영 장만허민 가마니로 멧 가마 묶엉 내치라 해. 반 별로 어느 반에 멧 가마니, 누게네 멧 개, 누게네 멧 개.

그때 보민, 경허는 디서도 다덜 자기네 먹을 건 남겨놔. 다시 농사지엉 먹을 거 거둘 동안 먹고 살게. 경허고 우린 공출받아 가는 사름덜 허고 싸움질은 안 해봐서. 다른 디서는 뭐 싸움도 낫덴 헷주만 무사 싸와게? 곱게 허영 살아사주. 공출받아 가는 사름이 무신 죄라. 개인적으로 받아 감시민 싸울 일도 싯주만은 이건 다 나라에서 경허라 헌 거 아니라. 난 공출허멍 싸우는 건 못 봐봐서.

면담자: 친정은 어떵헤수과?

구술자: 우리 친정아버진 복력(福力) 굿인분이라. 옛날에 정시(地官)질 해났어. 무사 날도 보고, 산 터 봐주는 사름 싯지 안 허여?

면담자: 그런 일 헌다고 복력 굿입니까?

구술자: 건 아니주만, 복력이 굿이난 아덜도 몇 개 나도 다 죽어불고. 우리 어머님도 아들 성제 나난 죽어부러뒨 딸 싀 성제만 살안.

해방

내가 학교는 근처에도 못 가봤어. 다덜 고생허멍 살 때라노난 야학도 하루 저녁 못 갔지. 집에서 못 가게 했어. 그 험헌 시국 넘으난 이젠 이 전화영, 뭐 시계영 하간 것덜 나오랏지 그땐 원. 우린 시계가 멧 점 되는 줄을 알아지카, 다른 아이가 멧 시, 멧 시 헤가민 막 부러왕만 헌 거라. 허이구! 저치록 시계도 알고, 글도 알곡 허민 오죽이나 마음이 씨원헴시랴 허는 생각에 늙어도 첨. 게도 지금은 그자 어떵어떵허연 큰 책은 못 봐도 전화책 그건 일름으로 춫앙 어디레 전화는 걸고 허여.

면담자: 결혼은 언제 하신 거마씨?

결혼? 열아홉 살에. 내가 열아홉에 결혼허고, 스물에 시국이 경 됐어.

경헨 우리가 저 아래로 소까이도 가고, 그러니 해방 땐 내가 열일곱. 나
사 글 모른 무충헌 할망이난 해방뒈엿덴 별 다른 생각이사 못 해봣주만
지금도 기억나는 일 하나 잇어.

그때, 비영게(비행기)가 날아가멍 헐 때라. 우린 콩밧디 강 앉안 검질
(김) 매고 잇엇지. 겐디 비엥기가 저쪽에서 날아오는 거라. 우리 서인(세
사람은) 검질 매단 아이고 허멍 일어산 이젠 머리에 쓴 수건 벗언 그 비
엥기신더레 막 흔들엇지. 겐 좀 잇이난 하늘에서 무시건가 헤뜩헤뜩 헌
게 우리한티 떨어지는 거라. 게난 그때 거기서 같이 검질 매던 할망덜이
"아이고, 이년덜아! 가는 비영게 손덜런 헤노난 저 벼락이 털어졈시녜!
저 벼락 털어졈시녜! 저거 이 밧에 털어지면 다 죽나. 다 죽나!" 우릴 막
욕햇지.

경헨 좀 잇이난 그게 콩밧 속으로 탁탁 털어졋어. 우린, "저거 줏어당
보게!" 허연 줏어 왓어. 게난 할망덜이 소리쳐. "저것덜 죽지 못헨 난리
여." 우리사 할망덜이 뭐렌 허건 말건 줏어 온 걸 열언 보니, 다 곱들락
헌 간스메(통조림) 깡통이라. 옛날 곱게 포장헌 간스메. 우린 그걸 골갱
이(호미)로 깨영 보젠 막 두드렸지. 게난 다시 할망덜이 이제 그거 팡허
게 폭팔허영 터지민 우리 다 죽는다고 다시 소리소리 욕해. 이젠 헐 수
가 엇어. 다른 벗덜도 이젠 손을 놔불고 허니 난 그 간스메 들고 밧 구석
에 잇인 큰 물통으로 갓어. 만약에 터지민 물통으로 던져불젠 허연. 겐
내가 그 욕 다 들어가멍 골갱이로 깡통을 돌란 보난, 막 곱들락헌 은종
이에 싼 건빵, 왜정시대 건빵, 그게 나와. 경헨 우린 웃어가멍 다 같이덜
건빵을 먹으멍 해났어.

그때가 잘은 기억이 안 나는디 해방이 되진 안했어. 그자 해방이 가차
와 올 때라. 우린 그 비행기덜이 날아뎅기는 게 경 예뻤던 거라. 너무 높
이 솟안 허니 우리가 수건 벗엉 흔들고 했어.

소개

그 시국에 죄 엇인 사름덜 여기 조수국민학교 운동장에 잡아다낭 첨, 멧 사름이나 죽여불곡 헤신지 원.

우리 큰씨아주방은 소까이 내려간[2] 어떵 헤신지 동네 벗에 홀련 뎅긴 모양이라. 아홉 사름 논밭디 간 죽여부난 아무 죄도 엇이 우리 큰아방 죽엇어. 우리 시어머님네가 아들 성제뿐인디 큰아덜은 경 된 거라. 거긴 아이도 엇어.

우리 동세가 열아홉 살에 시집갔어. 경헨 스물세 살에 소까이 갔단 씨아주방이 죽어부난, 한 4년 살앗고나. 옛날엔 결혼허여도 소나이(남자)영 경 가찹게 뎅기지 안했어. 같은 동네곡 허난 낮인 시집이 강 일허곡 허당도 밤엔 친정에 오라부는 거라. 그러니 결혼허영도 몇 해 같이 살앙 아기도 여럿 낳아사 혼인덜토 헌 거지. 출생신고도 아기덜 다 커야 올리곡. 우리 시누이도 서방광 가찹게 살아보질 못허난 아기도 엇엇던 거라.

게난 사름덜 사무실로 오란 올릴(희생자 신고할) 때에도, 아기덜 싯고 헌 사름덜은 잘덜 올려라만은 우린 못 허엿어. 내가 우리 큰아덜을, 이제 마흔다섯 살인디 큰아방 호적으로 올리젠 해났어. 겐디 다 죽어부난 우리 큰아덜 식게, 멩질 다 허멍도 올리질 못했어. 아기덜 싯고, 부모 잇엉 허는 사름덜은 잘덜 올리고 헴젠 허더라만은 우린 이거저거 다 안 되연 나 이름으로 그냥 올렷주. 이제 큰아주버니 돌아간 사태엣 일을 나 이름으로 허여부난, 동기간은 아니 된다고 허멍 무시거 아무것도 엇어, 원.

우린, 유족이 안 된다는 거라. 다른 사름덜은 유족이 되난 뭐 쪼끔씩

---

2 조수리에는 1948년 12월 3일 소개령이 내려져 5일까지 전부 해안마을로 내려가 살도록 했다. 이에 조수리민들은 고산, 두모, 신창, 한원 등 연고자가 있는 해안마을로 소개해 생활했다.

이라도 받는 거 잇인진 모르쿠다만은 우리 아덜은 양자도 안 되곡. 게난 죽어분 다음에는 양자로 올리질 못허는 거 아니라? 호적에 못 올리난 그냥 조케(조카). 큰집 조케로 집안 식게 멩질은 다 헴주만 법으론 그자 아무것도 엇인 거.

면담자: 남편 이름은 뭐마씸?
구술자: 우리 남편? 양두규.
면담자: 돌아가신 시아주버니는?
구술자: 양○겡이.

내가 아래로 소개 갔을 때도 남편은 만나보지 못했어. 그냥 지만썩 살당 올라오랏지. 남편네 시집인 고산 가고, 우린 신창 옆이 한원리에 가고. 경헨 살단 보난 뭐⋯⋯. 옛날이사 벗덜 좋으난 그자 벗덜허고 이녁만 잘 살아지민 좋았주.

우리 큰시아주버닌 고산 소개 내려간 얼마 엇언 돌아갔어. 그쩍엔 못 봤지. 막 위험헐 때랏어. 그때 우리 친정식구덜은 음력으로 동짓달 초사흗날 소까이 허연 한원리로 간 별 탈 엇이 사는디 난 막 궁금해지더라고. 한번 시집 식구덜 잇인 고산에 가보주 마음은 먹어신디 못 가. 옆 동네라도 가질 못허게 헌 거라. 경허단 소까이 간 얼마 엇언 보름날엔 습격이 들었어. 한원리를 산에서 공격헌 거지.

그러니, 이젠 한원리가 난리 났어. 그 보름날 다음부터 동네에 사무실을 정했지. 그런 다음 부녀대여, 청년대여 허멍 멘날 죽창 쥐곡, 물허벅 등에 정 사는 거라. 그게 그 봄까지 메날 이어졌어. 그때 우리가 허는 일이사 뭐, (길)목을 지키는 거지. 밤새껏. 경허단 끔끔허게 시국이 나아져 가난 시댁엘 가보자 했지. 그립더라고. 내가 단장 찾아간 막 사정했어.

그러니 증명서를 멘들아줬어. 난 그걸 받안 고산 시집 식구덜 보레 흔 번 갔다 왔어.

그때, 그 시국에 첨, 우리 큰씨아주방은 장사를 못 지내난 고산서 임시 토롱헨 나뒀어. 그러다 (다음 해) 봄에 소까이 끝난 올라온 후제 우리 땅에 멜리해 왔지, 우리 밭더레.

면담자: 멜리?³ 천리⁴렌 허지 않읍니까? 무덤 옮기는 거?
구술자: 게난 멜리허는 건, 그 땅은 비와주고 새 땅더레 천리허는 거주.

내가 고산, 남편이영 시집사름덜 만나레 간 게 한원리 강 몇 달 지난 때라. 게난 보자. 봄에 우리가 조수리 올라완 성 쌓고 헤시난 그전, 정월쯤. 음력 정월, 멩질 넘언.

면담자: 그때 거기서 살지 안헹 또 한원리로 돌아온 거우꽈?
구술자: 돌아오고 말고게.
면담자: 남편이 가렌 헙디가?
구술자: 남편은 셧자(있어야) 경 욕심이 과헌 사름이 아니랐어. 그러니 가라, 말라 붙잡질 안 해. 옛날 시절엔 그자 '는 느냥, 난 나냥'⁵ 허멍 살았어. 난 그자 그때도 죽어분 씨아주방 성질이 너무 좋앙 허연 그 생각허난 가보켄 헌 거지, 뭐 냄편 사랑헹 간 건 아니랐어, 허허허.

---

3 무덤을 옮겨서 다시 장사지내는 일. 면례(緬禮)
4 이장(移葬). 묏자리를 한 곳에서 다른 곳으로 옮기는 일. 천이(遷移)
5 넌 너대로, 난 나대로.

그땐 동세도 따로 소까이 가부난 만나보질 못했어. 나중에 조수리 올라오란 만난 허엿주만 어떵헐 거라. 냄펜 엇어부난 동세도 떼어젼 가불고.

지금 생각덜 헤보민 첨, 그 시국에도 남편은 아무 분쉬 엇인 사름이라. 경허난 시국도 탈엇이 넘언 살단 돌아갓주만, 우리 큰아주방은 동네 벗덜허고 어디 놀레나 가오라신지, 뭐 헤신지. 시국 처음 일어난 이레 모이라, 저레 모이라 헐 때 아마도 다덜 가찹게덜 지낸 거지. 경허단 나중엔 아마도 벵신 친구가 하나 셧던 거라. 그 때문에 죄 엇인 사름, 몇 사름이 돌아갔어. 한 사름 홀림에 아무 죄도 엇이 여럿이 잘못뒈분 거주.

면담자: 그 사름, 누게마씨?

구술자: 잘못헌 사름? 거 일름 알앙 뭐허젠. 나 저번에 사무실로 조사 온 때에, 그 사름 일름을…… 그때도 우린 보진 안했어. 이 사름 따문에, 저 사름 따문에 몇 사름 영 허연 죽었저. 경헌 말만 들었단 조사온 때에 그 말을 해져부런. 그 후제, 이때까지도 무사 그런 말 헤져신고 해.

(그 사름) 먼저 죽었어.

경헌 후제, 소까이 내려간 남은 아홉 사름, 같이 논밭더레 데려단 지서에서 팡팡헤분 거라.[6] 처음엔 지서에 메칠 살련 봐도 아무 죄도 웃다 허연 석방해준덴 했어. 겐 다덜 나오는디 재수엇젠 허난 그 순경한티 어떵 걸린 모양이라. 아이구, 첨, 그냥 팡 허니 헐 수가 엇엇어.

---

6 1948년 12월 15일, 고산지서 경찰이 양○경 등을 고산성 밖 속칭 조두리동산 일대 (현재 고산중학교 주변)에서 총살했다.

부녀대(婦女隊)

우리가 한원리에 소개 간 거는 (1948년 음력) 동짓달. 그러고 (다음 해) 3월 달에 나왔어. 경헨 우린 이 조수에 올라완 대동에 움막덜 짓고, 성담 답곡(쌓고). 에이고! 우리가 성담 다우멍 손이 남아나질 안했어. 다 헤여 전. 그것만이 아니랏어. 우린 그때도 메날 ᄌᆞᆨ(저녁) 물허벅 지곡, 죽창 손에 들르곡 허영 근무 서곡. 또 메칠에 한 번은 산에 토벌 가곡.

그때 여자라고 봐주지도 안했어. 우린 부녀대로 정혜젼 산에 토벌을 간 거지. 이건 한원리 부녀대 헐 때. 우리가 멧 번 감시난 할망, 하르방을 심어내기도(잡아내기도) 했어.

여기 할망이랏어. 낙천. 하르방은 어딋 ᄉᆞᄅᆞᆷ산지 건 모르고. 할망, 하르방 둘을 심언 이제 옷을 홀딱 벗겨. 그러고 무신 줄로 허연 묶으곡 한원리 마을로 데려오란 ᄉᆞᄅᆞᆷ덜 불런 다 구경시켰지. 마을 가운디 데려단 세완. 겐 나중에 우리가 소까이 돌아완 보난 그 할망 살안 왔어. 낙천 오란 살단 죽었주. 우리가 이치록 이거저거 구경헌 일이 많아.

그때 우리 부녀대가 한 사십 명 뒈낫어. 근무허는 ᄉᆞᄅᆞᆷ이. 한원리서 헐 때도 주로 우리 조수 ᄉᆞᄅᆞᆷ이고, 한원 ᄉᆞᄅᆞᆷ 좀 섞어졌지. 그때 한원리로 소까이 간 ᄉᆞᄅᆞᆷ 중에서 부녀대는 멧 살부터 멧 살까지 헌다고 정했주만 마흔 넘은 ᄉᆞᄅᆞᆷ도 들어오란 근무를 헌 거라. 겐 그 한원리에서만도 우리가 사십이 명까지 허멍, 메날 ᄌᆞᆨ 교대 근무 나가곡. 남자덜 근무 산디 성 어염으로 빙빙 순찰 돌곡.

내가 잘은 모르겠디 부녀대 나이가 한 스무 살에서 마흔 살 정도였을 거라. 거의 다 결혼헌 ᄉᆞᄅᆞᆷ덜이주만 나이 찬 처녀도 들어낫어. 나이 들면 누구나 부녀대에 합격되는 거. 또시 훈련도 메날. 내가 지금도 그 훈련받아난 노랠 알아져. 훈련대장이 가르쳐준 노랜디 불러보카?

물~명진 개물어서, 붉은 피를 흘려서

태~극기 걸어놓고, 천세 만세 부~르자

한 글자~ 쓰는 새야, 두 글자~ 쓰는 새야

나라님께 병정되기 소원합니다[7]

이거…… 내가 울어젼……. 그때, 그 노래 부르젠 허난. 이제도 난 신
식노랜 못 허고, 어디 모인디 강 노랜 불르렌 허민 옛날 일본시대에 해
난 노래.

면담자: 그건 어떵 배운 거마씨, 일본 노래? 야학도 안 다녔덴 허멍?

구술자: 아이고, 것사 글도 모르곡 허여도 그 일본 시절에 어디 강 앉앙
　　　　놀멍덜게 배왓주. 다른 사름덜 불러가민 일본말은 채 못 배왓
　　　　주만 어떵 노랜 배와지는 거라. 게민, 일본노랜 뭣을 불러보
　　　　코?

40년 전~ 그 옛날에, 고향 산~천 등지고

여기 저기 떠다니는 가련한 인생

어제는 동~쪽에, 오늘 다~시 서쪽에

갈 곳이 정처 없는 물에 뜬 풀이라

내가 뭐 노랜 불르난 불르는 거고, 다른 건 모르커라. 하도 오래되여
부난. 우리가 그땐 다 일본 노래옌 해났어. 그리고 그 일본 군인덜 오란
살 적엔 제라헌 일본 노래……. 자 부르커라.

---

7 가사 일부 정확치 않음.

미요 도까이노 소라아께떼

교꾸지쯔 다까꾸 가가야께바

덴찌노 세이키 하쯔라쯔또

기보와 오도루 오~야시마

오~세이로노 아사구모니

소비유루 후지노 스가타꼬소

깅오무케쯔 유루기나끼

와가 닛뽄노 호꼬리나레[8]

이건 잊어불지도 안 해. 무신 뜻인진 몰르주만 그자 창가로 배완. 옛날 그쩍엔 노래엔 안 허고 창가렌 경 불러났어.

> 면담자: 참, 할머니 노래엔 소질 잇수다, 예. 경허난 지금도 다 기억헴주. 게민 이젠 해방된 후제 불렀던 노래, 해방 후제 동네 청년덜이 불렀던 노래도?
>
> 구술자: 그런 것사게 잡타령도 허고. 우메질도 허고.
>
> 면담자: 산에서덜 불렀던 노랜 엇어마씨?
>
> 구술자: 산에서 노래? 우린 산에 가봐서게? 산에 가보지 안 허난 몰라. 내가 듣기는 그런 것도 저런 것도 청춘가 노래로 불렀어. 허주만 그런 거 다 말허진 못해. 대신 훈련받으멍 불렀던 거, 부녀

---

8 일본의 유명 군가 「애국행진곡(愛國行進曲)」으로 1937년에 만들어져 널리 불렸다. 가사의 내용은 다음과 같다.
"보라 동해의 하늘은 맑으며, 아침 해가 드높이 빛을 내면/ 천지의 정기가 발랄하며, 희망이 춤춘다, 오~야시마/ 오오 맑고 낭랑한 아침 구름에, 솟아오른 후지산의 자태야말로/ 흔들림 없는 금구무결, 우리 일본의 자랑이 되어라"

대. 부녀대? 삼천만 한청, 부녀도 그거 불렀주게.

삼천만 대청 푸른 소리에

젊은 가슴 붉은 피는 펄펄 피고

반만년 역사 씩씩한 정기에

한청군의 깃발 높이 휘날린다

칼 차고 일어서니 원수 처 들고

피 뿌려 묻는 건 영세 답 씌워주네

한청군의 정신 세 가지 굳세고

한청군의 사명 낫보다 크도다

한 만난 땐 용감히 앞서 나가세

이거, 한청 노래. 우리 훈련받으멍 불런.

우리가 부녀대 훈련은 한원리서도 받고, 이듸 오란도 받았어. 복장도 갖췄. 왜정 시대엔 몸뻬, 몸뻬허드라만은, 그땐 그 몸뻬허여단 입고 메날 아침, 훈련은 하영 받아났주. 사름도 많아서. 우리 마을이 크난 그 수도 한원리서보단 많안. 한원리선 나이 든 사름덜도 다 들어간 허엿주만 여기선 그자 젊은 사름덜만.

우린, 남자덜추룩 죽창허영 찔르는 연습은 엇엇어. 그자 밤이 습격들민 죽창 들르고 물허벅 지엉 나갈 걸로만.

면담자: 근데 무사 물허벅은 지엉다년마씸?

구술자: (산에서) 오랑 집에 불부쪄불민 물덜 지엉가야될 거 아니?

항상 죽창에 물허벅. 무사 그땐 다 초가집덜이난게 불 나민 그 물허벅으로 불 끌 걸로. 게난 순찰 나오라 허민 우린 다 물허벅 지고, 죽창 들런 간. 우리 부녀자덜 수도 많아서. 한 보초막에 여자 한칭이 멧 명이라고 딱 정해진 건 엇어. 남자덜 다 군인 가불고 허난 그때, 그때. 우리가 삶도 대동에 성 쌓으난 거기서 오래 살안. 우리가 처음 움막 짓기를 지금 농협 앞에 짓언. 지금은 나, 그 집 아덜네 줘두곡 이건 빌언 살멘.

토벌에 따라가다

내가 토벌은 세 번 간. 그때 아, 그건 아까 말했지? 할망, 하르방 잡앗 덴 헌 거? 토벌이야 항상 낮이 가는디 거기가 저듸 남송이[9]랏어. 남송이 어딘진 잘 모르주만 그듸 곶밧디서 잡았지.

그땐 군인이나 경찰이 인솔허질 안했어. 우린 청년덜허고 부녀만 가. 훈련대장이 인솔허는디 그 대장도 민간인이라. 그때사 산에 산사름덜 이 많덴 허엿주만 우리 눈엔 보이질 안 허여. 첨, 그 할망, 하르방은 어떵 허영 그 곶밧디 뎅기단 우리한티 걸린 거. 정말 우리가 산사름덜 잇인디 가젠허민 아주 멀리 가야 돼. 무기 같은 것도 아무것도 엇고. 게니 가는 척만. 그자 가민 문도지오름이나 남송이에 갔다 온다 뿐이랏주.

경허고 그 옛날엔 먹을 거 엇언 뭐 하나 챙경가질 못했어. 요즘처럼 하간 건 못 해도 주먹밥이라도 하나 셔시민 했주만 펀펀 그냥 굶으멍 다 년. 아침 조반 먹엉 가민 집이 오란 저녁밥 먹었어.

우리가 그 할망네 잡은 거 어떵 보민 완전히 공을 세운 거주만 난 몰라. 그때 어떵사 해져신디. 그 할망, 하르방은 부부도 아니랏어. 모르는 사름덜끼리주만 도망 뎅기단 만난 거 닮아.

---

9 남송악. 안덕면 서광리에 위치한 오름 이름.

면담자: 겐디 그 사름네 무사 옷을 다 벗겨부런마씨?

구술자: 죄로, 벌로게. 경헨 심어놘 벗겨부럿주.

경해도 우리가 그 사름덜 두드리멍은 안 했어. 무사 두드려게. 대신 완전히 벗겨부난 풀잎허여단 배 아랠 막안. 그때 나이 든 사름덜이랏어. 할망도, 하르방도. 아이덜 다 그듸 올라간 숨엉뎅기난 같이 따라간 모양인디. 경허고 그땐 산에서 습격들민 짐꾼으로 사름덜 잡아가기도 허엿어. 그 사름덜, 재수 궂언 산에 뎅기단 경 된 거라. 우린 정말, 진짜 산사름덜은 잡을 수가 엇엇어. 어떵 잡아? 우리가 잡혀가지.

그때가 우리 한원리 살명 습격 들었을 때라. 법에선 습격 드난 이젠 아맹 위험시러와도 경 토벌을 가라 헌 거라. 우린 헐 수가 엇엇지. 법에서 시켠 허난.

마을 복구

마을 복구는 다음 해 봄. 난 사름덜이 성을 쌓곡, 움막 짓어가멍 올라올 때 친정식구덜허고 같이 올라왔어. 경헨 우린 본집 터로 간 움막을 짓언 살안. 시집은 시집만썩 식구덜이 이녁네 집터레 바로 간 움막 메연 살고.

지금도 저기 한양동허고 수동 그 사이에 가민 성담 쌓은 게 잇어. 그것도 우리가 4·3 때 올라완 ᄆᆞᆫ딱 헌 거라. 요즘은 성담 다 치와부난 남은 디가 거기 말앙은 엇어. 다 가져간 옛날에 밭덜 만드는 데 다 써불언.

그때 봄이 올라완 보초는 계속. 언제까지 서신진 잘 모르주만 오래 섰어. 우리 남편도 이듸 오난 보초 서레 밤마다 나갔지. 숙직이라. 성 어염 돌아뎅기멍 목마다 보초덜 산. 게난 길목마다 하루 ᄌᆞ냑이 댓 명씩 근무사났어. 경허다가 전쟁 나니까 남편은 군인 젤 처음으로 갔주. 육군. 육군으로 젤 처음 뽑안 9월 달일 거라. 하여튼 가을 들어갈 때 간.

겐디 우리 남편 부상당허거나 경헌 일 하나 엇어. 그자 곱게 가고, 곱게 오란. 그때 남편츠록 처음 군대 간 사름덜 진짜 군인 오래 살안. 만 7년간을 살았어. 햇수로 7년. 우리 남편은 연금 하나 못 받아봔. 사실 연금사 이제사덜 받는 거 아니? 상이용산 아니라도 참전용사렌 허영 요샌 뭐 허드라만 아무것도. 산 사름덜은 연금 받는 모양이라. 이제 퇴직금도 높은 군인은 하영 나오고. 우린 이젠 죽어분 사름이난 아무것도 엇어.

남편도 별로 공부 못 해서. 홀어멍이 경 공부시겨주지 못햇주. 국민학교도 갔단 말뿐. 우리 그 큰아주방사 워낙 잘나고 영리허난 국민학교 다 허연. 자세헌 건 나도 몰라.

난, 지난번도 누게 조사와실 때 물어봔게 그 조수국민학교에서 사름덜 죽인 것도 잘 몰라. 어떵사 헤신디. 우린 분쉬 엇이 돌아뎅길 때난 원. 오라방이 셧주만 나한틴 아무말도 안 허고, 아방넨 늙엉 허난 우린 나중에 이런 거, 저런 거 소문들음 뿐이지. 그 조수학교 사건 날도 우린 학교마당에 안 갔어. 아맹 순경덜이 왕 다 모이렌 해도 안 가민 그만. 갈 생각 잇인 사름덜만 가.

그러고 4·3 처음 난 여기 위험해갈 때, 우린 저 아래 소낭밧 디 강 밤이 누웡 살아나긴 했어. 동네 사름덜 도나리 짓엉 가그네 같은 밧디 자리허영덜. 벗딜 허영 누웠단 올라오곡. 뭐, 밤이 습격 들카부덴 그거랏지. 우리가 그걸 한 서너 번? 산에서 어딜로 습격 온다 허민 경헌 거라. 매번 같은 소낭밧디.

겐디 저지는 크게 습격들어나서. 처음부터. 그건 아무래도 산이 보여부난도(가까워서) 허고, 지서가 잇어부난도 허고. 거기선 사름도 여럿 죽어서. 산에서 습격완.

면담자: 그 한원으로 소까이 갈 때 짐은 어떵 가정가수과? 구루마로?
구술자: 아니. 우린 다 걸엉. 그때 짐도 실렁가젠 허민 구루마가 잇어사 헷주만 우리 친정엔 쇠구루마 하나 엇언 허난 그 짐 내리멍 참 고생덜 많이 허연. 먹을 쌀허고, 이불덜 쉐에 시끄곡, 물에 시끄곡. 또시 우린 등에 걸머지곡. 멧 번이나 왔다 갔다 허여져신디 허이구, 3일을 날랏주게. 3일. 동짓달 초사흘 시작허연 6일 날꺼장.

면담자: 6일 날까지? 군인덜이 그치록 3일을 딱 허가해준 거마씨? 겐디 이상허다. 그때 그런 말 들어봐수과? 다른 마을은 메칠날 소까이허라 헌 것도 엇고, 무조건 올라간 마을 다 불지르곡 사름덜 죽이곡 헷덴 헌 거? 저 동광리에서 경헨 사름덜 많이 죽어수게.
구술자: 아니, 우린 딱 허게 나라에서 메칠부터 메칠까지 내려가라 정헌 거. 그거 지나민 딱 차단허영 이젠 사름이 하나라도 비추민 다 쏘아분다 영 허연. 3일 날 시작허연 6일까지. 잊어불지도 안 허여.

그때 우리가 짐 옮기멍도 젤 중요헌 게 보리쌀. 이녁 먹을 거. 경헨 우리가 보리쌀 한 방울 안 흘리젠 조심허멍 몬딱덜 내려가난 그 후젠 군인덜이 완 다 불 부쪄부럿지. 우린 뭐, 나중에 올라완 보난 온 동네가 편편, 밋밋헌 것뿐 아무것도 못 봤어. 군인덜 그거 불 부찌는 거 봐시민 가슴만 더 아파실 거라.

경허고 집집마다 질루던 쉐덜 허고 도새기, 다 몰앙갔어. 그때사 지금

츠록 하영 질루진 안 헐 때난 그자 소 하나, 두 개. 그것덜 몰앙갔단덜 다 잡아먹어 부렀주. 우리 친정에도 쉐 하나, 물 하나 시난 걸로덜 짐 다 시꼉간 허단 엇어져부런. 잡아먹언.

제주4·3연구소와 제주4·3 구술자료 총서

1. 4·3 구술증언 채록과 구술자료집 발간의 시작

4·3에 대해서는 그간 숱한 상처를 안으로만 떠안고 인고의 세월을 보낸 만큼 해야 할, 그리고 고개 숙여 듣고 기록해야 할 이야기도 많다.

1989년 5월 10일 창립한 '제주4·3연구소'가 4·3 이야기에 눈을 돌린 것은 창립 2년 전부터였다. 연구소의 초기 활동가들은 창립을 준비하며 제주시와 가까운 조천읍과 애월읍을 대상으로 구술증언 채록을 시작했다. 이 두 지역을 선택한 이유는 교통 문제도 있었지만, 4·3 당시 이 지역이 다른 지역에 비해 변화의 바람을 가장 갈망하고 있었다고 판단했기 때문이다.

약 25년 전, 일주도로변에 면한 해안마을에는 시내버스가 자주 다녀 왕래가 비교적 쉬웠다. 그러나 중산간마을의 경우 하루에 버스가 세 편 정도밖에 없어 한 마을을 찾아 조사하려면 한 시간 이상을 걸어야 했다.

대놓고 4·3 이야기를 해달라고 조를 수도 없었다. 에둘러 마을 이야기를 나누다, "4·3 때는 어땠습니까?" 하고 넌지시 물어야 했다. 구술자의 이름은 물론, 구술에 나오는 여러 사람의 이름을 그대로 실을 수도 없었다. 구술자는 성은 있으나 이름은 없는 '김○○'이 되었다. 그렇게 1989년 연구소를 개소하며 증언자료집 두 권을 펴냈다. 제목도 4·3 경험자들이 '말을 하고 싶어도 하지 못해 가슴 깊이 꽁꽁 묻어두었던 이야기를 이제야 합니다'라는 의미의 『이제사 말햄수다』였다.

이렇게 경험자들이 4·3을 말한 지 25년이 되었다. 이제는 제주어 표기법도 바뀌어, '말햄수다'는 '말헴수다'로 써야 옳다. 이것은 이 책이 그만큼 고전이 되었다는 의미도 될 터이다. 『이제사 말햄수다』가 그 후 4·3 진상규명 과정에서 여러 가지로 기여한 공로는 말로 다 할 수 없지만, 한 가지 덧붙이면 강요배 화백의 4·3 역사화 <동백꽃 지다: 제주민주항쟁사>(1992)는 강 화백이 이 책을 통독한 결과였다. 강 화백은 4·3 역사화를 그리며 『이제사 말햄수다』를 열 번은 더 읽었을 것이라고 술회했다. 강 화백의 역사화 중 <천명(天鳴)>은 1984년 11월 하순의 어느 날 군경토벌대가 중산간마을을 모두 불 질러 온 동네가 벌겋게 타는 광경에 '하늘도 울었다'는 사실을 그린 것으로, <동백꽃 지다> 전시를 시작하는 첫날, 이 그림 앞에 선 사람들의 가슴을 까맣게 타들어가게 만들었다.

제주4·3연구소는 2013년, 23년 만에 제주4·3 구술자료 총서를 다시 도서출판 한울과 손잡고 펴냈다. 23년 전 구술 채록과 총서 발간의 목적이 진상규명에 있었다면, 지금의 목적은 그간 채록된 수많은 구술자료의 공개를 꾸준히 요구해온 연구자들의 요구에 일정 부분 부응하면서 구술사의 학문적 연구에 기여해야겠다는 시대적 당위성에 있다.

제주4·3연구소는 몇 년 전부터 채록되고 있는 9연대, 2연대 군인들과 경찰·우익 단체원들의 구술을 차근차근 엮어, 4·3의 날것 그대로의 얼굴을 다시 한 번 세상에 내놓을 것이다.

2. 시기별 4·3 구술증언 채록

제주4·3연구소가 1989년 창립된 이래 가장 중점적으로 사업을 벌인 분야가 4·3 체험자의 구술증언 채록이다. 이러한 연구소의 채록 작업을 시기별로 구분해보면 다음과 같이 나눌 수 있다.

1) 『이제사 말햄수다』 탄생에서 연구소 창립까지(1987.6.10~1989.5.10)
  · 연구가·활동가들이 개별적으로 연구소 창립 기념 증언집 발간을 위해 준비하던 기간이다.
  · 결과물로 1989년, 『이제사 말햄수다』 1, 2권이 발간되었다.

2) 현장채록 정착기(1989.5.11~1998.4.3)
  · 이 기간에는 4·3연구소의 기관지 『4·3 장정』과 무크지 ≪제주항쟁≫ (1991)을 통해 채록된 구술이 발표되었다. 그중 ≪제주항쟁≫에는 당시 개인적 증언도 꺼리던 시대 상황 속에서 제주4·3연구소 현장 채록 팀이 한림읍을 조사해 「통일되면 다 말허쿠다 ─ 증언으로 보는 한림읍의 4·3」을 게재하기도 했다.
  · 또한 4·3 50주년이던 1998년에는 제주도의 '잃어버린 마을'을 집 중 조사해 『잃어버린 마을을 찾아서』를 발간하기도 했다.

3) 「4·3 특별법」 정착을 위한 채록 조사기(1998.4.4~2003.12.31)
  · 이 기간에는 4·3연구소가 「4·3 특별법」 제정과 정착에 매진하게 됨 에 따라 이에 도움이 될 수 있는 구술 채록에 주력하고, 1999년 12 월 「4·3 특별법」 제정 후에는 4·3의 진상규명에 도움이 될 수 있는 구술의 채록에 주력했다.

· 2002년에는 4·3 수형 생존인을 만나 증언을 듣고, 『무덤에서 살아
나온 수형자들』을 간행했다.
· 이 시기부터 녹취 장비들도 점차적으로 디지털화되었다.

4) 1000인 증언 채록기(2004.1.1~2008.12.31)
· 이 기간에는 '제주4·3 1000인 증언채록 사업'을 기획해 더욱 집중
적이고, 과학적인 채록 사업을 벌였다.
· 이 사업은 당시 「4·3 특별법」에 따라 정부에서 이루어지고 있던
'4·3 진상규명 작업'의 보완적 측면도 있었다.
· 이 사업은 전국적으로 이루어진 과거사 관련 증언채록 사업 중에
서 그 유례를 찾을 수 없을 정도로 방대한 작업이었다.
· 5년간 도 내외 체험자 1028명으로부터 생생한 증언을 채록했다.
· 또한 이 기간에 이제까지 구술조사를 벌이며 확보했던 모든 아날
로그 자료를 디지털화했다.

5) 주제별 채록 및 구술자료집 발간기(2009.1.1~현재)
· 이 기간에는 주로 '주제별 구술 채록 사업'을 벌여 1차로 4·3 당시
군인·경찰·우익단체의 단체원을 중심으로 채록 사업을 진행했으
며, 현재도 이루어지고 있다.
· 그동안 4·3연구소가 채록한 구술자료의 발간계획을 수립해 2010
년부터 해마다 두 권씩, 제주시에서부터 각 읍면별로 연차적 발간
사업을 진행해나가고 있다.
· 2010년, 제주4·3 구술자료 총서 1권 『갈치가 갈치 꼴랭이 끊어먹었
다 할 수밖에』와 2권 『아무리 어려워도 살자고 하면 사는 법』을
발간했다(4·3 당시 제주시에 거주했던 체험자들의 증언집).

240

· 2011년, 제주4·3 구술자료 총서 3권『산에서도 무섭고 아래서도 무
섭고 그냥 살려고만』과 4권『지금까지 살아진 것이 용헌 거라』를
발간했다(4·3 당시 조천면과 구좌면 거주자들의 증언집).
· 2013년, 제주4·3 구술자료 총서 5권『다시 하귀중학원을 기억하며』
와 6권『빌레못굴, 그 끝없는 어둠 속에서』를 발간했다(4·3 당시 애
월읍 거주자들의 증언집).

3. 4·3 구술증언 자료집의 발간

제주4·3연구소는 그간 많은 구술증언 자료집을 발간했다.『이제사 말
햄수다』처럼 단행본 형태의 구술자료집도 있었지만, 기관지『4·3 장정』
과『4·3과 역사』를 통해 부분적인 구술조사 자료를 계속해서 세상에 내
놓았다. 그중 대표적인 것은 <표 1>과 같다.

〈표 1〉 제주4·3연구소 구술증언 자료집

서적명	발간연도	출판사	주요 내용
이제사 말햄수다 1	1989년	도서출판 한울	제주도 조천읍 증언조사
이제사 말햄수다 2	1989년	도서출판 한울	제주도 애월읍 증언조사
4·3 장정 1	1990년 4월	도서출판 갈무지	4·3 증언채록
4·3 장정 2	1990년 8월	백산서당	4·3 증언채록
4·3 장정 3	1990년11월	백산서당	4·3 증언채록
4·3 장정 4	1991년10월	백산서당	4·3 증언채록
4·3 장정 5	1992년 4월	나라출판	4·3 증언채록
4·3 장정 6	1993년 9월	도서출판 새길	4·3 증언채록
제주항쟁	1991년	실천문학사	제주도 한림읍 증언조사
잃어버린 마을을 찾아서	1998년	학민사	'잃어버린 마을' 증언조사

무덤에서 살아나온 수형자들	2002년	역사비평사	4·3 수형생존자 증언채록
재일제주인 4·3 증언채록집	2003년	도서출판 각	재일제주인 4·3 증언채록
그늘 속의 4·3	2009년	선인	4·3 경험자의 삶을 중심으로
갈치가 갈치 꼴랭이 끊어먹었다 할 수밖에	2010년	도서출판 한그루	제주4·3 구술자료 총서 01 (제주시)
아무리 어려워도 살자고 하면 사는 법	2010년	도서출판 한그루	제주4·3 구술자료 총서 02 (제주시)
산에서도 무섭고 아래서도 무섭고 그냥 살려고만	2011년	도서출판 한그루	제주4·3 구술자료 총서 03 (조천면·구좌면)
지금까지 살아진 것이 용헌 거라	2011년	도서출판 한그루	제주4·3 구술자료 총서 04 (조천면·구좌면)
다시 하귀중학원을 기억하며	2013년	도서출판 한울	제주4·3 구술자료 총서 05 (애월읍)
빌레못굴, 그 끝없는 어둠 속에서	2013년	도서출판 한울	제주4·3 구술자료 총서 06 (애월읍)

4. 4·3 구술증언 채록의 이론적 생각

제주4·3연구소는 구술사에 대한 여러 논란 속에서 지난 20여 년 동안 4·3 체험자들을 만나며 그 나름대로 작업을 꾸준히 진행해왔다. 그 작업의 방대함이나 성과는 민간 연구소임에도 엄청났다. 그러나 앞으로는 좀 더 명확한 구술조사의 지향점이 필요하다. 양적 관리 작업에 매달리기보다, 질적으로 향상된 구술조사를 통해 4·3의 진상과 체험자들의 아픔을 마주해야 하는 전환점에 서 있다.

국사편찬위원회는 2004년부터 구술자료 수집 사업을 시작했다. 당시이 사업의 목적은 "격동의 20세기를 살아온 다양한 인물들의 경험을 구술로 채록·정리함으로써 문헌사료의 제약과 공백을 보완하는 새로운 근현대 역사자료를 생산"[1]해, 근현대사 연구와 이해의 폭을 넓히겠다는 것이었다. 결국, 이 사업은 장용경의 표현대로 "문헌사료의 제약과 공백을 보완하는 역사자료 생산의 일환"이었던 것이다. 그러나 이러한 문제의식은 인류학계의 구술사 방법론인 "구술의 주관성에 대한 맥락적 이해를 통한 개인적 삶의 전략에 대한 이해 또는 경험의 확장"이라는 지향과는 다소 차이가 있었다.

사실 역사학계 내에서도 '관행적 사실과 개인의 기억 사이의 긴장'은 피할 수 없는 것이었다. 이러한 긴장 관계에서 객관적 사실(Fact)을 제일로 여기는 역사학자들은 구술자료를 불신해 상대 진영을 공격하기도 했다. 4·3의 구술증언 채록을 통한 진상규명 과정도 이와 비슷한 면이 많았다. 지금까지의 4·3 구술증언 채록 작업은 이 두 논점이 공존해온 면이 많다. 이것은 4·3이 단순한 '사실'의 문제가 아니라 희생자와 유족의 아픔까지도 감싸 안을 수 있어야 한다는 시대적 요청이 있었기 때문이다.

구술사가가 즐겨 쓰는 말 중에 이런 말이 있다. '구술자는 면담자와 이야기를 나누는 과정에서 스스로 자기 자신을 재구성하면서 자신의 삶에 의미를 부여한다'는 표현이다. 이는 여러 가지로 해석될 소지가 있다. 그러나 4·3 구술증언 채록자들은 이 인류학자의 말을 다음과 같이 인식할 필요가 있다. '구술자는 구술을 통해 한풀이를 한다. 구술은 구술자의 상처 치료에 많은 도움을 준다.' 4·3 구술증언 채록이 여전히 '면담자와의 신뢰를 바탕으로' 진행되어야 하는 이유가 바로 여기에 있다. 그러나 그럼에도 허호준의 다음과 같은 토로는 분명 경청해야 한다.[2]

"제주4·3사건의 구술 채록은 「4·3 진상조사 보고서」나 기존의 연구에

---

1 장용경, 「구술자료의 독자성과 그 수집방법」, 『구술자료 만들기』(서울: 국사편찬위원회, 2009), 5쪽.
2 허호준, 『그늘 속의 4·3: 死·삶과 기억』(서울: 선인, 2009), 14쪽.

서 다하지 못한, 역사적 사건들을 직접 경험하거나 목격한 사람들이 아직 살아 있고, 60여 년의 세월이 흐른 시점에서 대부분 연로한 이들이 돌아가시거나, 기억력이 더 이상 흐려지기 전에 그들의 증언을 기록해놓을 필요성에서 출발했다. 이것이야말로 '밑으로부터의 역사'의 전형이기 때문이다. 역사를 생생하게 목격한 사람들의 목소리, 잊혀가는 사람들의 목소리를 수집하는 데 구술사는 매우 강력한 수단이다. 이러한 점에서 그동안 4·3 진상규명 및 명예회복 과정에서 소외되었던 부분들에 대한 조명은 필요하며, 활동가들의 구술증언이나 그 가족들이 평생 당했던 고통스러운 이야기, 후유장애 불인정자, 연좌제와 호적으로 인한 갈등 등의 이야기는 중요하다. 역사를 탐구하는 데 행위자의 생각이나 활동이 주목을 받아야 한다는 입장에 서면, 4·3 전체에서 한 부분인 이들의 이야기에 대한 구술사의 가치는 아무리 강조해도 지나치지 않다."

주요 4·3 용어 해설

계엄령

1948년 11월 17일, 제주도 전 지역에 계엄령이 선포되었다. 이 계엄령 선포는 이보다 한 달 전인 10월 17일, 제9연대장 송요찬 소령이 "전도 해안선부터 5km 이외의 지점을 무허가 통행할 때에는 총살에 처할 것"이라는 포고령 선포에 이어 중산간마을을 초토화하고, 더 많은 민간인을 죽음으로 몰아넣은 주된 원인의 하나였다. 그 당시 이러한 정부의 계엄령 선포는 불법이었다는 주장이 있다.

남조선국방경비대(南朝鮮國防警備隊)

한국군의 모체로 1946년 1월에 설립되었다. 경찰력 보충과 국가 중요시설 경비, 좌익의 폭동진압, 4·3사건 진압을 목적으로 시작되었다. 1946년 6월 15일 '조선경비대'로 명칭을 바꾸었다. 1948년 8월 15일 대한민국 정부가 수립되자 9월 1일 국군으로 개편되었으며, 9월 5일 대한민국 육군으로 개칭되었다. 11월 30일 국군조직법에 따라 정식으로 대한민국 국군으로 편입되었다.

대청(대동청년단)

1947년 4월에 결성되었던 우익 청년운동단체이다. 상하이(上海) 임시 정부의 광복군 총사령관을 지낸 지청천(池靑天)이 1945년 12월 환국한 뒤, 당시 우익계 32개 청년운동단체를 통합해 대동단결을 이룩한다는 명분으로 결성했다. 그 후 대한민국 정부 수립에 많은 기여를 하기도 했으나 이승만과 김구 등 우익 진영의 움직임에 따라 이합집산을 거듭하다 소멸되었고, 1949년 12월에는 이승만을 지지하는 대한청년단이 탄생했다.

민보단

1948년 5·10 총선거 때 조직되어 1950년 봄까지, 경찰의 하부 지원조직으로 활동한 민간단체이다. 제주도에서는 4·3 기간에 각 마을의 청장년들로 민보단이 결성되어 성을 쌓고, 보초를 섰다.

민애청(조선민주애국청년동맹)

민청이 1947년 6월 개명한 조직의 이름이다.

민청(조선민주청년동맹)

좌익단체의 청년 조직이다. 1945년 12월 11일 조선청년동맹(약칭 청총)으로 발족했고, 1946년 4월 조선민주청년동맹(약칭 민청)으로 재조직되었다. 그러나 민청은 미군정에 의해 해산명령을 받자, 얼마 지나지 않은 1947년 6월 조선민주애국청년동맹(약칭 민애청)으로 이름을 바꿔 활동했다. 제주 지역은 1947년 2월에 리 단위까지 민청이 조직되어 활발하게 활동했다.

서청(서북청년회)

대공투쟁의 능률적인 수행을 위해 북한에서 월남한 청년들로 조직된 우익 청년운동단체로, 1946년 11월 30일 설립되었다. 우익 세력의 선봉으로 경찰의 좌익 색출 업무를 전면에서 도왔다. 제주도에서는 1947년 11월 2일, 서북청년회 제주도본부(위원장 장동춘)가 발족되어 4·3 진압에 나섰으나 그 방법이 가혹해 많은 원성을 샀다. 4·3 경험자들은 서청을 4·3 학살의 최고 원흉으로 지목한다.

소개(疏開, 소까이)

소개는 적의 공습이나 화재 등으로부터 손해를 적게 하기 위해 집중되어 있는 사람이나 시설 따위를 분산시키는 작전을 말한다. 일제강점기에 일제가 주민들을 미군의 공격으로부터 분산시키기 위해 '소까이작전'을 벌인 것이 그 시초이다. 제주도에서 4·3 기간에 군경토벌대가 초토화작전을 벌이면서 중산간마을 사람들을 해안마을로 이주시킨 것을 당시 체험자들은 '소까이'시켰다고 표현한다.

수장(水葬, Water burial)

수장은 원래 사람의 시체를 물에 넣어 장사 지내는 장례 관습의 한 가지를 말한다. 하지만 제주도에서는 4·3 당시 학살의 한 유형으로 많이 자행되었다. 수장은 학살을 은폐하기 위함이 그 목적이었으나, 현재 당시 수장된 유해가 일본의 대마도에서 발견되고 있다.

예비검속(豫備檢束, Preventive Detention) 혹은 보도연맹(保導連盟) 사건

예비검속의 법적 의미는 피고인의 석방이 사회에 이익이 되지 않는다는 전제 아래 재판 전에 피고인을 구금하는 것이다. 그러나 1950년 한국전쟁이 발발하자 정부는 전국에서 보도연맹원이나 양심수 약 20만 명을 검거해 집단학살했다. 이 사건을 타지방에서는 '보도연맹 사건'이라고 한다.

제주도에서는 4·3 등에 연루된 사람들을 '예비검속'하여 A·B·C·D급으로 분류하고 그중 제주·모슬포·서귀포경찰서에 구금했던 C·D급 예비검속자들을 총살했다. 모슬포경찰서에서는 1950년 음력 7월 7일(양력 8월 20일), 모슬포 절간고구마 창고에 구금했던 예비검속자 132명을 섯알오름 일본군 탄약고 터로 끌고 가 학살했다. 또한 이날 약간의 시간 차이를 두고 한림지역 검속자 63명도 일본군 탄약고 터 안의 옆 구덩이에서 학살했다.

그 외 제주경찰서와 서귀포경찰서에서는 일부 구금자를 수장하거나, 제주국제공항으로 끌고 가 학살했다. 최근 제주국제공항에서 학살된 시신들이 발굴되면서 그때 사건의 전모가 조금씩 밝혀지고 있다.

그러나 유일하게, 당시 성산포경찰서 문형순 서장은 이 명령이 부당하다고 판단해 많은 인명을 학살에서 구했다.

> 만벵디 공동장지: 한림읍 명월리에 자리 잡은 이곳에는 예비검속 때 희생된 한림지역 희생자 63명의 시신이 안치되어 있다. 백조일손지지(百祖一孫之地)의 희생자들과 달리 이들의 시신은 유족들이 1956년 3월 30일에 수습해 김권홍 씨 유족이 희사한 이곳에 안장되었다. 유족들은 시신을 수습하며 "메도, 술도, 벌초도 같이 하자"고 약속했다.
>
> 10대와 20대 희생자가 32명으로 전체 희생자의 절반이 넘었고, 여성도 9명이나 되었다. 또한 희생자 중에는 명월리 출신이 12명으로 가장 많았고, 한림리가 8명으로 그 뒤를 이었으며, 이들 63명은 애월면, 한림면, 대정면의 19개 마을 출신이었다.

유해봉안관

4·3 당시 암매장되었던 유해들을 발굴하여 화장한 후 봉안한 곳으로, 제주4·3평화공원 내에 있다. 현재 이곳에는 발굴유해 396구 중 DNA 감

식으로 유족을 찾은 71구의 유해도 함께 안치되어 있다.

잃어버린 마을

1948년 11월 중순 이후 약 한 달 동안, 군경토벌대는 중산간마을과 산간마을 주민들에게 소개령을 내려 해안마을로 이주케 했다. 이 과정에서 주민을 무차별 학살하고, 마을을 모두 불태워 인적·물적 희생을 키웠다. 잃어버린 마을은 4·3이 끝난 후에도 원주민들이 마을로 돌아오지 않아 지금까지 복구가 되지 않고 사람들이 살지 않는 마을을 지칭한다.

한림읍의 잃어버린 마을로는 현재, 상대리의 고한이, 한산이왓, 동명리의 거전동(케왓), 명월리의 빌레못, 금악리의 웃동네, 일동이못이 조사되었다.

또한 한경면의 잃어버린 마을로는 현재, 조수리의 하동, 저지리의 하늬골이 조사되었다.

제주4·3평화공원

제주시 봉개동 일원, 39만 6700m²(12만 평) 부지에 자리 잡은 제주4·3평화공원은 4·3 희생자의 넋을 위령하고, 유족 및 도민들의 아픈 상처를 달래는 한편, 평화·인권 교육의 장으로 2003년 4월부터 조성되기 시작했다. 총 3단계에 걸쳐 진행되는 조성사업은 1단계 사업에서 112억 원이 투입되어 위령제단, 위령탑, 추념광장, 상징조형물이 조성되었고, 2단계 사업에는 2004년부터 2008년까지 총 480억 원이 투입되어 위패봉안실, 주차장, 조경·전기 시설 등의 기반시설과 4·3평화기념관, 기념관 내 전시시설 등이 조성되었다. 그러나 문화센터 등을 건립할 3단계 사업은 정부가 예산을 지원해주지 않아 지연되어오다 2014년부터 다시 시작되었다.

제9연대

조선경비대(남조선국방경비대)는 각 도(道) 단위마다 향토연대를 하나씩 설립했다. 제주도는 마지막으로 1946년 11월 16일(초대 연대장 장창국)에 창설되면서 제9연대가 되었다.

제2연대

조선경비대의 향토연대로 원래 대전 지역을 근거지로 창설되었다. 1948년 12월 29일, 4·3사건의 진압을 맡고 있던 제9연대와 교체되어 제2연대는 제주도로, 제9연대는 대전으로 이동 배치되었다.

정뜨르 비행장 4·3 유해 발굴

4·3 당시 정뜨르비행장(현 제주국제공항)에서 있었던 집단학살 암매장지 2개소를 제주4·3연구소가 2007~2010년에 발굴했다. 그 결과 4·3유해 총 380구와 다수의 유물이 발굴되었다.

조수국민학교 교사 학살사건

1948년 11월 22일 조수국민학교에서, 저지지서 경찰들은 주민들을 운동장에 집합시키고 미리 잡아두었던 조수국민학교 교사 4명과 청년 3명을 끌고 와 주민들이 보는 앞에서 공개총살 했다. 그 이유는 무장대가 조수리를 기습해 당시 저지지서장이었던 김문경의 동생을 살해하고 학교 등사판을 가져가는 데 이들이 내통했다는 황당한 것이었다.

지하선거

1948년 7월 약 한 달 동안 남한 전역에서 북한정권 수립에 따른 남조선 대의원을 뽑기 위해 소위 '지하선거'가 실시되었다. 4·3의 와중이었던 제주도에서는 백지에 이름을 쓰거나, 손도장을 받아가는 형식으로 선거가 진행되었다. 그 당시 자발적으로 서명을 했건, 남로당이나 무장대의 강요에 의해서 손도장을 찍었건 지하선거에 참여했던 사람들은 나중에 이 '백지날인'이 빌미가 되어 토벌대에 의해 많이 희생되었다.

초토화작전

1948년 10월 17일, 제9연대 송요찬 연대장은 해안선에서부터 5km 이외의 지점을 통행하는 자는 폭도배로 간주해 총살하겠다는 포고문을 발표했다. 이어 11월 17일에는 계엄령이 선포되었다. 이때부터 제9연대는 중산간마을 주민들을 해안마을로 강제 소개하고, 집들을 불태우는 초토화작전을 벌였다. 무장대의 거점을 없앤다는 명분으로 시작된 이 강경 진압작전으로 중산간마을과 산간마을 주민이 가장 많은 인적·물적 피해를 입었다.

학도호국단

1949년 9월, 전국 중등학교 이상의 각급 학교 교직원과 학생을 단원으로 해서 전국적 규모로 조직된 문교부 산하 조직. 설치의 주목적은 반공사상교육을 실시하고, 조직적 활동을 통해 민족의식과 국가관을 정립하고자 하는 것이었다.

학련(전국학생총연맹)

1946년 7월 31일, 서울에서 결성된 우익 학생단체(약칭 전국학련)이다. 재경학생행동통일촉성회 등 좌익 학생단체에 대항해 반공·반탁운동을 펴기 위해 반탁학련·독립학생전선 등의 우익 학생단체가 모여 결성한 단체이다.

한림중학생 공개총살 사건

1948년 11월 16일, 제9연대 군인들은 한림중학교 운동장에 학생과 주민들을 강제로 집합시키고 한림중학교 3학년 학생 4명(강두형, 이경혁, 좌태봉, 김계준)을 공개총살 했다. 중산간마을에서 초토화작전이 벌어져 많은 인명들이 학살되기 시작할 즈음인 이때, 총살 장면을 처음 목격한 학생과 주민들은 "동생 같고, 자식 같은 아이들이 죽는 처참한 장면에 모두 눈물을 흘렸다." 이 사건 이후, 제9연대는 한림에서 철수하고 서청 특별중대와 제2연대가 주둔했다. 서청은 이곳에서도 많은 횡포를 저질러 지금도 당시 경험자들에게는 공포의 대상으로 남아 있다.

한청(대한청년단)

1949년 12월 19일, 이승만이 자신의 취약한 정치적 기반을 유지·강화하기 위해 전국에 산재해 있던 각 청년단체들을 하나로 통합해 결성한 단체이다.

행방불명 희생자 표석

제주4·3평화공원 부지 내에 행방불명된 희생자의 표석 3500여 기가 세워져 있다. 이 희생자들은 4·3 기간 제주도 내에서 행방불명되었거나, 도외 형무소에 수감되었다 한국전쟁 이후 행방불명된 분들이다.

3·1절 발포사건

제28주년 3·1절 기념식이 있었던 1947년 3월 1일, 제주읍 북국민학교 운동장에서 기념식을 마친 참가자들은 동서로 나뉘어 요란스레 시위를 전개하며 귀가했다. 서부지역 행렬이 관덕정 마당을 빠져나간 후 한 어린아이가 기마경찰의 말발굽에 치어 쓰러졌다. 그러나 경찰은 아무런 조치도 않고 경찰서로 들어가 버렸고 격분한 군중이 항의를 하며 돌멩이를 던졌다. 그러자 갑자기 경찰서 망루에서 경찰이 발포를 시작했고, 순식간에 사상자가 발생했다. 15세의 학생과 젖먹이 아이를 가슴에 안은 여인이 피살되었다. 1차 발포 직후 사상자를 도립병원으로 옮기는 과정에서 경찰의 2차 발포가 일어났다. 이날 총 6명이 죽고 8명이 중상을 입었다. 4·3특별법은 제주도에서 첫 사망자가 나온 이 날을 4·3의 시발점으로 보았다.

3·10 총파업

3·10 총파업은 1947년 3월 10일, 미군정과 경찰이 3·1절 발포사건의 진상을 규명하려 하지 않은 데 대해 제주도청을 시작으로 전 도민이 항의해 일어난 총파업이다. 3·1절 발포사건 후, 제주도의 민심은 극도로 악화되었다. 그러나 미군정과 경찰은 발포 책임자를 벌하기보다는 시위 주동자를 검거하는 일에 몰두했다. 좌익진영은 대책위원회를 조직하고 미군정과 경찰의 만행을 폭로하며 희생자 구호금 모집에 들어갔다. 3·10 총파업이 시작되자 도청 등 관공서는 물론 은행·회사·학교·운수업체·통신기관 등 도내 156개 단체의 직원들이 파업에 들어갔고 현직 경찰까지 파업에 동참했다.

미군정청은 3·1절 발포사건이 있고 난 후 3월 8일 조사단을 파견해 사건을 조사했으나 아무 조치 없이 돌아갔다. 3월 14일 미군정 경무부장 조병옥이 내도했고, 그 후 제주도의 응원경찰 수를 늘리는 등 파업 분쇄에만 전념하던 조병옥은 3월 19일 담화문을 발표했다. 그 내용은, 경찰의 발포행위는 정당방위였고, 이 사건은 북조선과 통모하여 일어난 사건이라는 것이었다. 결국 제주도를 '빨갱이 섬'으로 규정한 이 담화문 이후 무차별 검거가 이어져 1947년 3월 1일 이후 1948년 4월 3일까지

2500명이 검거되었다. 4·3특별법은 제주도에서 첫 사망자가 나오고, 무차별 도민 탄압으로 이어져 4·3 무장봉기를 초래한 이날을 4·3의 시발점으로 보았다.

4·3 축성(築城, Fortification) 및 한림 장성(長城)

축성은 어느 지역의 자연적인 방어력을 증강하고, 적의 공격으로부터 인원과 물자를 보호하며, 적군의 행동을 제한하기 위해 그 지형에 적합한 군사시설을 구축하는 것을 말한다. 제주지역의 4·3 축성은 1948년 11월 이후 주민들이 해안마을로 소개(疏開)당했다가 다음 해 봄에 고향 마을로 돌아오면서 자신의 마을을 무장대로부터 보호하기 위해 마을을 빙 둘러 돌로 성을 쌓으면서 시작되었다. 현재도 당시 흔적들이 마을마다 조금씩 남아 있다.

한림 장성: 4·3 축성 시(1948년 말~1949년 초)림 이외의 다른 지역에서는 마을마다 별도로 4·3 성을 쌓은 데 비해 한림면에서는 한림 전 지역 — 동쪽 끝 애월면 어도리에서부터 귀덕리를 거쳐 서쪽 끝 월령리에 이르기까지 — 을 둘러쌓은 데서 나온 이름이다. 그러나 한림면에서도 1949년 봄 중산간 소개 마을이 재건된 후에는 마을별로 별도의 성을 쌓았다.

4·3 특별법

4·3특별법은 2000년 1월 12일 공포된 후, 몇 차례의 개정(2007.1.24)과 일부 개정(2007.5.17)의 과정을 거쳤다. 4·3특별법은 '제주4·3사건의 진상을 규명하고 희생자와 유족들의 명예를 회복시켜줌으로써 인권신장과 민주발전 및 국민화합에 이바지함'을 목적으로 재정되었다.

제주시 한경면 지도

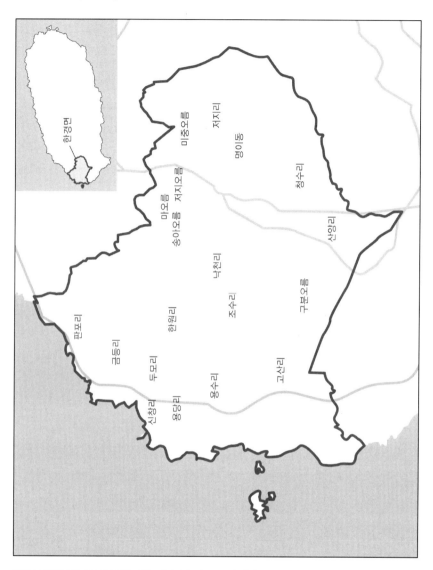

제주시 한경면은 2014년 9월 기준으로 주민 약 8500여 명이 51개 자연마을에 거주하고 있으며, 면적은 약 79.1km²이다. 1946년 도(道)로 승격되어 제주도 북제주군 한림면으로 개칭되었고, 1956년 '한림면'에서 분리되어 '한경면'이 되었으며, 2007년부터 제주시에 편입되었다. 제주4·3구술자료총서 8권은 이 지역 주민들의 증언을 바탕으로 만들어졌다.

주요 제주어 용례

어미

-곡 [연결어미]	(표준어) -고 이듸서 밥 먹곡 ᄒᆞ멍 놀암시라. ¶여기서 밥 먹고 하면서 놀고 있어라.
-ㄴ덴 [연결어미]	(표준어) -ㄴ다고, -ㄴ다고 하는 그 사름 오늘 온덴 소식 와서라. ¶그 사람 오늘 온다고 하는 소식 왔더라
-ㄴ디, -는디 [연결어미]	(표준어) -는데 비 오는디 어디 감디? ¶비 오는데 어디 가고 있니?
-난 [연결어미]	(표준어) -니까 봄 뒈난 날이 ᄃᆞᆺᄃᆞᆺᄒᆞ다. ¶봄 되니까 날이 따스하다.
-난게 [연결어미]	(표준어) -니까 잡을 수 어신 장수난게. ¶잡을 수 없는 장수니까.
-라나신디 [연결어미]	(표준어) -았었는데 옛날은 저 폭낭의도 올라나신디 이젠 보호수렌 ᄒᆞ멍 못 올라가게 ᄒᆞ여. ¶옛날은 저 팽나무에도 올랐었는데 이제는 보호수라고 하면서 못 올라가게 해.
-라수게[1] [종결어미]	(표준어) -랐습니다. 저 오름도 올라수게. ¶저 오름도 올랐습니다.
-라수게[2] [종결어미]	(표준어) -았(었)습니다. 건 우리 집 쉐라수게. ¶그것은 우리 집 소였습니다.
-라시난 [연결어미]	(표준어) -랐으니깐, -랐으니까는 물건 깝 막 올라시난 돈 더 ᄀᆞ정 가라. ¶물건 값 막 올랐으니깐 돈 더 가지고 가거라.
-레[1] [연결어미]	(표준어) -러 어멍은 일ᄒᆞ레 밧듸 갓저. ¶어머니는 일하러 밭에 갔다.
-레[2] [연결어미]	(표준어) -려고 무싱거 보레 와시니? ¶무엇 보려고 왔니?

-ㅁ- [선어말어미]	(표준어) -고 있- 느 어디 감다? ¶너 어디 가고 있니?
마씀, 마씨, 마씸 [종결보조사]	서술어 뒤에 연결되어서 존대를 표시함. 이젠 밥도 잘 먹엄서마씀. ¶이제는 밥도 잘 먹고 있습니다. 이제랑 가게마씨. ¶이제랑 가십시다. 첵 보암서마씸. ¶책 보고 있습니다.
-ㅂ주 [연결어미]	(표준어) -ㅂ지요 저건 우리 쉡주. ¶저건 우리 소지요.
-ㅅ- [선어말어미]	이야기하는 시점에서 볼 때 (이미 이야기가) 완료되어 현재까지 지속되거나 현재에도 영향을 미치는 상황을 나타낼 때 사용. 먹언 감서. ¶먹고 간다.
-ㅇ¹ [연결어미]	(표준어) -서 오랑 상 갑서. ¶와서 사서 가십시오.
-ㅇ² [연결어미]	장차 할 일을 말하는 데 쓰임. (표준어) -고 그 사름 닐 옵네뎅 굴으라. ¶그 사람 내일 옵니다고 말해라.
-아근에, -어근에 [연결어미]	(표준어) -고서 경 앚아근에 무신 거 헴시니? ¶그렇게 앉아서 무엇을 하고 있니?
-아난¹ [연결어미]	(표준어) -았던 ᄌ주 타난 ᄆᆞᆯ은 ᄆᆞ음 낭 타도 뒌다. ¶자주 탔던 말은 마음 놓고 타도 된다.
-아난² [종결어미]	(표준어) -았었소 난 것도 하영 보아난. ¶나는 그것도 많이 보았었소.
-아낫주 [종결어미]	(표준어) -았었지 밤의 성창의서 몸 ᄀᆞᆷ으멍 놀아낫주. ¶밤에 선창에서 미역감으면서 놀았었지.
-아노니, -아노니까 [연결어미]	(표준어) -았으니, -았으니까 술 열 사발쯤 들이싸노니 온전홀 거라? ¶술을 열 사발쯤 들이켰으니 온전하겠니?

-아단 [연결어미]	(표준어) -아다가
	바당의서 궤기 나까단 지젼 먹엇저. ¶바다에서 고기 낚아다가 지져서 먹었다.
-암수다 [종결어미]	(표준어) -고 있습니다, -고 계십니다
	난 이듸서 놀암수다. ¶난 여기서 놀고 있습니다.
-어사 [연결어미]	(표준어) -어야
	보리 고고리 ᄒ나라도 더 주워사 헌다. ¶보리 이삭 하나라도 더 주워야 한다.
-언[1] [연결어미]	(표준어) -어서
	밥 하영 먹언 베불엇저. ¶밥 많이 먹어서 배불렀다.
-언[2] [연결어미]	(표준어) -고서
	ᄀ자 밥 먹언 흑교에 가라. ¶아까 밥 먹고서 학교에 가더라.
-우다 [종결어미]	(표준어) -ㅂ니다
	저건 우리 쉐우다. ¶저건 우리 소입니다.
-으멍 [연결어미]	(표준어) -으면서
	자의 밥 먹으멍 책 보아라. ¶저 아이 밥 먹으면서 책 보더라.
-으믄, -으민 [연결어미]	(표준어) -으면
	그 말 ᄀ을으믄 욕 듣나. ¶그 말 이야기하면 욕 듣는다.
-이옌, -이옝 [연결어미]	(표준어) -이라고
	저 사름이 강벨감이옌 ᄒ여라. ¶저 사람이 강별감이라고 하더라.
-저[1] [종결어미]	(표준어) -겠다
	이레 도라, 내 ᄒ저. ¶이리 다오, 내 하겠다.
-저[2] [종어미]	(표준어) -다
	비 하영 오람쩌. ¶비 많이 오고 있다.
-젠[1] [연결어미]	(표준어) -려고
	걷젠 ᄒ난 다리 아프곡, 차 타젠 ᄒ난 돈 읏곡. ¶걸으려고 하니 다리 아프고, 차 타려고 하니 돈 없고.
-젠[2] [연결어미]	(표준어) -다고
	그 사름 밥 먹엇젠 ᄀ을아라. ¶그 사람 밥 먹었다고 하더라.

-주¹ [연결어미]	(표준어) -지 가의난 거주 똔 아의민 경 아니 혼다. ¶그 아이니까 그렇지 딴 아이면 그렇지 아니한다.
-주² [종결어미]	(표준어) -지 비 하영 오람주. ¶비 많이 오고 있지.
-주게 [연결어미]	(표준어) -지 저런 건 우리 집의도 싯주게. ¶저런 것은 우리 집에도 있지.
-카부뎬 [연결어미]	(표준어) -ㄹ까 보다고, -ㄹ까 싶다고 간밤의 비 오카부뎬 흔 난 아니 오라라. ¶간밤에 비 올까 보다고 하니까 아니 오더라.
-쿠다 [종결어미]	(표준어) -겠습니다. 오널 난 밧듸 가쿠다. ¶오늘 나는 밭에 가겠습니다.

품사

가의, 가이 [명사]	(표준어) 그 아이
가차이 [부사]	(표준어) 가까이. 해방이 가차와 올 때라. ¶해방이 가까워 올 때야.
거세기 [감탄사]	(표준어) 거시기. 적당한 말이 생각나지 않아서 바로 말하기가 거북 할 때 쓰는 군소리.

경
[부사]
	(표준어) 그렇게
	* 경허고 (표준어) 그렇게 하고
	  경헤도 (표준어) 그래도, 그렇게 해도
	  경헤서 (표준어) 그렇게 해서
	  경헨 (표준어) 그렇게 해서
	  경헷다가 (표준어) 그렇게 했다가

고망, 고냥, 구녁, 굼기, 궁기 [명사]	(표준어) 구멍.
곤쏠 [명사]	(표준어) 흰쌀, 백미. 나라에선 곤쏠을 배급 준다. ¶나라에서 흰쌀을 배급해 준다
골총 [명사]	(표준어) 고총. 임자가 없어 벌초를 하지 않거나 후손이 끊겨 제대로 관리되지 않고 방치된 무덤.

곱지다 [동사]	(표준어) 숨기다.
	게믄 보리 곱지멍 난리가 났어요. ¶그러면 보리 숨기면서 난리가 났어요.
공끌공끌, 공글공글 [부사]	작은 배 따위가 물 위에 떠서 이리저리 흔들리는 모양.
굿가시낭, 쿳가시낭, **귀낭, 귓가시낭** [명사]	(표준어) 꾸지뽕나무.
그듸 [대명사, 부사]	(표준어) 거기, 그곳
그르후제 [명사]	뒷날의 어느 때
내 [명사]	(표준어) 연기.
	옆집에서부터 내가 줄줄이 나기 시작했어. ¶옆집에서부터 연기가 줄줄이 나기 시작했어.
내중	(표준어) 나중.
	내중엔 뼈다구를 어디서 수습해신지도 모르고. ¶나중에 뼈를 어디서 수습했는지도 모르고.
냄펜, 남펜 [명사]	(표준어) 남편.
눌 [명사]	(표준어) 가리. 짚이나 마소의 꼴 따위를 차곡차곡 쌓아올린 더미.
	폭도 들었젠 허난 촐을 쌓아둔 눌 속에 숨은 기억밖에 없어요. ¶폭도 들었다고 하니까 꼴을 쌓아둔 가리 속에 가서 숨은 기억밖에 없어요
느, 늬 [대명사]	(표준어) 너.
	는 느냥, 난 나냥. ¶넌 너대로, 난 나대로.
당무를, 닥무르, **당무르, 당물** [명사]	제주시 한경면 저지리 '큰동네'의 이름.
-덜 [접미사]	(표준어) -들
뎅기다 [동사]	(표준어) 다니다
	* 뎅기멍 (표준어) 다니면서
뒈다 [동사]	(표준어) 되다
	* 뒈곡 (표준어) 되고 뒈난 (표준어) 되니까
드르팟 [명사]	(표준어) 들밭.
	농촌은 여자 남자 엇이 일철 나민 드르팟에 나가. ¶농촌은 여자 남자 구분 없이 일할 시기가 오면 들밭에 나가.

따문 [명사]	(표준어) 때문. 이 사람 따문에. ¶이 사람 때문에.
똣다, 똣스다 [형용사]	(표준어) 따뜻하다. 아방은 이듸 또시디엔 삿단 경 된 거라. ¶애기 아빠는 여기 따뜻한 데 섰다가 그렇게 된 거야.
마끼다, 매끼다 [동사]	(표준어) 맡기다. 내가 토벌 다닐 적에 어느 집에 편지를 매껴둔 적이 있어. ¶내가 토벌 다닐 적에 어느 집에 편지를 맡겨둔 적이 있어.
메누리 [명사]	(표준어) 며느리
메칠, 메틀 [명사]	(표준어) 며칠. 처음엔 지서에서 메칠 있었주. ¶처음엔 지서에서 며칠 있었지.
멕사리, 멕사가리 [명사]	(표준어) '맥(기운)'의 낮은 말.
멕이다 [동사]	(표준어) 먹이다. 어디 강 밥이라도 멕이고 오랜. ¶어디 가서 밥이라도 먹이고 오라고 했어.
멘네, 멘헤 [명사]	(표준어) 면화. 멘네도 공출해 갔어. ¶면화도 공출해 갔어.
멘들다, 멩글다, 뭉글다 [동사]	(표준어) 만들다. 울타리 엇이 살던 집덜 울타리 멘들고. ¶울타리 없이 살던 집들 울타리 만들고.
멧 [관형사]	(표준어) 몇. 그 후에 수습 현장에 멧 번 더 가왔어. ¶그 후에 수습 현장에 몇 번 더 갔다 왔어.
모커리 [명사]	(표준어) 곁채.
믠작믠작, 멘작멘작 [부사]	(표준어) 문적문적. 물건이 조금만 건드려도 뚝뚝 끊어지는 모양. 시신 덮은 멍석을 걷으니 살이 그냥 믠작믠작 허더라고. ¶시신 덮은 멍석을 걷어보니 살이 그냥 문적문적 하더라고.
바퀴, 도로기,도레기 [명사]	(표준어) 바퀴.
밖거리, 밧거리 [명사]	(표준어) 바깥채.
밧 [명사]	(표준어) 밭

봉그다 [동사]	(표준어)줍다. 비용이나 노력을 들임이 없이 뜻하지 않은 물건을 거 저 줍다.
	어디 강 실탄을 하나 봉가단 주는 거라. ¶어디 가서 실탄을 하나 주워다가 주는 거야.
불다 [동사]	(표준어) -아/어/여 버리다
	이거 저레 치와 불라. ¶이거 저쪽으로 치워 버려라.
비영게, 비옝기, 비행기 [명사]	(표준어) 비행기.
	겐디 비영게가 저쪽에서 날아오는 거라. ¶그런데 비행기가 저쪽에서 날아오는 거야.
사, 이사 [조사]	앞에 나오는 단어를 한정하거나 뜻을 강조할 때 사용. (표준어)야, 이야
	느사 거 못ㅎ크냐? ¶너야 그것 못하겠냐?
사름 [명사]	(표준어) 사람
쉐 [명사]	(표준어) 소
실렵다 [형용사]	차가운 느낌이 있다.
	* 실려와서 (표준어) 시려워서
소곱 [명사]	(표준어) 속.
	공출허렌 ㅎ민 소곱에 감추고……. ¶공출하라고 하면 속에 감추고…….
아멩, 아명 [부사]	(표준어) 아무리.
	법에선 습격 드난 아멩 위험시러와도 토벌을 가라 헌 거라. ¶법에선 습격이 드니까 아무리 위험스러워도 토벌을 가라고 한 거야.
아주망 [명사]	남자가 제수(弟嫂)를 부르거나 남자가 동기(同氣) 이외의 손아래 여 자를 부르는 말.
안티, 한티 [조사]	(표준어) 한테
어떵 [부사]	(표준어) 어떻게
엇다 [형용사]	(표준어) 없다
영 [조사]	(표준어) 하고
	화리영 숫이영 ㄱ져오라. ¶화로하고 숯하고 가져오너라.
읎다, 엇다 [형용사]	(표준어) 없다.
	아무 죄도 읎다 허연 석방해준덴 했어. ¶아무 죄도 없다 해서 석방해준다고 했어.

이듸 [대명사, 부사]	(표준어) 여기, 이곳
이레 [부사]	(표준어) 이리, 이곳으로
일름, 일롬, 일홈 [명사]	(표준어) 이름(名)
잇다, 싯다 [형용사]	(표준어) 있다
저듸 [대명사, 부사]	(표준어) 지기, 지곳
저를, 저르, 즈르, 즈를 [의존명사]	(표준어) 겨를. 인사헐 저를이 엇어시난. ¶인사할 겨를이 없었으니까.
조롬, 조름 [명사]	(표준어) 꽁무니, 뒤 난 판포에 불 나난 먼저 가고, 할망은 나 조롬에 오고. ¶난 판포에 불 나니까 먼저 가고, 부인은 나 뒤에 오고.
줏다 [동사]	(표준어) 줍다. 나머지 뼈다구를 줏어 맞쳔. ¶나머지 뼈를 주워서 맞췄어.
즈냑, 처냑 [명사]	(표준어) 저녁.
즈배기, 즈베기, 저베기, 즈바기 [명사]	(표준어) 수제비
즌즌ᄒ다, 줄줄ᄒ다 [형용사]	(표준어) 자잘하다. 즌즌한 낭가지들 가져당……. ¶자잘한 나뭇가지들 가져다가…….
줌 [명사]	(표준어) 잠.
촐 [명사]	(표준어) 꼴. 마소에게 먹이는 풀 따위. 그때 도로 옆에 촐 비는 밭이 있었어. ¶그때 도로 옆에 꼴 베는 밭이 있었어.

자료: 현평효·강영봉 엮음, 『제주어 조사·어미 사전』(제주: 도서출판 각, 2011).
　　　제주특별자치도 엮음. 『개정증보 제주어사전』(제주: 제주특별자치도, 2009).

찾아보기

주제어

엮은이

제주4·3연구소

사단법인 제주4·3연구소는 민간연구단체로, 제주4·3사건을 전문적으로 조사·연구해 4·3의 역사적 진실과 진상을 규명하고, 이에 대한 정당한 평가를 통해 한국 역사의 올곧은 발전에 기여하고자 1989년 5월 개소했다. 이후 제주 공동체를 폐허로 만든 제주4·3의 진상규명과 명예회복운동에 앞장서왔다. 제주4·3연구소는 각종 국내외 학술대회와 토론회, 역사교실 등을 통해 4·3 관련 연구논문 및 자료집을 발간하고 있으며, 국내외 관련 자료 수집, 4·3 경험자들에 대한 증언채록 사업, 4·3유적 및 유물 조사 사업, 암매장·학살지 조사 및 유해 발굴 사업 등을 벌이고 있다.

구술 정리

김창후(전 제주4·3연구소 소장)

채록

김은희(팀장), 강경필, 강수경, 강태권, 김규리, 김명주, 송지은, 이은영, 장윤식

제주어 감수

송경미(제주대학교 국어교육학 석사)

한울아카데미 1684

제주4·3 구술자료 총서 08
가리방으로 기억하는 열두 살 소년의 4·3

ⓒ 제주4·3연구소, 2015

엮은이 ┃ 제주4·3연구소
펴낸이 ┃ 김종수
펴낸곳 ┃ 도서출판 한울
편집책임 ┃ 최규선
편집 ┃ 하명성

초판 1쇄 인쇄 ┃ 2015년 1월 12일
초판 1쇄 발행 ┃ 2015년 1월 26일

주소 ┃ 413-120 경기도 파주시 광인사길 153 한울시소빌딩 3층
전화 ┃ 031-955-0655
팩스 ┃ 031-955-0656
홈페이지 ┃ www.hanulbooks.co.kr
등록번호 ┃ 제406-2003-000051호

Printed in Korea
ISBN 978-89-460-5684-8 93910

* 책값은 겉표지에 표시되어 있습니다.